国家出版基金项目
NATIONAL PUBLICATION FOUNDATION

欧亚历史文化文库

总策划 张余胜

兰州大学出版社

蒙元史与内陆亚洲史研究

丛书主编 余太山

韩儒林 著

图书在版编目(CIP)数据

蒙元史与内陆亚洲史研究/韩儒林著.—兰州：
兰州大学出版社,2012.5
（欧亚历史文化文库/余太山主编）
ISBN 978-7-311-03902-8

Ⅰ.①蒙… Ⅱ.①韩… Ⅲ.①中国历史—元代—文集
②亚洲—历史—文集 Ⅳ.①K247.07-53②K300.7-53

中国版本图书馆 CIP 数据核字（2012）第 089903 号

总 策 划　张余胜

书　　名　蒙元史与内陆亚洲史研究
丛书主编　余太山
作　　者　韩儒林 著
出版发行　兰州大学出版社　（地址:兰州市天水南路 222 号　730000）
电　　话　0931-8912613(总编办公室)　　0931-8617156(营销中心)
　　　　　0931-8914298(读者服务部)
网　　址　http://www.onbook.com.cn
电子信箱　press@lzu.edu.cn
印　　刷　兰州人民印刷厂
开　　本　700 mm×1000 mm　1/16
印　　张　20.5
字　　数　283 千
版　　次　2012 年 7 月第 1 版
印　　次　2012 年 7 月第 1 次印刷
书　　号　ISBN 978-7-311-03902-8
定　　价　58.00 元

（图书若有破损、缺页、掉页可随时与本社联系）

出 版 说 明

　　随着 20 世纪以来联系地、整体地看待世界和事物的系统科学理念的深入人心，人文社会学科也出现了整合的趋势，熔东北亚、北亚、中亚和中、东欧历史文化研究于一炉的内陆欧亚学于是应运而生。时至今日，内陆欧亚学研究取得的成果已成为人类不可多得的宝贵财富。

　　当下，日益高涨的全球化和区域化呼声，既要求世界范围内的广泛合作，也强调区域内的协调发展。我国作为内陆欧亚的大国之一，加之 20 世纪末欧亚大陆桥再度开通，深入开展内陆欧亚历史文化的研究已是责无旁贷；而为改革开放的深入和中国特色社会主义建设创造有利周边环境的需要，亦使得内陆欧亚历史文化研究的现实意义更为突出和迫切。因此，将针对古代活动于内陆欧亚这一广泛区域的诸民族的历史文化研究成果呈现给广大的读者，不仅是实现当今该地区各国共赢的历史基础，也是这一地区各族人民共同进步与发展的需求。

　　甘肃作为古代西北丝绸之路的必经之地与重要组

成部分,历史上曾经是草原文明与农耕文明交汇的锋面,是多民族历史文化交融的历史舞台,世界几大文明(希腊—罗马文明、阿拉伯—波斯文明、印度文明和中华文明)在此交汇、碰撞,域内多民族文化在此融合。同时,甘肃也是现代欧亚大陆桥的必经之地与重要组成部分,是现代内陆欧亚商贸流通、文化交流的主要通道。

基于上述考虑,甘肃省新闻出版局将这套《欧亚历史文化文库》确定为2009—2012年重点出版项目,依此展开甘版图书的品牌建设,确实是既有眼光,亦有气魄的。

丛书主编余太山先生出于对自己耕耘了大半辈子的学科的热爱与执著,联络、组织这个领域国内外的知名专家和学者,把他们的研究成果呈现给了各位读者,其兢兢业业、如临如履的工作态度,令人感动。谨在此表示我们的谢意。

出版《欧亚历史文化文库》这样一套书,对于我们这样一个立足学术与教育出版的出版社来说,既是机遇,也是挑战。我们本着重点图书重点做的原则,严格于每一个环节和过程,力争不负作者、对得起读者。

我们更希望通过这套丛书的出版,使我们的学术出版在这个领域里与学界的发展相偕相伴,这是我们的理想,是我们的不懈追求。当然,我们最根本的目的,是向读者提交一份出色的答卷。

我们期待着读者的回声。

总序

　　本文库所称"欧亚"(Eurasia)是指内陆欧亚,这是一个地理概念。其范围大致东起黑龙江、松花江流域,西抵多瑙河、伏尔加河流域,具体而言除中欧和东欧外,主要包括我国东三省、内蒙古自治区、新疆维吾尔自治区,以及蒙古高原、西伯利亚、哈萨克斯坦、乌兹别克斯坦、吉尔吉斯斯坦、土库曼斯坦、塔吉克斯坦、阿富汗斯坦、巴基斯坦和西北印度。其核心地带即所谓欧亚草原(Eurasian Steppes)。

　　内陆欧亚历史文化研究的对象主要是历史上活动于欧亚草原及其周邻地区(我国甘肃、宁夏、青海、西藏,以及小亚、伊朗、阿拉伯、印度、日本、朝鲜乃至西欧、北非等地)的诸民族本身,及其与世界其他地区在经济、政治、文化各方面的交流和交涉。由于内陆欧亚自然地理环境的特殊性,其历史文化呈现出鲜明的特色。

　　内陆欧亚历史文化研究是世界历史文化研究中不可或缺的组成部分,东亚、西亚、南亚以及欧洲、美洲历史文化上的许多疑难问题,都必须通过加强内陆欧亚历史文化的研究,特别是将内陆欧亚历史文化视做一个整

1

体加以研究,才能获得确解。

中国作为内陆欧亚的大国,其历史进程从一开始就和内陆欧亚有千丝万缕的联系。我们只要注意到历代王朝的创建者中有一半以上有内陆欧亚渊源就不难理解这一点了。可以说,今后中国史研究要有大的突破,在很大程度上有待于内陆欧亚史研究的进展。

古代内陆欧亚对于古代中外关系史的发展具有不同寻常的意义。古代中国与位于它东北、西北和北方,乃至西北次大陆的国家和地区的关系,无疑是古代中外关系史最主要的篇章,而只有通过研究内陆欧亚史,才能真正把握之。

内陆欧亚历史文化研究既饶有学术趣味,也是加深睦邻关系,为改革开放和建设有中国特色的社会主义创造有利周边环境的需要,因而亦具有重要的现实政治意义。由此可见,我国深入开展内陆欧亚历史文化的研究责无旁贷。

为了联合全国内陆欧亚学的研究力量,更好地建设和发展内陆欧亚学这一新学科,繁荣社会主义文化,适应打造学术精品的战略要求,在深思熟虑和广泛征求意见后,我们决定编辑出版这套《欧亚历史文化文库》。

本文库所收大别为三类:一,研究专著;二,译著;三,知识性丛书。其中,研究专著旨在收辑有关诸课题的各种研究成果;译著旨在介绍国外学术界高质量的研究专著;知识性丛书收辑有关的通俗读物。不言而喻,这三类著作对于一个学科的发展都是不可或缺的。

构建和发展中国的内陆欧亚学,任重道远。衷心希望全国各族学者共同努力,一起推进内陆欧亚研究的发展。愿本文库有蓬勃的生命力,拥有越来越多的作者和读者。

最后,甘肃省新闻出版局支持这一文库编辑出版,确实需要眼光和魄力,特此致敬、致谢。

余太山

2010 年 6 月 30 日

目录

1

4

1　蒙古答剌罕考

昔屠寄著《蒙兀儿史记·成吉思汗本纪》,于《元朝秘史》所载
1206年帖木真称成吉思汗时所授九十五千户,考证甚勤。厥后日人箭
内亘著《元朝怯薛考》,[1] 于当时成吉思之护卫组织与执掌,研究亦甚
精细。二氏皆辁近蒙古史专家,于蒙古初兴时典章制度之探索不厌纤
毫,未知何故独遗当时所重视之答剌罕。考此号在蒙古初期最为尊贵,
且非一般功臣所可希冀。中叶以后,虽权奸巨憝贵盛之极,而犹以加答
剌罕为荣。皇帝且往往为之特下诏谕,昭告天下。则此号在蒙古固有
官号中之尊贵可以知矣。昔美人劳费尔(B. Laufer)氏于其名著《中国
伊朗志》(*Sino-Iranica*,第592–595页)中,曾讨论此字在西方各民族中
之流传与意义,惜不能直接利用中国材料,并对此号在蒙古时代之情
形,亦未言及。殊不足以见答剌罕制度之演变。今不揣谫陋,作《蒙古
答剌罕考》,行箧书少,缺漏必多,补遗纠谬,以俟来日。

1.1　元代以前之塔寒及达干

答剌罕(darqan)为北族官号,蒙古人今犹用之。其源流如何,职务
如何,具有何种资格始能获得此种徽号,既受答剌罕号,所享受之权利
又如何,此皆吾人所欲知者也。

答剌罕一名,来源甚古,《北史》卷98《蠕蠕传》:

> 西魏文帝乃以孝武时舍人元翌女称为化政公主,妻[蠕蠕可
> 汗]阿那瓌兄弟塔寒。

---

[1] 原载《东洋学报》,1916年,第6卷第3号,后收入《蒙古史研究》。有陈捷、陈清泉之汉译
单行本。

1

此塔寒一名,初视之似为人名,其实当为一官名。《北史》蠕蠕及突厥传中以官名为其人之名者甚多,固不仅此一塔寒也。旧说蒙古之答剌罕乃承袭突厥回鹘之达干(Tarqan),今既知阿那瓌之兄弟已具此号,则突厥之达干,又当直接承袭蠕蠕之塔寒。依伯希和氏(P. Pelliot)之说,蠕蠕为蒙古语系之民族,[1] 然则达干一号,乃蒙古语系民族所固有,劳费尔谓"此字源于古突厥语,不源于蒙古,唐代始见著录"[2] 云云,恐不可从。

公元第 6 世纪西突厥曾与东罗马通使,故突厥官名,东罗马亦曾闻之。据东罗马史家弥南(Menander)《残史》第 28 章所载,东罗马使臣归时,可汗遣使臣名 Tagma,而有 Tarkhan 之号者,偕之归,Tarkhan 即达干之希腊译法,此学者周知之事也。[3]

《旧唐书·突厥传》称,骨咄禄(Qutluq)叛时,有生于中国之突厥人暾欲谷(Tonyuquq)投之。其为人"深沉有谋,老而益知",与"李靖、徐勣之流"相媲美。骨咄禄得之甚喜,立为阿波达干(Apa-Tarqan),令"专统兵马事"。[4] 专统兵马事,应即唐代达干之职务,证以 1075 年玛合木·喀什噶里(Maḥmūd al-Kāshghari)《突厥语辞典》,tarxan 一字训为司令,[5] 足知此官至 11 世纪犹以统领兵马为其职务。然则达干乃突厥之武官,与司监统督赋入之"吐屯"及评议国事之"阎洪达"等官,固不同类矣。[6]

回鹘官号多承袭突厥之旧。吾人观于唐代宗永泰元年(765 年)与郭子仪同盟泾阳之回鹘将领,7 人之中,具达干号者竟有 5 人,可以断

〔1〕伯希和以为 13 世纪之蒙古,在政治、宗教方面,多承袭回纥人之旧,而回纥人又承袭其前驱突厥人之旧。至于突厥人之政治组织与官号,则更承袭其所灭之柔然之旧。柔然者,乃与蒙古极相近之民族也。(《通报》,1915 年,第 689 页)

〔2〕劳费尔:《中国伊朗志》(*Sino-Iranica*),1919 年,第 592 页。

〔3〕参见沙畹:《西突厥史料》,1903 年,第 239 页。

〔4〕参看夏德:《跋文》(F. Hirth, *Nachworte*, 14 – 20),此文收入拉德洛夫:《蒙古古突厥碑铭》(W. Radloff, *Die Alttürkischen Inschriften der Mongolei*)第 2 册,圣彼得堡,1897 年,以下简称《古突厥碑铭》,及陈垣先生:《元西域人华化考》卷 2《摩尼教世家之儒学》。

〔5〕喀什噶里:《突厥语辞典》(Maḥmūd al-Kāshghari, *Divān Lughāt at-Turk*),布劳克曼索引本,即《中古突厥语词汇》(C. Brokelmann, *Mitteltürkischer Wortschatz*)第 198 页,布达佩斯—莱比锡,1928 年(以下简称《中古突厥语词汇》)。

〔6〕参阅华西大学《中国文化研究所集刊》,1940 年,第 1 卷,第 1 期拙著《突厥官号考释》。

其职司,必亦与突厥同。质言之,即管领兵马之武官也。

达干之上,常加阿波、莫贺等字,称阿波达干、莫贺达干等等,兹不赘述。

宋太宗太平兴国六年(981年),王延德西使高昌。其沿途所见之九姓鞑靼(Toquz Tatar)中,亦有达干之号。[1] 鞑靼为南北朝以来蒙古语系室韦之苗裔,则鞑靼此号未必由突厥、回鹘借来,以上文所引塔寒证之,乃其蒙古语系民族所固有也,南宋时代高昌(Qocho)畏吾儿人,即娑陵水(Selenge)、郁督军山(Ütüken)回纥之裔冑,故犹保持其旧有之达干官号。而足以引吾人之注意者,除其仍为世袭之号与唐代相同外,即当时未必复为武职,殆仅为一空衔而已。

蒙古初年,畏兀儿有岊理伽帖穆尔(Blige Temür)者,相传为唐代暾欲谷后裔,史称其"年十六袭国相答剌罕"。[2] 答剌罕即回鹘达干在蒙古时期的读法,暾欲谷为唐代突厥骨咄禄所建第二王朝之重臣,官阿波达干,专统兵马事,前已言之,是其子孙世袭此号,至蒙古兴起时,犹相沿未替也。

同伯颜(Bayan)共倾宋室之阿力海涯(Ariq Qaya),亦北庭(Beshbaliq)人。姚燧《湖广行省丞相神道碑》云:

> 幼聪颖而辩,长躬农耕。喟然曰:大丈夫当树勋国家,何至与细民勤本畎亩! 释未求去。读北庭书,一月而尽其师学。甚为舅氏习拉带达拉寒所异,叹曰:而家门户,其由子大[3]

阿力海涯既为农家子,其舅氏当亦非甚显贵之人,然其人竟具达拉寒徽号,足见与16岁童子所承袭者,当皆为空衔,非复突厥、回纥之旧矣。

〔1〕马端临:《文献通考》卷336"车师前后王"条,《宋史》卷490《高昌传》,及王国维:《古行纪四种》校录本。

〔2〕欧阳玄:《圭斋集》卷11《高昌偰氏家传》;黄溍:《黄金华先生文集》卷25《合剌普华公神道碑》;《元史》卷124《岳璘帖木儿传》。

〔3〕刘昌:《中州名贤文表》卷11。苏天爵:《国朝文类》卷59。

·欧·亚·历·史·文·化·文·库·

1.2 答剌罕字意之演变

13 世纪蒙古人读 tarqan 为 darqan,译言自在。[1]"元代征南蛮,募勇悍为先锋,号答剌罕军,即言其纵恣无禁也。"[2]是元代答剌罕之意义,与唐"专统兵马"之武职及 11 世纪玛合木·喀什噶里《突厥语辞典》之"司令"迥异矣。元代刘敏中谓:"答剌罕译言一国之长",[3]殊不可据。马祖常译为"世贷"或"世宥",虞集从之。[4] 然亦仅能表示答剌罕所享特权之一面而已,均不及自在说之足以表示其在元代之特点也。

依科伐勒夫斯基(Kovalevski)《蒙俄法字典》第 1676 页,darqan 之义有二:一曰工匠、艺人;一曰免税。法人布洛晒(E. Blochet)以为第二义系由第一义孳乳而出[5] 盖技术工人在游牧民族中甚少,且甚为人所重视也。布洛晒之推测,劳费尔氏已斥其谬。依劳费尔之意,tarkan(即 tarqan)为一古突厥字,蒙古无之。蒙古人只识 darqan 一字,此字在

---

〔1〕《元朝秘史》蒙文第 51 节"答儿罕"旁注"自在"。石泰困戛思《波英字典》(F. Steingass. *A Comprehensive Persian-English Dictionary*),伦敦,1930 年(以下简称《波英字典》),第 293 页,tarkhān 有自由、免税等意。

〔2〕见魏源《元史新编》语解。按《元文类》卷 41《经世大典·序录》"政典军制"条:"应募而集者曰答剌罕,此不给粮饷,不入账籍,俾为游兵,助声势,掳掠以为利者也。"又同卷"招捕"条宋隆济项下:"大德五年,雍真葛蛮土官宋隆济叛,……令云南左丞月忽力招答剌罕军入境。"魏源之说,或即本此。据《元史·文宗纪》,月鲁帖木儿(Uruq Temür)、完者都(Öljetü)及顺元宣抚司所统者,皆此军。又据《元史·朵尔直班(Rdo-rjedpal)传》,达剌罕军帅王不花(Buqa)怒其主帅曰:"吾曹便当散还乡里矣!"犹可见其恣肆之状。惟此种军队,决不始于征南蛮,元初平宋时,业已有之。《元史》卷 98《兵志》:

> [至元]十七年七月,诏江淮诸路招集答剌罕军。初,平江南,募死士愿从军者,号答剌罕,属之刘万户麾下。南北既混一,复散之,其人皆无所归,率群聚剽掠。至是,命诸路招集之,令万奴部领如故,听范左丞、李拨都二人节制。""十九年六月,散定海答剌罕军还各营,及归戍城邑。

由此观之,答剌罕军本非正式军队,有事则临时招集,事定即复遣散,固非一种常备军队也。

〔3〕《元文类》卷 25,刘敏中:《丞相顺德忠献王碑》。《辍耕录》卷 1"答剌罕"条:"答剌罕一国之长,得自由之意,非勋戚贵族不与焉。"即本刘说。

〔4〕苏费尔:《中州名贤文表》卷 19,马祖常:《敕赐太师秦王佐命元勋之碑》;《元文类》卷 26,马祖常:《太师太平王定策元勋之碑》;虞集:《道园学古录》卷 16,《孙都思氏世勋之碑》。

〔5〕《史集》布洛晒刊本,1911 年,附录第 58 页。

布鲁特(Kara Kirgiz)语意为工匠,在吉儿吉思(Kirgiz)语则为汗之宠臣及自由。然则 darqan 在蒙古—突厥语中,或者本别为一字,后与古突厥字 tarkan 相混而为一云[1]。按布洛晒之推论固误,劳费尔之揣测亦不能成立。此字在塞北民族中之历史甚长,每代各有其意义;换言之,时代不同,意义亦异。在唐代突厥、回纥为武官之号,在元代则为自在,前已言之。今《蒙文总汇》于 darqan 下仅注匠人一义,科伐勒夫斯基虽采二义,而来源恐有差异;质言之,同一地方之人民,未必兼用此二义也。依吾人所见,此两种意义之解答,似当于明代著作中求之。明王士琦《三云筹俎考》卷 2 谓明代鞑靼人于阵前援救台吉者,酬升打儿汉(darqan),并谓:

> 亦有各色匠役,手艺精能,造作奇异器具,升为此名。

是答剌罕就一种意义言,在明代为精工能匠所获之美号;今人以答剌罕呼普通匠人者,正如汉人称一般工匠为师傅,西人称一般医生为博士也。其第二种意义(免税),乃西方答剌罕所享特权之一,中文材料中向未之见;则科伐勒夫斯基所著之第一义(工匠,艺人),殆采自东方,而第二义则固元代以来西方历代相传之旧义也。

1.3　成吉思汗所封之答剌罕

蒙古时代答剌罕特贵,纵有功勋,亦未必能幸致此赏。兹爬梳东西史料,以考当时此号之特点。

具备何种资格,始能获得答剌罕之封号乎?关于此点,元代著作中,未见明文规定。唯吾人苟就诸答剌罕所建之功勋互相比校,亦不难发现其封赏之标准。

就吾人刻下所能衷集之材料考之,成吉思汗授封之答剌罕,共有 6 人。均对成吉思汗本人或其儿辈有救命之恩。1206 年,帖木真称成吉思汗,论功授爵,授封九十五千户,又特别提出其中建立殊勋之官人若干,而缕述其事迹。所谓答剌罕者,均在此种官人之列,此吾人所当注

---

[1]劳费尔:《中国伊朗志》,1919 年,第 592 - 594 页。

意者也。兹略述六人之殊功于后,借以说明其所以受封之故。

(1)锁儿罕失剌(Sorqan Shira)。锁儿罕失剌者,赤老温(Chila-ghun)之父也。赤老温为成吉思汗四杰之一,其功业与他三杰等。明初修《元史》,仓促成书,采访不周,四杰之中,仅 3 家有传,而赤老温独无,遂使锁儿罕失剌父子,泯然失传。《元史·太祖本纪》虽举赤老温归降成吉思汗,而未著锁儿罕失剌之名;《圣武亲征录》及拉施都丁《史集·成吉思汗传》详述锁儿罕失剌脱成吉思汗于难,而未言其受封答剌罕之号。考锁儿罕失剌之子孙世系与功业,详见虞集《孙都思氏世勋之碑》及黄溍《金华黄先生文集》卷 35《逊都台公墓志铭》。《世勋碑》虽明言其曾受答剌罕徽号,唯虞集所述锁儿罕失剌之功业,乃由汪古人马祖常转述其五世孙健都班之言,辗转传说,错误实多。其叙述援救成吉思汗故事最详者,为《秘史》(第 79 节至 87 节及第 219 节)及拉施都丁之《史集·部族志》。《秘史》之说较繁,兹特撮译《部族志》"孙都思(Sūldūs)"条之文,以见其功业之一斑。

> 帖木真幼时,与泰赤兀(Tāijiūt)战,兵败被掳,敌人以枷置于其颈,并命人看守之。已而帖木真得间脱走,藏一小湖中,沉身于水,仅露面鼻,敌酋遣人大索不获。有锁儿罕失剌者,逊都思部人,独见之。及夜,救之出水,并脱其枷,引归己帐,而藏之载羊毛车中。泰赤兀部人搜至其帐,亦未得。迨搜者去,遂以甘草黄马(qula)一匹并食物及弓矢赠之,遣归其家〔1〕

读《秘史》及《史集》之记载,此人于 1206 年前,无汗马之劳、赫赫之功;其一生最大事业,非以其对于蒙古民族有若何贡献,不过对成吉思汗个人有救命之恩而已。

(2)召烈台·抄兀儿。据《元史》本传(卷 123),札木合(Jamuqa)与朵鲁班(Dörben)诸部会于犍河(Kem)河岸,欲袭成吉思汗。抄兀儿悉以其谋告之,成吉思汗因授以答剌罕之号。

关于此役泄谋之人,《亲征录》与《元史·太祖本纪》及《召烈台·

---

〔1〕《史集》贝勒津刊本,《俄罗斯皇家考古学会东方部丛刊》(本书以下引用时均简称《丛刊》),1961 年,第 7 册,第 224-227 页。

抄兀儿传》均言为抄兀儿。而《元朝秘史》及《史集·部族志》"火鲁剌思"条与《成吉思汗传》则均言为火力台(Qoridai)。依《元史·抄兀儿传》,其人应为照烈部人;依《秘史》,则火力台为火鲁剌思部(Qorlas)人;《部族志》且言其为火鲁剌思人,灭里吉歹(Merkitei)所遣,非出自动。[1] 1206年行赏时,无抄兀儿或火力台之名。殆《秘史》著者偶佚之欤?

大抵《秘史》、《史集》及《亲征录》所采之传说,来源不一,故所在矛盾。但无论告变之人为谁,二人均以泄谋告变,救援成吉思汗而受封也。

(3)博尔术(Bughurchu Noyan)。为四杰之首,右手万户,斡罗纳(Urnaut)分族阿鲁剌氏(Arlat)。生平事迹略具阎复《太师广平王贞宪碑》,[2]《元史》本传悉袭其文,但均未言其受答剌罕之号,独《史集》、《秘史》二书,录其殊勋特详,其救护成吉思汗之功,在《史集》凡两见:一在《部族志》"阿鲁剌部"条,一在《太祖本纪》后所附训言[3] 兹撮录其文于后,以见其所以受封答剌罕之故:

帖木真幼时与敌人战,口喉负创,奄奄欲毙。同行者仅博尔术及博罗忽二人;博罗忽燃火热石,投雪于石上,以蒸气熏帖木真口。及凝血出,呼吸遂通。时雪大,博尔术执裘盖帖木真首,如是看护,直至雪深至腰,而足未尝移动,旋帖木真归。多桑《蒙古史》引《史集》云:"后赏二人之功,并授以答剌罕之号。"[4]

(4)博罗忽(Burughul)。许兀慎氏(Hūsīn),为成吉思汗母月伦额客(Hö‘elün Eke)四养子之一,于四杰之中,次居第二。《元史》本传仅言其事太祖为第一千户,殁于敌。元明善《太师淇阳忠武王碑》[5]为

─────────────

〔1〕《史集》贝勒津刊本,《丛刊》第7册,第207页。

〔2〕《元文类》卷23。

〔3〕成吉思汗之宝训曰 Bilig,法令曰札撒(Jasaq)。参看巴托尔德:《蒙古入侵时期的突厥斯坦》(W. Barthold, *Turkestan Down to the Mongol Invasion*),伦敦,1928年(以下简称《突厥斯坦》),第42页。

〔4〕《多桑蒙古史》,冯承钧译本,1936年,卷1,第42页;哀德蛮:《概况》,第105页;《史集》贝勒津刊本,《丛刊》第7册,第219页。

〔5〕《元文类》卷23。

·欧·亚·历·史·文·化·文·库·

《元史·博罗忽传》之史源,所记亦仅此。依今日所知,除上述与博尔术共救帖木真外,《秘史》又述其曾救窝阔台于战场,其妻阿勒塔泥(Altani)亦曾救拖雷之命。博罗忽夫妇俱能于呼吸存亡之际,忠于所事,故成吉思汗论功行赏,以答剌罕之号酬之。《秘史》第 173 节大意谓:

帖木真与王罕(Ong Qan)合剌合勒只惕(《录》作合兰只之野,《史集》作 Qalāljin Ālāt)之战,帖木真损失甚重,除其名将忽亦勒答儿(Quyildar)死于是役外,其三子窝阔台(Ögötei)亦受重伤。次日天明,点视军马,独不见其第三子。然以其与博罗忽及博尔术同行止,知其必能生死与共,不肯相离。厥后窝阔台果由博罗忽马上挟回。"项上中箭,孛罗忽勒将凝血咂去。"

《秘史》又记其妻阿勒塔泥救拖雷云:塔塔儿亡时,有合儿吉勒失剌者逃出,因饮食无著,遂至帖木真母亲家中乞食。依蒙古旧俗,凡客人借宿乞食,无论知与不知,管家主妇合当殷勤招待。故其母即言:"既是寻衣食的时,那里坐。"时拖雷方 5 岁,合儿吉勒肘下挟之出,用手抽刀,养子博罗忽勒之妻阿勒塔泥亟揪其发,而扯其手,者勒蔑等闻声奔至,举刀杀之。

《元史》卷 119 称其"从太祖起朔方,直宿卫,为火儿赤。火儿赤(Qorchi)者,佩囊鞬、侍左右者也"。但《秘史》及《史集》均称其为保兀儿臣(Bā·ūrchin),译言膳夫,虽为宿卫之最近密者,要与火儿赤不同。

(5)乞失力黑(Qishiliq)及巴歹(Badai)。元代最知名之答剌罕,为斡罗纳部(Urnaut)之乞失力黑,盖其曾孙哈剌哈孙(Harghasun)有拥立武宗(Qaishan)之劳,时人称呼其所袭之号答剌罕而不名。[1] 故其家之答剌罕,独能名震有元中叶也。乞失力黑救护成吉思汗之事迹,《秘史》169 节、《亲征录》、拉施都丁《史集·成吉思汗传》及《部族志》"斡罗纳分族"(Ūrnāūt Kelengūt)条,均有记载,《辍耕录》卷 1、《元史·太祖本纪》及《元史·哈剌哈孙传》亦曾言及。唯均取材于刘敏中《丞相顺德忠宪王碑》。

---

[1]《元史》卷 136《哈剌哈孙传》。

8

依《秘史》所载,王罕父子谋害帖木真,请其饮许婚酒(布浑察儿,Bu'uljar),蒙力克(Münlig)劝勿往,免遭不测,帖木真遂托辞马瘦谢之。王罕子鲜昆谋潜师往袭,圉人乞失力黑知之,与其弟把歹驰往告变,帖木真遂脱于难。[1]

成吉思汗称此二人"护卫我,皆能得力",[2]除曾随成吉思汗西征外,[3]亦未见其他功勋;1206年,成吉思汗授予答剌罕种种特权,殆仅以其告变救己而已。《秘史》第51节称巴歹与乞失力黑"二人都做了答剌儿罕官人",蒙文止作答儿罕,[4]是剌字显系后人据答剌罕之译音增加,实蛇足也。

王罕灭后,成吉思汗曾以王罕服用之物赐乞失力黑等二人,《秘史》第187节:

> 太祖再于巴歹、乞失力黑二人行,将王罕的金撒帐[5]并铺陈金器及管器皿的人尽数与了。

英人雷弗提(Raverty)译注术兹扎尼(Juzjani)书,所引回教材料,亦有类似之记述,惜未注明其出处:

> 王罕败后,成吉思汗获其金帐(Kharġah),用以赐巴歹(Bādāe)及乞失力黑(Kishlīk)。厥后答剌罕之徽识,即用王罕金帐一条悬于其头巾之上也。[6]

---

〔1〕《秘史》第165节至190节。

〔2〕洪钧:《元史译文证补·太祖本纪译证》附《太祖训言辑补》。

〔3〕李志常:《长春真人西游记》;《元史》卷136《哈剌哈孙传》。

〔4〕按darqan,音译为"答儿罕",甚为正确。但有元一代,通作"答剌罕",此种r前母音重现于r后之现象,在元代甚为普遍,如Turqaq元译为秃鲁华,Qarluq之译为哈剌鲁,Qorchi之译为火鲁赤等,皆r前母音亦复于r后读出之例也。

〔5〕赵翼:《陔余丛考》卷33,有"撒帐"一条,乃中国汉唐以来婚仪之一,与此无涉。《元朝秘史》蒙文第187节阿勒坛·帖儿篾(Altan terme),旁注云金撒帐,其式虽不详,似为一种大毡所制之金帐。彭大雅:《黑鞑事略》居住条徐霆疏云:"金帐……其制即是草地中大毡帐,上下用毡为衣,中间用柳编为窗眼,透明,用千余条索拽住,阈与柱皆以金裹,故名。……穹庐有二样:燕京之制,用柳木为骨,正如南方罘罳,可以卷舒。面前开门,上如伞骨,顶开一窍,谓之天窗。皆以毡为衣,马上可载。草地之制,以柳木织成硬圈,径用毡挞定,不可卷舒,车上载行。"王罕之金撒帐,当即金帐之可卷舒者。所谓大毡帐,即脱罗(toroq)毡,《元史》卷100《兵志三》:"各以脱罗毡置撒帐,为取乳车。"《元朝秘史》蒙文第189节"察罕脱罗黑"旁注云白大毡。是撒帐之大毡,即所谓脱罗毡也。至于取乳车,蒙名酝都,《元史》同卷:"酝都者,承乳车之名也。"

〔6〕雷弗提英译:《亚洲诸回教王朝史》,第943页注文。

以下二人,《秘史》《史集》等书,未见受答剌罕之封,唯受"九罪弗罚"之特权,此答剌罕所享受多种特权之一也。

(1)者勒篾(Jelme)。成吉思汗部下勇将有四狗(《秘史》作朵儿边那合思,Dörben Noqais)、四杰(《元史·木华黎传》作掇里班·曲律。《秘史》作朵儿边·曲律兀惕),Dörben(Külügüt)之目,者勒蔑者四狗之一也。者勒篾,兀良哈氏(Uriangqat)。《元史》无传,《史集》所述事迹亦甚略,惟《秘史》独详。除其汗马之劳外,曾救成吉思汗及拖雷(Tului)之命。据《秘史》第145节,帖木真与泰赤兀战,颈疮甚,者勒篾为吮其血;及帖木真夜半复苏,渴,索饮,者勒篾复裸入敌营,为盗乳酪以饮之。据《秘史》第214节,尚曾与博罗忽共杀某塔塔儿人,以救帖木真之幼子拖雷于呼吸存亡之际。

然则者勒篾之忠勇,固足以受上赏,而其一再救成吉思汗父子于千钧一发之际,则固与其他诸答剌罕相同也。《史集·部族志》"兀良哈"条称之为 Jalma Ūha,拉施都丁自注云:Ūha 者,盗贼,劫路贼,勇敢人之义[1] 其所以得此诨名者,当即因其黑夜身入敌营而盗乳酪,救成吉思汗也。1206 年成吉思汗论功行赏,赐予者勒篾"九罪弗罚"。

(2)失吉忽秃忽(Shigi Qutuqu)。失吉忽秃忽是塔塔儿(Tatar)部人。据《秘史》(第 135 节及 214 节),亦为月伦夫人四养子之一,成吉思汗以第六弟视之。据拉施都丁《部族志》"塔塔儿"条,此人为成吉思汗养子,成吉思汗甚爱之[2] 拖雷幼时,为泰赤兀人抢去,失吉忽秃忽夺之归,并追杀其人。1206 年,赏以九罪弗罚,盖以此也。失吉忽秃忽为蒙古断事官(扎鲁忽赤,Jarghuchi)。《黑鞑事略》黩货可畏之胡丞相,亦即此人。其生平事迹散见拉施都丁《史集》、《秘史》中,甚略。

就援救成吉思汗之恩德言,以下 3 人亦有受答剌罕封赏之资格:

(1)蒙力克·额赤格(Monglik Ejige)。蒙力克,晃火坛部

---

[1]《史集》贝勒津刊本,《丛刊》第 7 册,第 189 页。
[2]《史集》贝勒津刊本,《丛刊》第 7 册,第 73 - 77 页。

（Qōngqotān）人[1]。父察剌合老人（Charaqa），于成吉思汗幼年，为之挽留叛者而死（《秘史》72、73节）。后王罕设计诱杀成吉思汗时，汗因蒙力克劝阻，得免于难（《秘史》第168节）。父子均有大恩于孛儿只斤氏（Burjiqin）。

（2）孛徒（Butu）。孛徒，亦乞列思部（Ikires）人。依《亲征录》及《元史》本传，答阑版朱思（Talan Balijus）之战，遣使告变。

（3）特薛禅（Dai Sechen）。特薛禅，弘吉剌（Qongqirat）部人。依《亲征录》，哈答斤（Qataqin）诸部阿雷泉之盟，欲袭成吉思汗，特薛禅遣人告变。

以诸答剌罕之功业推之，此3人未受答剌罕之封号，似甚不当，岂以蒙力克为后父，[2]孛徒为妹婿，特薛禅为外家，或裂土封王，或视同父子，所以不再别赐特权欤？

1.4　答剌罕所享受之特权

叙述蒙古诸答剌罕之事迹既竟，兹再探讨赐授此号之标准。《秘史》第203节译文：

> 成吉思汗说："这驸马并九十五千户已委付了，其中又有功大的官人，我再赏赐他。"

依吾人所知，成吉思汗初起时之答剌罕，除《史集》、《秘史》皆未著录之抄兀儿外，悉在此"又有功大的官人"之列。足见此种官人，皆于普通功业之外，别建殊勋，故受特别待遇。但此处所谓"又有功大的官人，我再赏赐他"者，实与蒙古原文之意不符。原文云：

─────────────

〔1〕《史集》贝勒津刊本，第211－212页。其人《元史》无传，仅卷193《伯八传》著其世系。钱大昕《廿二史考异》卷100"伯八儿合丹氏"条云："按目录以伯八儿标题，以合丹为伯八儿之氏，今检传中，两举伯八名，皆不连儿字。又《元秘史》载蒙力克额赤格事甚详，即此传之明里也赤哥也。《秘史》谓其族为晃合坛氏，丹坛声相近，则儿乃晃字之讹。"钱氏之说甚是。但预检明洪武刻本及乾隆四年刻本目录，固皆以伯八标题，无儿字。同治间江苏书局刊本标题为班巴尔，则钱氏所据者，当即其祖本也。由此亦可见改译之可笑误人。

〔2〕屠寄《蒙兀儿史记》卷3谓蒙力克为成吉思汗族父，乃臆说。其所以称额赤格（父）者，依《部族志》"晃豁坛"条，殆因成吉思汗以其每月伦太后妻蒙力克也。（贝勒津刊本，《丛刊》第7册，第212页）

11

土撒塔纳	莎余儿合勒	斡克速
恩有的　行	恩赐	与
Tusatan-a	Soyorghal[1]	Ügsü

意谓："于有恩的人们,给与恩赐。"是此类官人之所以格外受赏赐者,非因其更有大功,乃因其别有大恩也。有功者助成成吉思汗之事业,有恩者乃曾救护成吉思汗之性命。就某种意义言,一属公,一属私,须分别视之,未可混为一谈也。对于成吉思汗创立基业有功者,则委任为万户、千户之官,质言之,万户千户之号,乃所以酬有功,依其勋业之大小,能力之高下,分别授之。其对成吉思汗有恩者——尤其对其个人生命或其儿辈之生命有救护之恩者,则更以答剌罕之号报答之。质言之,即于普通功臣应享之封赏外,别授数种特权,《秘史》所谓"我再赏赐他"也。举实例言之,速不台、兀良合台、阿术三世功业,元代功臣中罕与伦比,然而未闻其家何人受答剌罕之号,以其只对孛儿只斤氏有功,对可汗私人无恩也。捣奶子之锁儿罕失剌及牧人乞失力黑辈,才能功业均不足齿数,徒以曾脱成吉思汗于难,故特授答剌罕之号,而得"自在快活",享受九罪弗罚之优待,即以其曾于某种场合下,肯冒生命危险,拯救成吉思汗或其儿子于死亡边缘也。

关于答剌罕所享特权,《秘史》及志费尼(Juwayni)《世界征服者传》均有明文规定,兹汇录于下,以资比较。《秘史》第187节:

> 太祖再于巴歹、乞失力黑二人行……将客列亦惕汪豁真姓的人就与他两个做宿卫的,教带弓箭。饮酒时,又许他喝盏。直至子孙行教自在快活。厮杀时,抢得财物,打猎时,得的野兽,都不许人分,尽他要者。

又《秘史》第219节:

> 成吉思汗说:"依着您(锁儿罕失剌)那地面内自在下营,再教您子孙行许他带弓箭,喝盏,九次犯罪休罚者。"又说:"教您每自在,出征处得的财物,围猎时得的野兽,都自要者。"

志费尼于宪宗即位时(1251年)身历和林,见闻甚确,其述答剌罕

---

[1]关于此字,见《通报》,1932年,第52页。

之特权云：

> 豁免一切赋税。在战争中或围猎中所获之一切物品，独自有之。无须特别许准，随时可入宫禁。九次犯罪之后，始受传讯，但此种则例之遵行，亦只限于含有死刑之罪[1]。

如依雷弗提所引，尚有："答剌罕不受一切烦扰"一语[2]，似即《元朝秘史》第187节赐予巴歹、乞失力黑"自在快乐"之意。

兹据《秘史》及志费尼书所记，答剌罕享受之特权，可归纳为下列8点：

（1）许喝盏；

（2）教带弓箭；

（3）九罪弗罚；

（4）俘获独自有之；

（5）猎获独自有之；

（6）自在下营（即自由选择牧地）；

（7）无须取得许可，随时可见可汗；

（8）免除赋税。

第（3）、（4）、（5）3项，为东西史料所共有。（7）、（8）两项，独见西书，第（8）项尤为回教国家所重视。至于（1）、（2）两项，不见西史，独为中国史籍所乐道。兹特爬梳元代史籍，分别诠释于次。

1.4.1 喝盏

《秘史》所谓喝盏，乃天子宴飨时之一种礼节。元人亦称之曰"月脱"（ötök）之礼，其详细仪式《辍耕录》卷21"喝盏"条曾详言之：

> 天子凡宴飨，一人执酒觞，立于右阶；一人执拍板，立于左阶。执板者抑扬其声赞曰："斡脱"；执觞者如其声和之曰："打弼"；则执板者即一拍。从而王侯卿相合坐者坐，合立者立。于是众乐皆作，然后进酒，诣上前。上饮毕授觞，众乐皆止，别凑节以饮陪位之

---

〔1〕巴托尔德：《突厥斯坦》，第385页。补注：志费尼：《世界征服者传》，波耶尔（Boyle）英译本，1958年，第38页。

〔2〕雷弗提英译：《亚洲诸回教王朝史》，1881年，第942页。

官,谓之喝盏。盖沿袭亡金旧礼,至今不废。诸王大臣非有赐命不敢用焉。斡脱、打弼,彼中方言,未暇考求其义[1]

李文田《元秘史注》卷 8 云:"按'斡脱'即洪皓《松漠纪闻》所云浑脱酒也。"李注殊误。《松漠纪闻》无浑脱酒之记载。浑脱二字,虽元代以前已著录,但非用以名酒。元《张光弼诗集》卷 3《辇下曲》有"挏官马湩盛浑脱"之句,明叶子奇《草木子》卷 4 下"盛酒乳之皮袋曰浑脱"[2] 李氏所言,殆指此。《元史》卷 154《石抹按只传》:"叙州守将,横截江津,军不得渡,按只聚军中牛皮作浑脱及皮船,乘之与战。"[3] 是浑脱即皮囊,不唯与斡脱无关,且非专用以名盛酒之皮袋也。法国伯希和主张,蒙文 ötök(斡脱)一字,译言进酒,系借用突厥文 ötüg,译言"请"也。"打弼"乃借自突厥文 tabiq 或 tabuq,译言敬献[4] 即一傧唱曰:"请酒",一傧应曰"敬献"。其说乃探源之论,宜为学者所首肯。依《秘史》"饮酒时,许他喝盏",及《辍耕录》"诸王大臣,非有赐命,不敢用焉"之文推之,当为成吉思汗允许答刺罕用天子饮酒之礼,非谓天子饮酒时答刺罕作执板之傧相也。伯希和以 ötökle'ül 为主格动词使役式,故亦作如是主张。然就元代诸答刺罕碑传考之,则有与此说正相反

〔1〕《马可波罗行纪》记大汗饮酒时之情形云:"大汗将饮,宫内众乐皆作,侍臣诣前进杯,再直退三步,跪下。大汗举杯时,与宴臣民皆跪,表示敬意。于是大汗始饮。"(Ricci 英译本,第 132 页)明代陈诚、李暹于帖木儿帝国所见者,亦与此同。《西域番国志》云:"凡宴会之际,尊者饮,则下人皆跪。"叶子奇《草木子》卷 3 所志,亦与此同:"把盏则三跪:谓举盏至尊者前半跪;退三步执台全跪;俟尊者饮毕,起前接盏,又半跪。"吾人读上述三种记载,则蒙古宫廷饮酒时之情形,可以见矣。

〔2〕漠北有八珍,马奶子即其一也。彭大雅《黑鞑事略》记蒙古人制马奶子之注云:"贮以革器,濆洞数宿,味微酸,始可饮,谓之马奶子。"徐霆疏云:"用手沂下皮桶中,却又倾入皮袋撞之。"耶律铸《双溪醉隐集》卷 6《行帐八珍诗序》:"麆沆马酮也,汉有挏马官。"注曰:"以韦革为夹兜,盛马乳挏治之。"所谓浑脱,当即此处治马奶子之皮袋,革器,韦革夹兜也。

〔3〕多桑《蒙古史》(此据冯承钧译本)1 卷 7 章引伊本·阿昔尔(Ibn al-Athir)《全史》(Kamil-ut Tawarikh)述蒙古人渡河之方法云:"者别(Jebe)及速不台(Söbötei)二军不用舟梁渡暗木(Amu)河,蒙古军以牛皮裹树枝作鞯,藏军械服用于中,系鞯于身,手揽马尾,随以泳水,举军截流而济。"冯承钧所译之鞯即浑脱也。公元 1245 至 1247 年,东行之教廷使节布拉诺·喀尔毕尼(Plano Carpini)所见蒙古渡河之皮舟,亦即此物:渡河之人,各有一圆形轻皮,周缘密设活结或扣服,用绳穿入其中而紧拉之,遂成一腹形之圆鞯,置衣服及他种什物于其内,再用力压缩衣服及皮囊。置鞍鞯及硬物于其中间,渡者本人亦即坐其上。(Risch 德文译本第 171 页)吾人读伊本·阿昔尔及布拉诺·喀尔毕尼之文,则渡河之浑脱可以见矣。

〔4〕《通报》,1930 年,第 33 页。

者,虞集《道园学古录》卷16《孙都思氏世勋之碑》:

> 国家凡宴飨,自天子至亲王,举酒将釂,则相礼者赞之,谓之喝盏,非近臣不得执其政,故以命之。

依虞集之说,乃国家宴飨时,由答剌罕执行月脱之礼,非答剌罕宴饮时许喝盏也。但虞集此说实别有所本,辗转传述,遂致错误。钱大昕《潜研堂文集》卷31《跋道园类稿》云:

> 碑志之文,近于史者也,而其家持行状乞文者,未必知旧章,秉笔者承其讹而书之,遂为文章之玷。……《道园》能古文而未究心史学,故有此失。

此钱竹汀评虞集《鲍君实墓志》及《张宣敏公神道碑》之语也。今可移用此语,以说明其对答剌罕所享特权之误解。马祖常《敕赐太师秦王佐命元勋之碑》云:

> 至顺元年,特命,王有大勋劳于天下,凡宴飨赐月脱之礼,国语喝盏也。

马祖常之语,亦不甚明白。其记述最当者,则莫如刘敏中《丞相顺德忠献王碑》:

> 因赐御帐什器,及宴饮乐节如宗王仪。

此碑所谓御帐什器,即指王罕之"金撒帐"并器皿(《秘史》第188节),亦即雷弗提所引之 Khargah 也。所谓"赐宴饮乐节如宗王仪",即《秘史》"饮酒时许喝盏",及《辍耕录》"诸王大臣,非有赐命,不敢用焉"之意。《元史》卷138《伯颜传》:

> 又命,凡宴饮视诸宗王礼。

其与刘说正合。是哈剌哈孙碑文与《元史》均足证《秘史》之是,虞集所记之非也。

1.4.2　带弓箭

《秘史》"教带弓箭"一语,依照蒙文原意宜解为允许答剌罕之宿卫佩带箭筒[1],马祖常《敕赐太师秦王佐命元勋之碑》:

---

[1]《秘史》,第187节。

·欧·亚·历·史·文·化·文·库·

> 王(伯颜)定大难,诛戮既多,宜防不测,赐怯薛歹(Kesiktei)
> 百人,灭里吉(Merkit)百人,阿速(Asut)百人,俾朝夕宿卫王左右,
> 以备非常。

《元史》伯颜本传与此略同,此可为《秘史》答剌罕自有"带箭筒的宿卫"之佐证。关于此点,虞集《孙都思氏世勋之碑》所述亦不合:

> 宿卫之士,必有其长,为之怯薛官,亦非贵近不得居此职,则以
> 命之。

虞集之说,施之于赤老温(Chilaghun)固甚恰当。盖成吉思汗命四杰世领怯薛之长,而赤老温即四杰之一也,若施于巴歹、乞失力黑辈,则殊不合。盖怯薛之长,不能于四杰子孙之外求之也。[1] 如解为允许答剌罕有带箭筒之宿卫,则不过表示其礼遇之隆,与可汗等,与元代怯薛制度始无冲突矣。

明代鞑靼官制,多沿元代之旧,故仍用答剌罕之号。王鸣鹤《登坛必究》卷 22 译打剌汗为头目,则此号在当时似不甚尊荣。其加赏此号之法规,明王士琦《三云筹俎考·封贡考》所附《夷语解说》"打儿汉"条,言之颇详:

> 凡部夷因本管台吉阵前失马,扶救得生,或将台吉阵中救出
> 者,加升此名。如因救台吉自身阵亡,所遗亲子或孙,酬升此名。
> 亦有各色匠役,手艺精能,造作奇异器具,升为此名。

所谓台吉者,同书注云"是王子孙",即太子之蒙古读法。然则明代鞑靼授予答剌罕之制,仍与元代类似,即所以报部下救台吉性命之恩也,唯不识所享特权仍与元代相同否。

清朝于降服蒙古后,仍多用其旧有官号以封之,达儿汉即其一也。唯所受待遇与前大异。《蒙古游牧记》卷 1 云:

> 各部蒙古有功加达儿汉号者,增加俸银二十两,俸缎四匹。达

---

[1]《元史·兵志二》"宿卫·四怯薛"条:"太祖功臣博尔忽、博尔术、木华黎、赤老温,时号掇里班曲律(Dürben Külügüt),犹言四骏也。太祖命其世领怯薛之长,怯薛者,犹言番直宿卫也。凡宿卫每三日而更,申酉戌日,博尔忽领之,为第一怯薛;……亥子丑日为博尔术领之,为第二怯薛;寅卯辰日木华黎领之,为第三怯薛;巳午未日赤老温领之,为第四怯薛。"并参阅箭内亘《元朝怯薛考》。

儿汉者,有勤劳之谓。

答剌罕昔享自在快活、九罪弗罚等特权,至此仅增俸银二十两,俸缎四匹。答剌罕制度演变至此,已无足轻重矣。

1.5　元朝之答剌罕

元末杨瑀《山居新话》有答剌罕一则,陶宗仪曾闻杨氏口述,故《辍耕录》卷1"大军渡河"条亦记其事。杨氏云:

> 至顺间,余与友人送殡,见其铭旌粉书云:"答剌罕夫人某氏"。遂叩其家人云:"所书答剌罕是所封耶?是小名耶?"答曰:"夫人之祖,世祖皇帝收附江南时,引大军至黄河,无舟可渡,遂驻军。夜梦一老曰:'汝要过河,无船,当随我来。'引之过去,随至岸边。指示曰:'此处可往。'遂以物记其岸。及明日,至其处,踟蹰间,有一人曰:'此处可往。'想其梦境,遂疑其说。上曰:'你可先往,我当随之。'其人乃先行,大军自后从之。果然此一路水特浅,可渡。既平定,上欲赏其功,其人曰:'我富贵皆不愿,但得自在足矣。'遂封之为答剌罕,与五品印,拨三百户以养之。"今其子孙尚存,予每以此事叩人,皆未有知者。

钱大昕以为此事传闻失真,时代有误。《十驾斋养新录》卷14"辍耕录"条云:

> 世祖取江南,初未亲在行间。其时河南久入版图,何至济军无舟,时势绝不相应。此必太宗壬辰春由河清县白坡渡河事,而误以为世祖也。

钱氏并引《金史·乌林答胡土传》以证其说。窃以为就史事言,钱氏之说,固不可易,顾此故事怪诞不经,殊难以置信。若其人果能于顷刻之间为太宗解决军事上之困难,太宗曲从其请,赐以答剌罕之号,则亦与蒙古国初封赐之例不甚相背。

成吉思汗之后、忽必烈之前,新授之答剌罕,亦颇见于《元史》。惜叙述简略,已不能详其封赏之故。若窝阔台时代,畏兀儿人乞赤宋忽儿,《元史》卷124《哈剌亦哈赤北鲁传》仅言赐号答剌罕,至世祖本纪

17

所称邢州二答剌罕,钱竹汀早已考之详矣。

忽必烈时代彻兀台氏麦理[1],曾受答剌罕封号,《元史》卷 132 本传:

> 从定宗略定钦察(Qibchaq)、阿速(Asut)、斡罗思(Oros)诸国,从宪宗伐蜀有功。世祖即位,诸王霍忽叛,掠河西诸城。麦里以为帝初即位,而王为首乱,此不可长。与其弟桑忽答儿率所部击之。一月八战,夺其所掠札剌亦儿、脱脱怜诸部民以还。已而桑忽答儿为霍忽所杀,帝闻而怜之,遣使者以银钞羊马迎致麦理,赐号曰答剌罕。

如以成吉思汗报恩之旨,审视麦理一生事业,则其人殊无膺受答剌罕之资格。成吉思汗时代,此种人物苟可获得斯号,则答剌罕已多至不可指数,无足贵矣。或者此人功业失载,传文不足以表见其殊勋,亦未可知。然就下列各种材料观之,则元初封赏答剌罕号之规定,确较蒙古初年大变,待遇亦大不同。《元史》卷 123《月里麻思传》:

> 岁辛丑(1241 年,窝阔台十三年)[月里麻思]使宋议和,从行者七十余人。月里麻思语之曰:"吾与汝等奉命南下,楚人多诈,倘遇害,当死焉,毋辱君命。"已而驰抵淮上,宋将以兵胁之曰:"尔命在我,生命顷刻间耳。若能降,官爵可立致;不然,必不汝贷。"月里麻思曰:"吾持节南来,以通国好,反诱我以不义,有死而已。"言辞慷慨不少屈。宋将知其不可逼,乃囚之长沙飞虎寨,三十六年而死。世祖深悼之,诏复其家,以子忽都哈思为答剌罕,日给粮食其家人。

此人之功业至多可与郝经等,郝经仅"锡宴大庭,赏赉有差"(《元史》卷 157《郝经传》)而已,而对月里麻思子忽都哈思竟赐授答剌罕,殆以其种属色目,特别优待之欤?抑世祖时天下承平,宗室少锋刃之危,凡能临难不苟免者,即以答剌罕号授之耶?

---

[1]元代蒙古人称汉儿曰札忽歹,波斯人音译作 Jauqut,参阅《国学论丛》,1929 年,第 2 卷第 1 号陈寅恪先生《元代汉人译名考》。自钱竹汀以后,学者共认彻兀惕即召兀烈惕,但其音颇与 Jauqut 相近。

就以上数例观之,成吉思汗以后、忽必烈以前,答剌罕之号,已非用以报恩,仅为赏赉功臣之衔号。质言之,仅以答剌罕部分特权酬某种功业而已,其意义与普通官号无异,较蒙古初兴时迥殊矣。

此种变迁,就当时诸汗生活观之,亦甚自然。盖帖木真幼年本一漠北牧童,躬冒矢石,手创大业,九死一生之时机最多,故1206年称成吉思汗时,回思功臣往昔舍命救己之恩,不能不特予上赏,以示尊异。其对本人无恩者,纵有大功,亦弗轻授,以见此号之特贵。至于忽必烈时,漠北可汗已变为大都天子,警跸森严,远离尘寰。帖木真幼年之危险,决不复见于和林金帐或大都宫阙。故遂以报恩之号转以酬有功也。

1206年所授之答剌罕,仅限于曾援救成吉思汗之数蒙古人而已。厥后色目、汉人归之者众,所建勋业,亦甚炳耀;故窝阔台新授之答剌罕,即有乃蛮人(乞赤宋忽儿)。然汉人尚未见有受此封号者,足见当时对此号之授予,犹甚严格,未尝轻易假人。至忽必烈时,不惟变报恩为酬功,即汉人亦得受之矣。《元史》卷159《赵璧传》:

> 中统元年,[赵璧]拜燕京宣慰使,时供给蜀军,府库已竭。及用兵北边,璧经画馈运,相继不绝,中书省立,授平章政事,议加答剌罕之号,力辞不受。

赵璧,云中人,依当日种族定义,属于汉人。璧虽辞谢不受,是答剌罕之号亦可授予汉人矣。《元史·食货志》著录贾答剌罕及塔剌罕刘元帅二人,未详其事迹如何;顾就二人姓氏言,似皆为汉人也。

《元史·仁宗纪》之丑驴答剌罕(即《泰定纪》之丑驴答剌罕),《泰定帝纪》之阿昔儿答剌罕,与《顺帝纪》之秃秃答剌罕,均不详其事迹与赐授此号之故,或亦袭其先世旧封,如哈剌哈孙及脱欢父子之例欤?至于《武宗纪》三宝奴之赐答剌罕(并参《新元史》卷199),则恐与嗣后加赐权臣之意义同。

泰定以后,权奸擅政,威福自作。答剌罕一号似成权臣必有之官衔。钦察氏燕铁木儿(El-Temür)推翻甘麻剌(Kamala)系,移帝位于答剌麻八剌(Dharmapala)后裔之手。故天历元年(1328年),文宗御极,即加燕铁木儿以答剌罕之号,使其子孙世世袭之。然就其后日官衔

"开府仪同三司、上柱国、太师、太平王、答剌罕、中书右丞相、录军国重事、监修国史、提燕王宫相府事、大都督领龙翊亲军都指挥使司事"观之,亦实与以后伯颜 246 字之官衔同科。盖此蒙古旧号,在成吉思汗时代,极为尊贵,故此辈权臣,于富贵之极时,亦于其一串中国官号内,加入此北族旧有之答剌罕一号,借以自娱。

当日助纣为虐者,尚有其子唐其势,及其弟撒敦与答邻答里(或作答里)等。答剌罕本为世袭之号。唐其势或以为不足以报其功,故文宗至顺元年(1330 年)十月,对撒敦与唐其势并赐答剌罕之号以宠异之。至于答邻答里,在元统元年(1333 年)十月前,亦已有答剌罕官衔。是此钦察氏一门,同时有四答剌罕。统观蒙古一代,无人可与比拟矣。唐其势尝诟权相伯颜曰:"天下本我家之天下也。"然则区区一官号之赐授,尚何足道哉!

燕铁木儿后权相为蔑儿吉䚟(Merkit)氏伯颜(Bayan),其所署官衔,计 246 字,答剌罕即其所署官衔之一也。《元史》卷 138《伯颜传》:

> [文宗]至顺元年,文宗以伯颜有大功,不有异数,不足以报称,特命尚世祖阔出(Köchü)太子女孙曰卜颜的斤(Buyan Digin),分赐虎士三百,怯薛丹百,默而吉军、阿速军百,隶左右宿卫。……又命,凡宴饮视诸宗王礼。

按宴饮视诸宗王礼及自有宿卫,乃答剌罕所享之两种特权,已见上文,即《秘史》许喝盏、教带弓箭二事,亦即前引马祖常敕赐《太师秦王佐命元勋之碑》所举月脱之礼及赐宿卫也。惟《元史·伯颜传》似非直接采用马祖常碑文,故文句略有差异。所可疑者既享受此二种特权,即已为答剌罕矣,换言之,非答剌罕不得享受此二种特权,而本传则云:

> 顺帝元统三年,诏谕天下,用国初故事,赐伯颜以答剌罕之号,俾世袭之。

此诏乃元统三年(1335 年)七月戊申所下(见《元史》卷 38《顺帝纪》),与马祖常碑文记文宗所赐二特权,当均无可疑。顾何以伯颜先赐特权,后赐名号,而撒敦则又先赐名号,后赐特权乎?若谓当时名号与特权已分,则此空洞名号,尚复何贵之有?此殊不可解者。

伯颜为其侄脱脱（Toqto）所逐，大义灭亲，时称贤相。脱脱既柄政：

> 诏封其父马札儿台（Majartai）为忠王，及加答剌罕之号。马札
> 儿台辞。……监察御史普鲁台言：右丞相马札儿台辞答剌罕及王
> 爵名号，宜示天下，以劝廉让，从之。

时马札儿台以太师就第，是答剌罕至此直成一封赠空衔矣。

> 至正四年，河决白茅堤，又决金堤，方数千里，民被其患，五年
> 不能塞。至正九年冬，脱脱用贾鲁计，请塞之，以身任其事。……
> 至正十一年，乃奏以贾鲁为工部尚书，总治河防，使发河南北兵民
> 十七万，役之，筑决堤成，使复故道，凡八月成功。……于是天子嘉
> 其功，赐世袭答剌罕之号。（《元史》卷 138 及卷 142《顺帝纪》）

脱脱号称贤相，其答剌罕号之获得，犹止在治河，则元末答剌罕之
赐授，最正当者，亦仅用以赏有功，盖无疑矣。

九罪弗罚，为答剌罕所享特权之一，然而撒敦、答邻答里及唐其势
并伏诛，伯颜及脱脱皆谪死，则中叶后答剌罕之特权尚何足恃哉！

1.6　伊利汗国及帖木儿帝国之答剌罕

西北三藩之答剌罕，吾人以史料缺乏，不甚明晰。依拉施都丁《部
族志》"斡罗纳儿"条（Ūrnāūt），巴歹（Badai）及乞失力黑（Qishiliq）二答
剌罕，俱属 Ūrnāūt Kelengūt 部，故世人称其部曰 Kelengūt 答剌罕，其属
人亦以答剌罕自号。[1] 洪钧《元史译文证补·太祖本纪译证》上，述及
巴歹、乞失力黑时，引拉施都丁语："今有货勒自弥答剌罕、土蛮答剌
罕、萨塔克答剌罕，皆此二人之后裔。"吾人手头无《史集·成吉思汗
传》，未能参证，但在贝本《部族志》则谓巴歹后为答剌罕货剌习迷
（Tarkhan Khwarizmi）及 Sādāq 答剌罕；乞失力黑后为 Aqartāi，而 Aqartāi
在哀德蛮本复作 Aqūtāi。[2] 阿拉伯字母 r 与 u 形近，固易致误；然与洪
书之土蛮较，则完全不同，就蒙古人名言，窃谓 Aqutai（阿忽台）较可

---

〔1〕《史集》贝勒津刊本，《丛刊》第 7 册，第 221－222 页。
〔2〕哀德蛮：《古突厥、塔塔儿及蒙古民族概况》（本书以下引用时均简称《概况》），1841 年，
第 109 页。

取。

波斯伊利汗(Il Khan)国,对此官号似不甚重视,故其对臣民封授亦甚滥。拉施都丁叙述合赞汗(Gazan Khan)清除积弊整理庶政之事颇多,其"猎捕"条云:

> 设有人捕得或购得一堪供行猎之鹰豹者,可以求封为答剌罕(Tarkhan,质言之,豁免一切赋税之人),因是便有扰民之特权。每年取得此号之人,为数甚众。[1]

答剌罕一号之价值,仅与一鹰豹相当,则此号之不为伊利汗所尊重,可以知矣。大抵伊利汗国之答剌罕,仅享有豁免赋税之权,可以自由骚扰人民,其地位与意义,远逊于东方汗廷矣。

关于帖木儿帝国答剌罕之制度,吾人于避寇流离之中,无直接史料可供参考,兹将俄人巴托尔德(W. Barthold)所陈述者,介绍于下:

> 帖木儿帝国,每遇皇室节日,必宣布都城居民一律升为答剌罕。质言之,免除赋税也。但只有个人获得答剌罕号者,始能脱离纳税阶级,升入贵族阶级。此种答剌罕证书,乃汗所颁发,至今尚有存者。伏尔加河区,在俄国统制之下,直至亚历山大第二时代,授予答剌罕之制度,尚继续实行。将首都居民一律蠲免赋税之法,十八世纪末期,月即别(Uzbeken)时代,犹未废除。异密麻速惕(Emir Mas'ûd)于即位之初,曾宣布卜花儿(Bochara)居民悉为答剌罕,一律免除赋税。[2]

1.7 结语

依吾人研究,答剌罕乃漠北历史悠久之官号,始见于蠕蠕,曰塔寒;继为突厥所袭用,曰达干,为专统兵马之武职官号;以后回纥达旦皆沿用之。降至南宋,在五城之地畏兀儿族中,仅成一世袭空名而已。

迨蒙古勃起,其号始贵。蒙古万户千户之设,所以酬有功;而答剌

---

〔1〕冯译多桑《蒙古史》第6卷,第145 – 146页。

〔2〕巴托尔德:《中亚突厥史十二讲》(W. Barthold,12 *Vorlesungen über die Geschichte der Türken Mittelasiens*),柏林,1935年,第233 – 234页。

罕之号,则专用以报私恩,大体对可汗本人或其子孙有救命之恩者,悉封以此号。其所享特殊权利,中国所重视者,为月脱、宿卫等礼仪。回教史料所乐道者,则免除赋税等实惠。至于九罪弗罚,则东西史籍皆有记载。明代鞑靼官名,多因元旧,故答剌罕之授予,仍以报恩为主。降至清代,仅为赏有功者之空衔而已。

成吉思汗以后,皇帝生命之危险甚少。答剌罕亦因之变为酬功之空号。成吉思汗时代,答剌罕皆其亲信,及元朝建立,则色目、汉人亦可受封矣。元之季世,权奸擅政,威福自作,然犹以加答剌罕之号为荣,朝廷且往往为之诏谕天下,以示崇异。足见终元之世,此号迄为其君臣上下所重视也。

成吉思汗帝国之西方支派,亦有此制,质言之,即膺受答剌罕号者免除赋税是也。此制至 18 世纪末,尚见实行云。

（原载华西大学《中国文化研究所集刊》1940 年第 1 卷第 2 期）

2　蒙古答剌罕考增补

（1）元俞希鲁《至顺镇江志》卷9页9梁相《大兴国寺记》：

薛迷思贤（Semizkent）。[1] 在中原西北十万余里，乃也里可温（Erkegün）行教之地……公（马薛里吉思，Mār Sergis）之大父可里吉思（Körgüz），父灭里，外祖撒必，为太医。太祖皇帝（成吉思汗）初得其地，太子也可那延（Yeke Noyan）病，外祖舍里八（Sharbat）马里哈昔牙（Mār Hasia）徒众祈祷始愈。充御位舍里八赤（Sharba-chi）本处也里可温答剌罕（Darqan）。

吾人于此，又得一成吉思汗时代之答剌罕。据梁相撰记，马薛里吉思外祖对太子也可那延有恩，故膺受答剌罕封号，此与吾人所已求出之封赠原则，完全相合。所谓太子也可那延者，即成吉思汗幼子拖雷也。按拖雷此号，《圣武亲征录》、《元史》及《史集》均见著录。《圣武亲征录》：

壬申（应为癸酉），四太子也可那延、赤渠驸马（Chigü Gürgen）率兵尽克德兴境内诸堡而还。

《元史·太祖纪》八年，"攻德兴府，皇子拖雷、驸马赤驹先登，拔之"。二书所纪，同为一事，录用其号，纪其用名耳。王国维《圣武亲征录校注》并引《元史·祭祀志》（卷74）睿宗主题曰"太上皇也可那颜"以证之。至于波斯材料方面，拉施都丁《史集·太祖本纪》所记更详：

四子图里（Tūlūi，史作拖雷）亦称也可那延，又曰兀鲁黑那颜（Ulugh Noyan），义皆为大。……拖雷（Toli）义为镜，薨后蒙人讳

---

〔1〕薛迷思贤之贤，乃坚之误。陈援庵先生著《元也里可温考》业已指出，贤坚二字，上半全同，"思贤"二字又常作人名，殆妄人改之也。按突厥语 Semiz 华言肥，Kend 华言城。薛迷思坚译言肥城，今撒马尔罕。

言图里,称镜为库思古(Küzkü),突厥语镜也。[1]

按西欧文字 Sherbet、sorbet、scherbett 乃阿拉伯文 sharbat 之借字,为一种清凉饮料。舍里别赤者,制造舍里别之人也。

古叙利亚文 Mar,[2] 义为师。Hasia[3] 义为圣。Mar Hasia 乃景教对主教之称呼。[4] 然则"公外祖舍里八·马儿·哈昔牙徒众"一语,意义殊欠明晰,殆"大兴国寺记"之作者,对上举诸字字义不甚了然也。大抵拖雷于西征途中病危,马薛里吉思外祖为景教主教,以所制舍里别饮拖雷,并率其徒众为之祈祷,拖雷适于是时病除,成吉思汗感其救济之恩,因赐以答剌罕号以酬之。

(2)《元史》卷 224《忙哥撒儿传》:"宪宗既立,察哈台之子按赤台等谋作乱,刜车辕,藏兵其中以入。辕折兵见,克薛杰见之,上变。忙哥撒儿发兵迎之。按赤台不虞事遽觉,仓促不能战,遂悉就擒。"志费尼《世界征服者传》、拉施都丁《史集》均详载此事,谓窝阔台诸孙失烈门、脑忽、脱脱三王合谋,阴孳兵器来赴蒙哥即位大典,企图作乱。适有蒙哥之司鹰者(Qushchi)克薛杰(Kesege)因寻觅失驼,误入其军中,发现车上满载兵器,急驰还告变。蒙哥遂遣忙哥撒儿等率兵捕三王。为酬报此次功劳,乃授克薛杰以答剌罕之号,赏赉甚厚云。[5]

(3)《元史·世祖纪》言邢州有两答剌罕,未举其名。据《元文类》卷 25 刘敏中撰《丞相顺德忠献王碑》,丙申年(1236 年)启昔礼受封顺德以为分邑(邢州即顺德,今河北邢台)。然则所谓邢州两答剌罕者,乃乞失力黑、巴歹之后裔也。钱大昕《廿二史考异》卷 86《元史·太宗纪》"孛鲁带、邢州"条,据《太宗本纪》及《食货志》"岁赐"条亦曾言之:

〔1〕洪钧:《元史译文证补》卷 1 下,第 33 页;《多桑蒙古史》,冯承钧汉译本第 206 页。

〔2〕唐代摩尼教亦用 Mār 一字称教士,此云师,译音为"米"。参阅沙畹,伯希和:《通报》,1913 年,第 789 页;冯承钧汉译:《摩尼教流行中国考》第 8 页。

〔3〕穆勒(C. Moule):《1550 年前中国的基督教徒》(Christians in China before 1550),1930 年,第 147 页。

〔4〕《通报》,1914 年,第 15 卷,第 637 页。

〔5〕补:志费尼和拉施都丁二人书,1950 年代以后都有欧洲文字译本。此据《世界征服者传》,博埃尔(J. A. Boyle)英文译本,第 574 – 576、595 页;《成吉思汗的继承者》,即《史集》第 2 卷,博埃尔英文译本,第 207 – 209、217 页。

25

《世祖纪》邢州有两答剌罕,其一为启昔礼(Qishiliq),即哈剌哈孙(Haraghasun)之大父,其一《太祖纪》所谓把带(Badai),即[食货志之]八答子也。

(4)南俄金帐汗国,亦有答剌罕制度,其特点约与波斯伊利汗国同,顾刻下流寓西川,莫由见俄国史料,仅能由普通俄史稍得消息耳。

13 世纪俄国分裂最甚,往往一小王公,富强尚不及一大地主。迨14 世纪,反抗遂起。各大城王公,力图恢复境内主权。大抵自称大王(Velikii Kniaz'),而强制其境内小王纳款称臣,凡拥有大量产业之寺院或地主而隶属于小王者,大王必尽力夺取其管辖权。其法即以所谓答剌罕(tarkhan)之免释状颁与多数僧俗地主也。就一方面言,此种免释状允许地主对其产业领域内人民有管辖权,就另一方面言,除大王外,则解除其对任何人之隶属关系。[1]

(5)《秘史》tusa 译为恩,动词 tusala 一译为"济",成吉思汗用答剌罕封号以报恩人,则动词"济"字,更足表示此制之特点矣。盖成吉思汗功臣虽多,一旦身临危险,未必即能得其济,换言之,功臣对可汗本人是否有济,乃可遇而不可求之机会,遇此机会而能济其危者,其人即为"家人"、为"圈人",亦必以答剌罕之名号及特权授之。

(6)17 世纪末法人彼第思(Petis de la Croix,1622—1695)受路易十四宰相哥勒白尔(Colbert)命,著《伟大成吉思汗传》(1722 年英译本名 *History of Genghlizcan the Great*)。书中引用 Abu'l-Faraj(1226—1286)《历代史略》,列举答剌罕所享之特权,顾 Abu'l-Faraj 书中关于蒙古史部分之材料,悉取自志费尼《世界征服者传》,故其所举特权,悉与巴托尔德《蒙古入侵时之突厥斯坦》第 385 页所引者同。

(原载华西大学《中国文化研究所集刊》1941 年第 1 卷第 4 期)

---

[1]巴托尔德:《中亚突厥史十二讲》,德文版,1935 年,第 233–234 页;G.威尔那茨基:《俄国政治及外交史》,1936 年,第 118 页。

3 蒙古氏族札记二则

3.1 《辍耕录》蒙古 72 种

明初陶宗仪《辍耕录》卷 21 "氏族" 条列举蒙古 72 种, 其中部名错误、重复, 问题不少。昔钱大昕著《元史氏族表》已指出其中 "不无重复讹舛", 以为瓮吉歹等 10 种皆重复。日人箭内亘用《元朝秘史》、《圣武亲征录》、《元史》及多桑书互相比较, 以为 72 种之中, 若除去重复者, 实仅 48 种, 若再减去其可疑者, 则仅有 40 种上下而已。二氏所举之数字可否凭信, 兹不暇论, 唯其中确有重复讹舛, 则固毫无疑问也。至于何以一表之内有若许重复, 吾人现已不能起陶九成而问之。仍无从解答。唯吾人就 72 种名称稍加考察, 觉其重复之处, 颇有次第规则可寻, 试用数目字表示部族名称在表中之次序, 立见其彼此重复者, 多相连续:

24. 散术兀歹	25. 灭里吉歹	26. 阿大里吉歹
55. 撒术歹	56. 灭里吉	57. 阿大里力歹
	27. 兀罗兀	
58. 马札兀歹	59. 兀罗罗兀	60. 答答儿歹
28. 别帖里歹	29. 蛮歹	30. 也可抹合剌
61. 别帖乞乃蛮歹		62. 也可林合剌
……35. 木里乞	36. 外兀歹	37. 外抹歹
……64. 术里歹	65. 忙古歹	66. 外抹歹乃

取下行与上行比较, 译音用字虽稍有不同, 然大体皆同名异译, 吾人颇疑陶九成原有二表, 其译名或完全相同, 或略有差异, 殆著者除其

·欧·亚·历·史·文·化·文·库·

全同而留其略异者,合为一表,遂致重复不可究诘。唯吾人所欲讨论者乃第三组上行 3 个连续之部族名,与下行比较,多一蛮歹,下行第 61 与上行 28 相较又多下半乃蛮歹,若谓上行 29 蛮歹即为乃蛮歹,则又少一乃字;第四组 37 与 66 比对,66 又显然多一乃字。部族名称之后加一歹字,乃常例,此歹字后之乃字,必为蛇足,求之拉施都丁书,绝无以乃字结尾者,故吾人以为 66 外抹歹所多之乃字正即 29 蛮歹所少者也,此点箭内氏亦早已见及。

吾人既假定 29 蛮歹即乃蛮歹,则 61 别帖乞乃蛮歹应为两个部族,陶九成误合为一者。其表中第三种忽神忙兀歹(Hushin Manqut)即其一例。或别帖乞乃蛮歹为一部名而著者将别帖里歹乃蛮歹误分为二,亦属可能。或别帖乞为乃蛮之分族,可称为别帖乞乃蛮歹,如札剌儿分族有察哈部,故《元史》卷 124 称忙哥撒儿为察哈札剌儿氏,吾人欲解答上列诸疑问,则非求助于波斯材料不可。

依《史集·忽必烈传》,阿里不哥第二妃子忽图黑塔·合敦为乃蛮分族 Kūchūkūr 人。[1] 此族即《元朝秘史》第 158 节之古出古惕,为乃蛮不亦鲁黑汗所自出之氏族。乃蛮为大国,分族应不止此。唯此部不见于《部族志》,在别种材料中,无论为中文为蒙古文,亦未之见。

贝勒津校刊之《部族志》"乃蛮"条中,特举出 Bīkīn 一部,居近乃蛮帐幕,且与之相结合。另一部亦名 Bīkīn,亦与乃蛮同居,唯属于汪古部(Öngüt),此两部名在哀德蛮本中,前者为 Tīkīn,后者为 T. B. Kī。其居近乃蛮帐幕之部族,由《辍耕录》考之,似应读 Betegin 或 Betegi,即别帖乞也。此部既与乃蛮相结合,当然为其分族,是别帖乞乃蛮歹之名称,与察哈札剌儿同矣。质言之,乃蛮为部名,别帖乞其分族也。

至于 Naiman 一字,在蒙古文意为八。12 世纪漠北突厥种之乃蛮部名称,东西学者一般均认为即由此蒙古字而来,唯吾人于此似不能不发生怀疑者,即当日人口众多、幅员广大之突厥部族何故取一蒙古字作其部族之名称乎?《蒙兀儿史记》著者似即曾怀此疑问,故对此部名称之解释曰:"乃蛮突厥语,数之八也。"按突厥语八为 altï,与乃蛮音读无

---

〔1〕布洛晒刊本:《拉施都丁的蒙古史》,1911 年,第 562 页。

干,其说实难成立,然著者不以 Naiman 为蒙古字则甚是也。12 世纪漠北部族以百数,除极少数外,其名称大概不能解释,与其自作聪明,强作解人,究不如多闻阙疑以待贤者。窃以为柔克义(Rockhill)在其译注之鲁不鲁克纪行中曾主张 Naiman 为突厥语光明(light)之意,其说远较蒙文八字之说为优,似可从也。

乃蛮为突厥种,别帖乞当亦属突厥人,然则依元代种人之分类言,两部均应属于色目,不当列入蒙古集团中。日人箭内氏即曾作如是主张,惟吾人须知蒙古初期部族之分类,以拉施都丁《部族志》为最详,但其分类全属传说,且史料来源不一,同书之内自相矛盾者不一而足,如果用《辍耕录》分类之法以律拉施都丁书,则克烈当列入色目矣。

3.2 雪尼惕与合卜秃儿合思的译名

屠敬山《蒙兀儿史记》"蒙兀氏族表"及柯凤孙《新元史》"氏族表",均著录大量他处绝未之见之怪名词。细读一过,知其中许多人名地名,全属译人之误译。盖波斯文蒙古史料之专门名词,抄写人最易将音点误置、倒置或漏略,西方译者如不加考证,任意译写,必致错误。我国译人据以转为华言,自不能不随之错译。又因当时中外译人,多昧于蒙古语之元音和谐律,对于译音用字之规则,毫不讲求,遂致屠柯二家巨著,蒙受损失,实冤枉之至。今以雪尼惕及合卜秃儿合思两族译名为例,请言其以讹传讹、辗转因袭沿误之状。

拉施都丁《史集·部族志》"雪尼惕(Sūnīt)"条云:

名为 Qīrqīn 之部族,出自雪尼惕。[1]

此 Sūnīt 即《元朝秘史》之雪你惕,其名今尚为锡林郭勒盟之苏尼特旗所使用。《元史》中名速你带、薛尼带者亦甚多,皆 Sunitai 之对音。《秘史》之雪你惕与拉施都丁书之 Sūnīt 译音亦极密合,本不致发生丝毫异议,不幸哀德蛮所本之拉施都丁书写本误写 Sūnīt 为 Suweit,[2] 遂致中

[1]《史集》贝勒津刊本,《丛刊》第 7 册,第 55 页。
[2] 哀德蛮:《概况》,第 34 页。

外学者枉耗许多心血。

英人霍渥儿思（Howorth）著其第 1 卷《蒙古人史》时，即采哀本 Suweit 及多桑本 Sunit 之两种译写。[1] 柯氏重译之《部族考》，系根据哀本，[2]故译 Suweit 为苏畏亦特，以为乃与雪你惕绝不相关之部族。故在其《新元史·氏族表》中分别列为两表。柯氏虽在苏畏亦特之下注明"一作苏尼特"，但未考虑苏尼特即《史集》、《秘史》雪你惕之今译。故在尼而伦派（Nirun）之后另举雪你台及格尼格思二部，谓"俱为尼而伦派，拉施德丁书遗之，今补"。[3] 吾人于此深感中外译者误人之深矣。

屠氏《蒙兀儿史记·蒙兀氏族表》知其为异文，弃而弗取。但屠氏则谓"主因，柯侍讲译'部族考'作苏畏亦，音尚近，唯以为即苏尼特氏，大误"。[4] 屠氏一方面以 Sūnīt 之误写 Suweit 为东西学者聚讼不决之主因（ *Juyin），另一方面又不承认柯氏一作苏尼特之说，是其对于此部族误解之深与柯氏等。

海屯（Haithun）《东方史》中著录 Sonic 一部，德人里施（Risch）谓即 Sūnīt，[5]甚是。t 变为 c，似应以突厥字 Tigin（特勤）在蒙古文变为 Chigin（赤斤）之现象解释之。

阿拉伯字母 u 与 ü 不分，据《蒙古源流》，知 Sūnīt 当读为 Sünit，与《秘史》雪你惕较，正合。蒙文 Süni，意固为夜，如径以该部之祖夜生，故名雪你惕，[6]似无根据。蒙古人名有不少沿用突厥之旧者，部族名称似亦有此现象，雪你惕、雪干（Sügen）等部之名，或系来自突厥之苏尼、高车之薛干等部名也。

雪你惕部人绰儿马罕（Chormaqan）为蒙古初期西征之将帅。柯氏

〔1〕霍渥儿思：《蒙古人史》（H. Howorth, *History of the Mongols*）第 1 卷，伦敦，1876 年（以下简称霍渥儿思书），第 25 页。

〔2〕根据柯氏《译史补》释音可以推知，兹不赘述。

〔3〕柯劭忞：《新元史》卷 28"格泥格思"条注文。

〔4〕屠寄：《蒙兀儿史记》，1934 年，卷 153，第 36 页下。

〔5〕见里施（Friedrich Risch）之《普拉诺·喀儿毕尼行纪》（*Johann de Plano Carpini*），第 108 页译注引。

〔6〕屠寄：《蒙兀儿史记》，1934 年，卷 152，第 19 页。

未注意苏畏亦特即雪你惕之讹误,乃于其氏族表苏畏亦特部中译 Chor-maqan 为察儿马根(卷 28 第 39 页),而于卷 150 绰儿马罕传称其为斡帖格歹氏,是柯氏视此蒙古大将为氏族各异之二人,误矣。

Qīrqīn 族在俄人贝勒津校本所引 D 本中作 Qbnrqn,[1] 在多桑本作 Caïronnes,[2] 在哀德蛮本作 Kabterun。[3] 霍渥儿思于其《蒙古人史》中采用哀德蛮之译写。[4] 柯氏《新元史·氏族表》及其所译《部族考》,亦直接或间接兼采多桑及哀德蛮之译写,译 Caïronnes 为喀伊伦,译 Kabterun 为喀泼特伦,谓喀伊伦亦曰喀泼特伦。[5] 贝勒津对此 Qīrgīn 当有考证,惜手头无其译本,未能参考。洪钧《元史译文证补·部族考》佚,不知其对此部有无解说。

按,Caïronnes,Kabterun,Qīrqīn,及 Qbnrqn 4 字,乃同一部名之 4 个异写,其中当然仅有一是,其余三者悉讹。抑或四者俱误,无一正确。假如其中果有一是,则何者为误,何者为是?假如四字俱讹,则正确者又当如何译写?此吾人所当解决之问题也。

柯氏《氏族表》"苏畏亦忒"条无条件地承认喀伊伦与喀泼特伦异名同实,其故若何,未加说明。至于此部族在中文史料中有无相当之名称,则更未提及。

《蒙兀儿史记》在译音勘同上,比较注意,惜为时代所限,尚未能解决此种问题。其《蒙兀氏族表》"主因"条下注云:

> 阿亦里兀惕部郝华(Howorth)书作也鲁忽依,柯侍讲新史作喀伊伦,皆重译之音差。

此说非是。据目前所见拉施都丁书诸写本,尚未能断定其书中有无《秘史》第 53 节阿亦里兀惕之部名。至于郝华书(指霍渥儿思之《蒙古人史》)之 Yerkui(柯译也鲁忽依)乃转抄哀得蛮书页 41 之译写。而哀得蛮译写之 Yerkui,是否正确,尚待取其波斯原文与中文材料比对,方

---

〔1〕《史集》贝勒津刊本,《丛刊》第 7 册,第 55 页。
〔2〕冯承钧译:《多桑蒙古史》第 1 卷,第 168 页。
〔3〕哀德蛮:《概况》,第 34 页。
〔4〕霍渥儿思书第 1 卷,第 25 页。
〔5〕柯劭忞:《新元史》卷 38,第 38 页。

能决定。

按,Yerkui 为塔塔儿分族之一,波斯原文作 Barqūī。用以与《秘史》塔塔儿分族比对,实应读为 Barqūt,即《秘史》塔塔儿分部之备鲁兀惕,盖 b 与 y 乃音点之误,t 与 i 形近而讹也。屠氏以雪你惕支族 Caïronnes(喀伊伦)当塔塔儿分族之 Barqut,殊不足取。

然则 Caïronnes,或 Kabterun,或 Qīrqīn,或 Qbnrqn,果当中文材料中何部软?吾人以为拉施都丁既以 Qīrqīn 为雪你惕之支族,则在拉施都丁书以外之蒙古传说如《元朝秘史》中,当亦有与雪你惕族有关之氏族。《秘史》第 47 节云:

> 抄真斡儿帖该生六子,一名斡罗纳儿,一名晃豁坛,一名阿鲁刺惕,一名雪你惕,一名合卜秃儿合思,一名格泥格思,就做了这六等姓氏。

斡罗纳儿,即拉施都丁《部族志》之 Ūrnāūt,晃豁坛即 Qōngqotān,阿鲁刺惕即 Ārlāt,雪你惕即 Sūnīt,译音密合,均毫无可疑。独合卜秃儿合思与格泥格思,颇不易于拉施都丁书中求其对音。昔俄人巴拉第(Palladius)曾译《永乐大典》15 卷本《元朝秘史》为俄文,未知其对此二族,有无研究。嗣后波兹德涅夫(Pozdnief)根据中文音译蒙文本,将第 1 卷蒙文复原。1910 年法人布洛晒复将第 1 卷第 1 节至第 60 节译为法文[1] 布洛晒对于人名地名之勘同,用力甚勤,除参考施密德(Schmidt)刊行之蒙文《蒙古源流》及与《元朝秘史》有姐妹关系之拉施都丁书外,并搜得俄国波兹德涅夫复原之蒙文本,以资比较。布洛晒以为格泥格思(Geniges)即拉施都丁之 Gänigit(译写略误),兹姑不论;又将合卜秃儿合忽复原为 Khabdour Khaghu[2] 布洛晒未说明其所以如此复原之理由,且未说明此种复原系出自波兹德涅夫抑系由其本人自造,依吾人揣测,当系由波兹德涅夫复原而为布洛晒所采用者。故吾人不妨以"波兹德涅夫—布洛晒之说"称之。彼等以合卜秃儿(Khab-

---

[1]布洛晒:《拉施都丁的蒙古史(导言)》(*Introduction āl'histoire des Mongols de Fadl Allah Rashīd ed-Dīn*)之附录,第 272–298 页。

[2]15 卷本汉译作"忽",12 卷本作"思",由是知布洛晒所据者亦为《大典》本。

dour)当做一字,以合忽(Khaghu)当做一字,有何理由,亦未加说明。而此部在《秘史》中又仅此一见,故吾人苟无旁证,实不能批评其是非。惟就所有蒙古部族名称观之,率皆一名一字,无一个部名由两字构成者,[1]此吾人所当注意者也。

此合卜秃儿合思,在《秘史》为雪你惕之弟兄。依吾人推想,当即拉施都丁《部族志》雪你惕分族之 Qīrqīn(或 Caïronnes,或 Kabterun,或 Qbnrqn),但合卜秃儿合思与此 4 字读音,颇不相类,固未可贸然谓其"音差"也,吾人遍校刻下所能接触之拉施都丁书,发现哀德蛮《古突厥人、塔塔儿人及蒙古人概观》(即《部族志》德文译本第 34 页)所据抄本,原作 Q. b. t. r. q. s.,用以与合卜秃儿合思比对,知其音读必为 Qabturqas,中波双方译音,毫厘不爽,不胜欣快。惜哀德蛮无中文材料供其参考,且受多桑 Caïronnes 译音之影响,竟摈而弗取,致令东西学者延误至今,实可浩叹!

Qabturqas 既即《秘史》之合卜秃儿合思,则其在蒙古史中之面貌,顿时改观,吾人取以校多桑后百余年来东西蒙古史家之著作,则所有关于此部之讹误,均可迎刃而解,《大典》本《秘史》合卜秃儿合忽之忽字,乃与思字形近而讹,由是复可证明波兹德涅夫—布洛晒复原之 Khabdour Khaghu 毫无足取,不惟合卜秃儿与合思不能分开,其所复原之一ghu(忽),实沿袭汉译之误写。至于多桑之 Caïronnes,依其译例推测,原文当为 Qirun,哀德蛮之 Kabterun,则为 Qbtrūn。今用多桑、哀德蛮、贝勒津诸异写,与 Qbtrqs 彼此互较,均有脱误。唯贝勒津所引 D 本之 Qbnrqn 与 Qbtrqs 最近,所差仅尾母形近而讹,及一字母音点倒误而已。

拉施都丁书虽未言雪你惕之所出,但依其部族分类之定义言,此二族当属于"言语面貌类蒙古而本为突厥后称蒙古之集团"。如用拉施都丁之定义以范围《秘史》,则二族在《秘史》中同属尼伦系(Nirun),与其在拉施都丁书中列于札剌儿、塔塔儿等部集团不同,唯《秘史》与拉

---

[1] 或以为槐因兀良孩及《辍耕录》卷 1《蒙古七十二种》中之也可·抹合剌及别帖乞·乃蛮歹皆二字部族名,何故谓蒙古部名无二字构成者? 按槐因兀良孩意为林木中兀良孩。槐因意为森林,仅表示此种兀良孩人所居之地方而已。至于也可·抹合剌,不过是一个部族名的形容词而已。别帖乞·乃蛮歹业已在前文中加以讨论,兹不赘述。

33

施都丁书,乃代表二种平行之蒙古传说,吾人固未可是甲而非乙,亦未可彼此互相调和也。况成吉思汗三世以上世系,无论根据何种史料(《元朝秘史》、《辍耕录》及《元史·宗室世系表》、拉施都丁书、《蒙古源流》)无不互相龃龉,更无问各族之所出矣。

（原载华西大学《中国文化研究所集刊》1940 年第 1 卷第 2 期）

4　元史研究之回顾与前瞻

　　研究历史,须先收集材料。材料经考订、分析、综合、贯通后,始能写成历史。在目前之中国,欲以关于元史之中西材料分析贯通而编为历史,则为时尚早。故今日所欲言者,在探讨我国过去研治元史者之工作,及吾人今后应努力之方向而已。

　　现存正史尽为史料。以二十四史而论,学者向以《元史》为最坏,盖至正二十八年(1368年)闰七月元帝北遁,十二月明太祖即下令纂修《元史》,上距元亡才四阅月,即距二次开局亦仅一年。时间仓促,自不能无懈可击。

　　当时承命纂修诸臣,对《元史》似亦不甚满意。如参与史局之朱右即曾作《元史补遗》12卷。其书虽佚,但吾人顾名思义,可知躬与其役者,事后亦憾其书缺漏甚多也。有明一代,学者对《元史》虽不满意,顾其书为"昭代所修,未敢议及",故仅作正误、续编、补遗等工作,未见有发愤重修、取而代之者。如永乐中胡粹中《元史续编》即为好例。

　　清初,邵远平作《元史类编》42卷,其中一名《续宏简录》,乃续其祖邵经邦之《宏简录》也。自谓除采用《元文类》、《经世大典》、《元典章》等书外,复广收元人文集以补《元史》之缺遗,今就其书观之,邵氏当时所能见到之材料而彼未之见者尚多,盖其目的在续"祖录",并无意推翻旧《元史》也。

　　至钱大昕,始欲别为编次,以成一代之信史,所撰《元史稿》100卷,未成书,1905—1906年间,日人岛田翰至江浙访书,犹曾见钱氏手稿,据其所作《访余录》,谓曾见钱书28册,缺前25卷。范希曾《书目答问补正》及1930年《通报》伯希和(P. Pelliot)文中,均曾据岛田翰书,推测钱稿尚未全亡。希望有好事者起而刊行之,以慰元史学者之渴望。

·欧·亚·历·史·文·化·文·库·

钱氏自谓有重修《元史》之志,归田以后便即搁置,今仅有《艺文志》及《氏族表》二书行世。吾人虽未见竹汀残稿,但据《潜研堂全集》,即可知其搜索材料之能力,如元人普通著述外,兼访释道二藏,纸上材料外,又旁及金石文字,倘钱氏书成,则后之改造元史者,必不至若是之多也。

清末魏源作《元史新编》95卷。时值鸦片战争之后,中西交通日渐发达,历史范围因之扩大。魏源修《海国图志》时,知元代西北二藩所及甚远。遂继钱氏后,发愤重修元史。其书亦未完成。光绪末年始有刊本。今读魏氏书,不唯体例不能使人满意,即其所采外国史料,如马礼逊《外国史略》、玛吉思《地理备考》,亦均无史料价值。盖魏氏为时代所限,虽知海外有新史料,而尚无搜求之门径也。

魏源系湖南邵阳人,其同乡有曾濂者,作《元史》102卷,大抵以魏书为蓝本,稍加若干史事而已。就史料言,益不足道矣。

迨洪钧《元史译文证补》出,乃为元史开辟一新大陆焉。40年来,国内治元史者,犹多不能出洪氏矩矱。考其成就,所以能如是之大者,除洪氏个人努力外,其所遭遇之时机,亦实一重要因素也。兹将欧洲东方学家研究蒙古史之情况稍述于后,以见洪钧西使时所遇机会之佳,及其所以能在《元史》上有巨大贡献之故。

西人翻译中文蒙古史材料,约始于明清之际。初,东亚、中国耶稣会士均受葡萄牙人保护。康熙时,法王路易十四闻而羡之,亦派6人来华。当时法国教士中有宋君荣(Gaubil)者,译《续宏简录》本纪10卷为法文,1739年出版。又有冯秉正(Mailla)者,将《通鉴纲目》、《续通鉴纲目》译成法文,计13大册。其中第9册全为叙述元代史事者。顺治初,达海(Dahai)、厄尔德尼(Erdeni)等已译《元史》为满文(书名 *Dai Yuwan Gurun i Suduri Bithe*, 12 vols, 1644)。故冯书于元史部分,亦有参考满文译本处,1779年出版于巴黎。路易十四所派遣之6人中,尚有一人曰刘应(Visdelou)译《文献通考》之《四裔考》中塞北民族史料为法文(*Supplément à la Bibliothègue Orientale*),但其中无蒙古部分,此可不论。

19世纪初期,俄人俾丘林(Бичурин, Н. Я.)译《元史》之太祖、太宗、定宗、宪宗4本纪为俄文,惜其所据者为乾隆改译本,致使西方学者如多桑(Mouradgea D'ohsson)、贝勒津(Березин, И. Н.)等人时生误会。

中文元史史料既被介绍至欧洲,遂有人参用东西方材料起而著成蒙古史或注释蒙古史料。

19世纪初年,施密德(I. J. Schmidt)在外蒙传教,得蒙文《蒙古源流》,译成德文,1829年以蒙德合璧形式刊行于圣彼得堡(名 Geschichte der Ost-Mongolen und ihres Fürstenhauses)。时多桑书已出第1册,故施氏曾采用其所运用之中、西、回教材料作注解。

多桑利用回教与中文材料著成的《蒙古史》于1824年初版,1834—1835年再版,1852年三版。其书初版在施密德书之前,故施密德得参考其书。及再版时加大增补,复得参考施氏所译《蒙古源流》。除回教材料外,多桑采用3种中文材料(即前述之法译诸书)。在志费尼(Juwaini)、拉施都丁(Rashīd ad–Dīn)、瓦撒夫(Wassaf)等人书未全译为中文之前,其所采用之回教材料,仍有参考之价值。

哀德蛮(F. von Erdmann)执教于喀山大学。1862年作《不动摇之铁木真》(Temudschin der Unerschütterliche)。此书大体译自拉施都丁《史集》之《部族志》及《成吉思汗传》,但亦参用中国材料。如1857年俄人瓦西列夫翻译之《蒙鞑备录》,哀书即曾用之。

1833年俄国皇家学院悬金征求钦察汗(即金帐汗)史论文,其条件必须应用中国、中亚及钱币等材料。应征者仅哈麦尔(Von Hammer-Purgstall)一人。其论文即著名之《钦察汗史》(Geschichte der Goldenen Horde im Kiptschak,1840)也。1840年出版于匈牙利京城。1842年复著《伊利汗史》,出版于德国南部之达木施塔特(Darmstadt)。

英人霍渥斯(Howorth)继诸家之后作《蒙古人史》(History of the Mongols),第1卷出版于1876年,为中国部分之蒙古,第2卷(分二册)为金帐汗史,出版于1880年。第3卷为伊利汗史,出版于1888年。霍渥斯不通东方语言,所用材料皆转手译著。唯其书为蒙古通史,读之可

·欧·亚·历·史·文·化·文·库·

略窥蒙古族发展之轮廓。

上举诸书皆节译回教国材料及节录中国史料之译文而成之历史。

其发愤翻译波斯文重要蒙古史料之全书者,似始于俄人贝勒津(按 Petis de la Croix 在 17 世纪曾利用波斯、阿拉伯史料著《伟大成吉思汗传》)。贝勒津根据波斯文之拉施都丁《史集》,于 1861 年译出《部族志》,1868 译出《成吉思汗》前半部,1888 年译出后半部。俄译与波斯文分册刊行。就蒙古史料言,拉施都丁《史集》与《元史》有同等重要性,惜译文为西欧不甚通行之俄文,故虽有 3 册译文,几与未译等。

公元 1887 年,即霍渥斯全书完成及拉施都丁《史集·部族志》及《成吉思汗传》有俄文译本之前年,洪钧出任德俄奥荷公使。洪氏本熟于西北地理,恰又际遇此难逢之时代与机会,故能在元史学上别辟一新天地。洪氏大概不能直接阅读西文书,为之收集材料与翻译者,有使馆馆员,洋文参赞金楷利等。其《元史译文证补·太祖本纪》即据贝勒津俄译拉施都丁《史集·成吉思汗传》重译为中文本,唯节略太多,未可全信。《部族志》亦有译文与考证,惜身后稿本亡失,不可复见。就史料言,唯《太祖本纪译证》可供参考,其余补传皆取材料于多桑书,而多桑书今已有完全译本,故其书除考证外,已失去其时代价值。

洪氏之后,融合中西史料而改造元史者,有柯劭忞、屠寄两家。屠寄作《蒙兀儿史记》160 卷,缺若干卷,厘为 28 册,屠氏对于译名非常谨慎,但其工具及训练尚不足以解决其所遇之困难,如其书名"蒙兀儿"即系杜撰,不见著录。屠氏作《蒙兀儿史记》时,与柯氏相互交换新材料。屠氏有子相助,宜能为之广收西方史料,但其子皆非蒙古史专家,所译乞迷亚可亭(Jeremiah Curtin)之《俄国蒙古人》(*The Mongols in Russia*,1908),以及《历史家之历史》(*History of Historians*)等书均无史料之价值。

柯劭忞作《新元史》257 卷,费时达数十年,日本帝国大学特为此赠以文学博士之名誉学位,徐世昌为总统时,以之并入正史,颁定为二十五史。一般学者亦多以为《新元史》采撷钱大昕以来研究之结果,熔铸新旧材料于一炉,集元史学之大成。但吾人就其所用材料观之,用其书须严加审慎,《蒙兀儿史记》有自注,著者虽有武断之处,吾人犹可凭其所据材料以定其是非。然柯书则不然,无论新旧材料均不标明出处,遂治学者惮于引用,盖其所用旧材料犹完全存在,而所译新材料则甚难完全凭信也。

纵观吾国元史研究之进步,可分为五阶段:明人虽不满意《元史》,而犹无发愤重修之意,不过仅作拾遗、续补等工作而已。此第一期也。

第二期之学者,已不甘于作《元史》之诤臣,若钱大昕、魏源等,皆曾爬梳群书,发凡起例,别造新史者也。

迨洪钧《元史译文证补》出,吾国学者始知《元史》之外,蒙古所征服及所接触之他种民族中,尚保存不少蒙古史料。于是柯劭忞、屠寄诸家,遂利用此种新发现之材料,而成其《新元史》、《蒙兀儿史记》等书。唯此期之学者,不唯不能直接阅读新史料之原文,且亦未能阅读欧洲东方学家之译文,全凭舌人为之重译,原译如误,重译自不能不误。即原译不误,由于舌人知识不足而致误者,亦不可胜数。此元史研究进步上之又一阶段也。

柯、屠之后,我国治元史者率皆通习欧洲语文。能直接阅读西人译著,不复再假舌人隔靴搔痒矣。唯元史史料非一般科学书籍可比,人名、地名、制度名又有待于考证者至夥。苟能勘同而未经勘同,则其人、其地在元史上即失去其意义与价值。盖域外重要蒙古史料,多为波斯、大食文字,字母与音点,最易错误,若不用中文史料与原文校对,则原文人名、地名,不唯泰西译者不能定其读音,即大食、波斯学者亦莫能定其写读。故吾国学人如但凭西人译文研究元史,则西人随意译写之舛误处,吾人必仍旧因袭莫能改正。质言之,即吾人决不能跳出西人范围而别有所贡献也。近若干年吾国元史研究之所以仍少有进步者以此,此元史研究之第四阶段也。

故吾人今后研究元史,于域外史料,决不能仍以贩卖西方译文、拾人牙慧为满足。必须直接阅读史料所在之原文,与中文材料作比较之

·欧·亚·历·史·文·化·文·库·

研究。原文不易了解之处,将见中文材料往往可以解释之,中文材料不可解释之处,将见域外材料往往可以订正之。如是研究,始可扫荡洪钧以来元史著述上无数谬误,而渐趋光明之境域。唯一人精力究有限度,无论如何渊博,决难尽通与元史有关之各种语言文字,尽读与元史研究有关之各种研究论文。窃以为吾人今日应各本所长,分力合作,先校译波斯、阿拉伯、拉丁、俄、蒙古、亚美尼亚、西藏、突厥等文字中之蒙古史料,而成蒙古史料丛书。或仿施密德之译校《蒙古源流》,噶特麦尔(Quatremère)之译校《旭烈兀传》,原文与译文合璧,附加详细注释,或仿贝勒津之校译《史集》,忽达斯(Houdas)之译校《札兰丁传》,元文与译文分装。然后考证者始有可信材料供比较,写史者始有可靠材料供运用。不然正确史料尚不可得,或竟不知已可运用之史料之存在,而遽写蒙古历史,则其书是否可以立足 20 世纪之史学界,不难预知矣。

1940 年 12 月 15 日于成都

(原载《责善》半月刊 1940 年第 2 卷第 7 期)

5 西北地理札记

5.1 楼兰故城在西域交通上之地位及
其距阳关乌垒鄯善新都之道里

西汉初年,匈奴是汉朝北方最大的敌人。公元前202年刘邦即皇帝位,逾年(前200年)即被匈奴围困于平城(大同),7日始解。嗣后匈奴辱骂吕后、蹂躏稼穑,汉家备受其骚扰与威胁。当日匈奴不仅据有蒙古全境,而且控制西域诸国,"引弓之民尽为一家"。汉家君臣上下认为,欲制匈奴,必须首先争夺西域,断其右臂,以削弱其力量,于是公元前138年遣张骞使西域进行凿空之业。

公元前126年张骞自西域归,汉人于西域地理始获得明确之知识。5年后(前121年)匈奴浑邪王降汉,[1]汉人始获得西通西域之交通路线。又3年(前108年),虏楼兰王,[2]敦煌与西域城郭诸国之交通始无被匈奴切断之虞。又3年(前105年),汉与乌孙[3]和亲,经20年之努力,切断匈奴右臂之理想竟得实现。又4年(前101年),李广利伐大

---

〔1〕浑邪休屠王故地即汉武威、张掖、酒泉、敦煌4郡。

〔2〕楼兰故城,斯文赫定已于1900年发现。其废址当北纬40°31′,稍西于东经90°。王国维先生以为楼兰当在今罗布淖尔西北隅,不当在泊之东北隅(《观堂集林》卷17《流沙坠简序》)。1927年徐旭生先生与斯文赫定同往新疆时,途中曾举此说以问之,博士答曰:"王氏之说不误,但彼不知古淖尔与今泊并非一地。余所发现之城,固在今淖尔之东北,然实在古淖尔之西北,王氏之论非惟不能驳斥余等之说,反足以证成余等之说矣。"(《禹贡》半月刊第4卷第9期,《辨鄯善国在罗布泊南说》,徐旭生先生跋文)斯文赫定所发现者乃鄯善国故都,其新都详见后文注。

〔3〕乌孙治赤谷城,在勃达岭(Bedel)西,伊犁河(Ili)流域当为其故地。

41

宛[1]之后,置校尉屯田渠犁,[2]汉朝于西域始获得经营西北之根据地,自此以乌垒、渠犁为中心,[3]转兵东向,与匈奴共争车师前王庭。[4]及车师被汉控制,遂于乌垒设立都护治所,以树立汉人之统治权,建立抗击匈奴管理西域之政治军事中心。

大抵两汉经营西域之目的,在凭借西域以东制匈奴,故西汉以乌垒为中心,东以车师前王庭为前卫;东汉则以柳中[5]为中心,东以伊吾[6]为前卫,汉朝之势力中心逐渐东移,即匈奴之国势日见削弱,故匈奴经营西域之中心,初在焉耆、危须、尉犁间,[7]及汉朝势力强大,遂东退于车师,再退于伊吾,而终退出于西域。

西汉经营西域之中心既西在乌垒,故阳关与都护治所间之交通线,即由玉门阳关[8]西经楼兰故城而直达乌垒之大道,盖西汉时车师与伊吾尚均在匈奴之手,势亦不能舍弃此道,而别采后世安西—哈密—吐鲁番之线也。中原与西域之交通既只有此线,则楼兰城在此线上地位之重要可想见矣。

20 年前王国维先生根据玉门塞上出土之木简,指出汉代西域南北

---

〔1〕即今费尔干纳(Fergana)。

〔2〕徐松《西域水道记》卷 2 谓策特尔(Chadir)及车尔楚(Char-chī)"两程之间平原衍沃. 南近[塔里木]河者渠犁故地,北近山者乌垒故地"。突厥语 chadir 译言"帐幕",欧阳玄《圭斋集》卷 9《赵忠靖公马合马沙(Muhmmad Shah)碑》云"茶迭儿者,国言庐帐之名也",茶迭儿即 chadir 之元代音译也。charchī 译言"游行商人",二地相去百六十里。又《汉书·西域传》"渠犁东北与尉犁接",徐松补注云:"敦薧水自今博斯腾淖尔(Bostan Naghur)溢出之河,渠犁在河西,尉犁在河东。"

〔3〕见上注。

〔4〕车师前王庭治交河城,即今吐鲁番之雅儿湖(Yar-Khoto)。

〔5〕柳中即今鲁克沁(Lukchun),其西北 50 里哈拉和卓(Qara-Khoja)即汉高昌壁,西距雅儿湖(汉交河城)90 里。

〔6〕伊吾又称伊吾庐,即今哈密。德人赫尔曼(A. Herrmann)以营盘当之,误甚(见其所著《楼兰》一书),盖此说只可迁就《后汉书·西域传》"伊吾北通高昌壁","北有柳中"之"北"字而已。蒙古人称哈密为 Qami,当地人称之曰 Qomul。伊吾庐与 Qomul,音译上当有关系。

〔7〕当地人称焉耆曰哈剌沙尔(Qara-Shahr),译言黑城。徐松谓危须城当在今博斯腾淖尔东南尉犁。

〔8〕汉代玉门有二,太初前之玉门在敦煌东,殆即今日玉门旧县。王国维《流沙坠简序》谓:"太初以后之玉门关,以《括地志》所记方位道里言之,则在唐寿昌县西北 118 里。今自敦煌西南行 140 里,有巴彦布喇汛(Bayan Bulaq),陶氏(《辛卯侍行记》)以为唐寿昌县故址,自此西北 118 里讫于故塞,则适在东经 94 度、北纬 40 度之交,则当 94 度稍西之[斯坦因所发现城关]废址,实为太初以后之玉门关。"至于阳关,《括地志》谓在寿昌县西 6 里,则二关得相通矣。

二道分歧不在玉门阳关而当自故楼兰城始,则其城又非仅西域孔道上一普通据点,且为西域交通之咽喉矣。《观堂集林》卷17《敦煌汉简跋》14云:

> 今案汉时南北二道分歧不在玉门阳关,而当自楼兰故城始,自此以南则从鄯善傍南山北波河西行至莎车,北则东越车师前王庭或西趣都护治所,皆随北山波河西行至疏勒。故二道皆出玉门,若阳关道路止于婼羌,往鄯善者绝不取此,故西域传言"婼羌僻在东南,不当孔道"。《汉书》记北道自车师前王庭始,记南道自鄯善始,当得其实。然则楼兰以东实未分南北二道也。

王氏所言,至为详明,惜中外历史学家之研究楼兰者或未见其文,或不信其说,大抵仍本旧传,谓西域南北二道自玉门阳关始,此实西北地理进步上之一大遗憾也。兹据《汉书·西域传》所载各国间道里再加推算,以实王氏之说,以证楼兰为西域交通枢纽。

《汉书·西域传》:"鄯善国本名楼兰,王治扜泥城",[1] 按汉昭帝元凤四年(前77年)傅介子刺楼兰王,立尉屠耆为王,更名其国为鄯善,其国都由今罗布泊西北之楼兰废址迁于泊西南唐代之石城镇,当即在此时。

若楼兰故城为南北二道分歧之点,则由鄯善(质言即其新都)归汉者必先北至楼兰故城,再转道而东至阳关;由鄯善赴都护治所亦必先北至楼兰故城,再转道而西至乌垒;其由乌垒归汉或赴鄯善者方向相反,而所遵之道路则相同。

据《汉书·西域传》"鄯善"条,由鄯善新都去阳关1600里,去都护治所1785里,则由鄯善新都经楼兰故城至阳关与由鄯善经楼兰故城至都护治所道里之和为3385里。

据《汉书·西域传序》,都护治所经楼兰至阳关为2738里,则鄯善新都至楼兰故城之道里为323.5里(3385里减2738里除以2)。

---

〔1〕《唐书·地理志》"贾耽入西域道里"谓"自蒲昌海(罗布泊)南岸西经七十屯城,汉伊修城也。又西百八十里至石城镇,汉楼兰国也,亦名鄯善"。此唐代之石城镇当即汉代鄯善国新都,扜泥城似为此新都之名。

由此吾人可以推知下列 3 地间之距离：

楼兰故城去阳关为 1276.5 里（1600 里减 323.5 里）。

楼兰故城去乌垒为 1461.5 里（1785 里减 323.5 里）。

吾人既求得阳关去楼兰故城之道里为 1276.5 里，楼兰故城去乌垒为 1461.5 里，二数相加之和为 2738 里（1276.5 里加 1461.5 里）。即阳关乌垒间之距离，与《汉书·西域传序》所志者完全相同，故知吾人之推算决不错误，而由阳关赴北道之乌垒与赴南道鄯善等国者，其分歧之点不在玉门阳关而必在楼兰故城也。

且据上列数式不唯可知楼兰故城去阳关、乌垒、鄯善都城 3 要点之道里，更可根据所得数字以决定楼兰新旧二都城之方位。至于斯文赫定（Sven Hedin）氏所发现之废圩是否为楼兰故城，尤可以上列数目字验之。

由阳关赴鄯善新都者何故不取今罗布泊南之直线而反迂绕泊西北之楼兰故城乎？此读者应有之疑问也。按《汉书·西域传》所记各国都间之道路为都护设立后西域之孔道，宜与清代蒙古之军台大道相仿，孔道之外非别无他道可寻，但由汉代记载及辁近考古家在甘新发现之遗迹考之，孔道沿途皆有障塞、烽燧、仓库、守卒等设备。楼兰故城去鄯善国都才 300 余里，由阳关直达鄯善国都，其距离绝不止 1276.5 里，为缩短 3 日程之距离而增加 1200 余里之军事设施，利害相权，吾知汉代参谋部之所从矣。

5.2 玉理伯里山之方位

公元 1246 年罗马教廷使节普拉诺·卡尔毕尼（Plano Karpini）经行 Koman 之地，谓第聂伯河、顿河、伏尔加河及押亦黑河（Jaik）四河流贯其境。[1] 后七年（1253 年）法国圣路易（St. Louis）使臣鲁不鲁克（Rubruk）复经行其地，谓 Koman 即钦察（Qibchaq）。[2] 然则 13 世纪之

---

〔1〕《卡尔毕尼行纪》，里施（Friedrich Risch）德译本，第 224 页。

〔2〕《鲁不鲁克行纪》，里施德译本，第 86 页。

钦察地域,即今黑海、里海以北之大平原也。

　　成吉思汗西征时,钦察非统一之国家,《元史》、拉施都丁《史集》及俄国史籍所著录之钦察首领虽仅有亦纳思、[1]哈剌察儿、[2]八赤蛮、[3]合丹(Qotan)、[4]宽阔(Kunjak)[5]等人,而当时钦察部名之见于伯巴儿思(Baibars Rokn ad-Din)回教国史者则竟有 11 部之多,此等部

　　〔1〕关于亦纳思之时代,《元史·土土哈传》殊不可据(参看冯承钧先生《西域南海史地考证译丛》所收伯希和著《库蛮》)。《元史·土土哈传》云:"太祖乃命将讨之(亦纳思),亦纳思已老,国中大乱,亦纳思之子忽鲁速蛮遣使自归于太祖,而宪宗受命帅师已扣其境。"太祖讨蔑里乞与宪宗征钦察,乃系两役,年代相距十数年。阎复撰《纪绩碑》及虞集撰《世绩碑》叙述至为分明。《纪绩碑》云:"太祖征蔑乞国,其祖火都(Qodu)奔钦察。遣使谕亦纳思曰:汝奚匿予负箭之麋(《秘史》第 199 节作"中箭的鹿一般"),亟以相还,不然祸且及汝。亦纳思谓使者曰:逃鹇之雀,薱荟犹能生之,吾顾不如草木耶? 岁丁酉,宪宗在潜邸,奉命薄伐,兵已扣境,公(土土哈)之父班都察举族迎降。"

　　《世绩碑》云:"太祖皇帝征乞思火都,火都奔亦纳思,遣使谕之,弗从。及我师西征,亦纳思老,不能理其国。岁丁酉,亦纳思之子忽鲁速蛮自归于太宗,而宪宗受命帅师已及其国,忽都鲁速蛮之子班都察举族来归。"《元史·土土哈传》系以《纪绩碑》为蓝本,略参《世绩碑》而成,由于史臣笔削无方,竟删去丁酉二字,致使相距数十年之太祖、宪宗两次西征混为一事,惹起不少考证。甚矣! 转手材料之难凭也。

　　又纪绩、世绩二碑,同出一源,详略处可互补,惟虞集长于古文而不甚明了史事,故其文集中所收碑文虽多采取成文,稍变字句,而一转手间辄乖史事。《纪绩碑》述太祖时所征者为蔑乞国(Merkit)火都(Qodu),且可由他种史源证明之。虞集撰《世绩碑》,删去蔑字,于乞字后妄加思字而成乞思,致与宪宗所征之蔑乞思(Mekes)相混,不知蔑儿乞为蒙古部族名,牧地在薛凉格河。蔑乞思为阿速都城,远在太和岭(今高加索山)之北,二者相去数千里,乌可以其音近而相混乎? 所可怪者乾隆改译本《名臣事略》、《元史·土土哈传》均同此误,而荷兰 De Groot 译《土土哈传》,则又将麦怯斯误为蔑儿乞(参见伯希和:《库蛮》),古今中外,无独有偶,虞集生可以解嘲矣。

　　又按"逃鹇之雀,薱荟犹能生之"一语乃北族当时流行之谚语。《元朝秘史》第 85 节逊都思人(Sūldūs)沉白(Chimlbai)、赤老温劝其父锁儿罕失剌(Sorghan-shira)援救帖木真云:Sibaghuqan-i turumtai buta-tur qorqobasu buta-tur aburaju'ui("雀儿被龙多儿赶入丛草呵,丛草也能救他性命")。波斯人志费尼《世界征服者传》第 1 册第 197 页亦有类似记载。据云,有若干贵族避匿阔端(Köten)所,其母命其交出,阔端答曰:Baghās i altuyūr Ki az makhālib ibaz ba-Khārbani panahad az Saulat amān mi yābad("脱出鹰爪逃入荆棘之鸢鸟犹能免搏击而获安全")。中国、蒙古、波斯三方面史料均有记载,足证此语在 13 世纪流行之普遍。参看巴托尔德《蒙古入侵时之突厥斯坦》,第 41 页。补:波耶尔(Boyle)译的志费尼《世界征服者传》1958 年已出版,这个蒙古谚语在其英译本第 242 页。

　　〔2〕程钜夫云"其先以北方君长归国",成都各图书馆无湖北先正遗书,故未能检《雪楼集》以考究此支钦察人之历史,兹据钱大昕《元史氏族志》卷 2 引文。

　　〔3〕《元史·宪宗纪》、《地理志》、《五行志》均有记载,又见《史集》卷 2,布洛晒刊本第 41 - 44 页。

　　〔4〕多桑《蒙古史》引俄国史,见冯译本卷 1,第 141 页。

　　〔5〕《史集》贝勒津刊本,《丛刊》第 7 册,第 171 页。

族名称诺瓦里(Novari)书曾转载之,故伯巴儿思书虽亡,吾人今日犹可见其名称也。[1]

蒙古既灭钦察,其人民与酋长自难免不被虏东徙。然蒙古之视色目人,仅次于本族,故钦察人之仕于元朝而跃为一代名臣者颇夥,惟吾人苟就其在《元史》及现存元人文集中自有专传或碑铭者考之,见其人决非来自钦察各部,殆悉出自玉理伯里山一地,质言之,殆悉与土土哈(Tūtqāq)先人同源,此读史者所不可不注意者也。[2]

此支钦察部人源出热河中部,本蒙古种,迨移居西北,雄长其地之后,始改名钦察,人民亦逐渐突厥化,屠寄于此早有详细考证,[3]伯希和氏亦有所论列,[4]此可不论。至其所徙之玉理伯里山果何在乎?《蒙兀儿史记·氏族表》"钦察"条注云:

> 玉里伯里,今乌剌儿岭、里海北,欧亚二洲之界山也。[5]

伯希和氏以玉里伯里之"原名好像是 Yür-beli"[6]而未确指其方望,按《元史》卷124《忙哥撒儿传》"朕讨定斡罗思、阿速、稳儿别里钦

---

〔1〕冯承钧汉译:《多桑蒙古史》卷1,第40页。
〔2〕史称土土哈祖居玉里伯里,《纪绩碑》作玉理伯里,《世绩碑》作玉黎北里。土土哈之外,《元史》卷131《伯帖木儿传》:"伯帖木儿钦察人也。至元中充哈剌赤(Qarachi)。"哈剌赤,土土哈父班都察部属之号,见纪绩、世绩二碑。《元史》卷134《和尚传》:"和尚玉耳别里伯牙吾台氏。"袁桷《清容居士集》卷26《玉吕伯里公神道碑铭》称伯行玉吕伯里氏,伯行即《元史》卷131之拜降,传称北庭人,盖史臣误玉吕伯里为别失伯里,而复用其古名也。钱大昕以元代北庭属畏兀儿,故于《元史氏族表》列拜降于畏兀部,复易北庭人为畏兀儿氏。《新元史》卷154易拜降为伯行,称玉吕伯里人,乃椐袁桷集改,甚是,而《新元史·氏族表》则仍照抄钱氏书,称拜降,不称伯行;称畏兀人,不称玉吕伯里人,并漏其二子之名。一手成书,不应失检如此,自相矛盾。姚燧《牧庵集》卷17《坤都岱公神道碑》称坤都岱(乾隆中改译如是,苟不能发现聚珍版之前,元辑之姚集,元代译名,殊不易复原。柯据改译之名收入《新元史》卷152,但《氏族志》复漏其之世系)之父库春(亦改译)为钦察酋,太宗之世,贵由、蒙哥、速不台讨平之。以土土哈父班都察降蒙哥之例考之,亦有出玉理伯里山之可能,但未必然。《元史》卷131完者都及卷133完者拔都乃一人,传文仅称其为钦察人,惜不能求得《雪楼集》,不知能否据《林国武宣公碑》以定其族属。其余尚有苫彻拔都儿(卷123)及昔都儿(卷133),皆钦察人,因无旁证,不能知其族属。此外《新元史》卷205增钦察人《兀鲁思传》。《元史》及碑传中所见之钦察名臣大略如是。
〔3〕屠寄:《蒙兀儿史记》卷3,第26页。
〔4〕伯希和:《库蛮》,第25页。
〔5〕屠寄:《蒙兀儿史记》卷154《氏族表》"钦察"条。
〔6〕《库蛮》,第30页。多桑《蒙古史》卷1,第140页转录之钦察11部名中有 Elberli 一部,冯承钧先生亦以为似即玉理伯里。二说并待证。

察之域",稳儿别里即玉里伯里,伯氏拟测不足取。但据马可瓦尔特
(Marquart)书谓:

> 他(钦察)的中心好像在兀拉山山中。[1]

二氏之说差同。今马可瓦尔特书无检阅机会,可置弗论。屠氏之说果
有征乎? 吾人遍检屠书,未见所本,则中文材料竟无足以定玉理伯里山
方望之证据乎?

按自来东西学者之研究钦察部人土土哈,率皆于《元史》本传外,
取材于虞集撰之《句容郡王世绩碑》,而忽略阎复所撰之《句容武毅王
纪绩碑》。阎复之50卷《静轩集》虽已久佚,[2]而此碑文则尚残存于苏
天爵《国朝名臣事略》卷3中,惜今通行之聚珍本《元名臣事略》为乾隆
中改译本,书内人名地名一律更改,致使《元史》之重要史源无法使用,
殊可浩叹。幸清季归安陆心源据元统乙亥建安余氏勤有书堂元刊本
(补:1962年已影印出版)撰《名臣事略校补》4卷,[3]于补缺正误之
外,兼将旧译专名一一注出,于是几同佚失之元代宝贵史料又得死而复
苏,殊可庆幸。陆氏校补本《枢密句容武毅王传》引《纪绩碑》云:

> 公(土土哈)钦察人,其先武平折连川(Jeren Ke'er 译言黄羊
> 甸)按答罕山部族,后徙西北绝域,有山曰玉理伯里(改为伊埒巴
> 尔),襟带二河,左曰押亦(改为约罗),右为也的里(改为伊苏),遂
> 定居焉,自号钦察。其地去中国三万余里。夏夜极短,日暂没辄
> 出。川原平衍,草木盛茂。

《元史·土土哈传》悉袭碑文,唯删去押亦及也的里二河名,遂使
玉理伯里山失其所在;又删去"川原平衍,草木盛茂"二句,遂致读者不
能明了玉理伯里山所在之地形。吾人今读聚珍版《元名臣事略》,虽知
此山左右有约罗、伊苏二水,亦绝不能知其为今日何水,进而推知玉理
伯里山之方位,幸陆书注出二水旧译,则二水之今名及此山之方望遂得
解决。

---

〔1〕伯希和:《库蛮》,第25页。
〔2〕清季缪荃孙据《元文类》、金石碑版辑得阎文43篇,厘为5卷,仍名《静轩集》,收入其所
刻之《藕香零拾丛书》中。
〔3〕收入《群书校补》卷19至22。

·欧·亚·历·史·文·化·文·库·

按押亦为突厥语 Yaiq 之音译,也的里为突厥语 Idil 之音译,乃伏尔加、乌拉尔二河之中古名称。二水名亦见《元朝秘史》,第 262 节作亦的勒札牙黑,第 270 节作阿的勒札牙黑(当分写),乃押亦及也的里之蒙古读法。至于突厥语押亦,蒙古语译作札牙黑者,盖有不少用 y 发声之突厥字,在蒙古语中皆作 j 也。如 Yasaq 在蒙古语作 Jasaq(札撒),Yalair(押剌亦儿)作 Jalair(札剌亦儿),皆是其例。此二水名公元 569 年已见著录,俄人布来特施乃德(E. Bretschneider)于其《中世纪研究》第 306 – 307 页曾搜集历代行纪中各种异写,可参看也。

然则所谓玉理伯里山者在今伏尔加及乌拉尔二河之间,纪绩碑称其地"川原平衍,草木盛茂",以今地形图考之,则此山当不甚高大,且又必在此二河下游近里海处,似不能于其上游乌拉尔山中求之也。

5.3 钦察、康里、蒙古之三种伯牙吾台氏

《元史》卷 134《和尚传》:"和尚,玉耳伯里伯牙吾台氏。"玉耳伯里为钦察境内之山名,则和尚所自出之伯牙吾台氏(Bayaut)乃黑海、里海北钦察部之伯牙吾台氏也。13 世纪奈撒微(Nasavi)所撰《札兰丁传》(*Sīrat as -Sultan Jalal ad -Dīn Mangobirti*)称花剌子模沙(Khwarizm Shah)诸后妃中惟 Qothbed -Din 之母出于 Yemek 分族之伯牙吾台氏(Beyawout),Qothbed-Din 母与花剌子模沙摩诃末母后 Turkan 合敦同为康里(Qanqli)部人,则此伯牙吾台氏乃咸海北康里部之伯牙吾台氏也。[1]《元朝秘史》第 15 节及第 120 节均著录有巴牙兀惕(Baya'ut)姓氏,则又蒙古之伯牙吾台氏也。然则 13 世纪蒙古与突厥种之钦察、康

---

[1]《札兰丁传》,乌达(O. Houdas)译本(*Histoire du Sultan Djelal ed -Din Mankobirti*),巴黎,1895 年,第 44 页。乌达注云"此族为蒙古朵儿勒斤(Daurliguin)之一支",参看德麦松(Desmaisons)男爵《鞑靼与蒙古史》(*Histoire des mongols et des Tartares*,St. Petersbourg),1874 年,第 60 页。按乌达之说殊误,《鞑靼与蒙古史》为阿布勒·哈齐(Abou'l-Ghazi)所著,其书部族部分悉本拉施都丁《史集·部族志》,而拉施都丁书蒙古部族之分类未引施之于康里人也。多桑云"此 Yemeks 部昔必包括于康里概称之内"(冯译《多桑蒙古史》第 93 页),其说甚是。《元史》卷 133《也速䚟解儿传》:"也速䚟儿,康里人。父爱伯,伯牙兀";卷 134《斡罗思传》:"斡罗思,康里氏。曾祖哈失,伯要。"布来特施乃德谓伯牙兀与伯要似皆指康里部伯牙吾台氏(《中世纪研究》第 1 卷,第 303 页),然则康里部之有伯牙吾台氏,中文史料中亦见著录矣。

里二部皆有伯牙吾台氏,名称虽同,种属迥异,元代文籍中苟称某人为伯牙吾台氏,吾人须细加审辨,未可遽定其人为色目或蒙古也。

伯牙吾台氏又有伯岳吾、伯要歹、巴牙兀惕等异写,皆 Baya'ut 一字之同名异译。突厥语谓富为 bai,蒙古语谓富为 bayan,则此 Baya'ut 之名称殆出自 bayan 之蒙文多数也。

《元史·后妃传》成宗后"卜鲁罕皇后,伯牙吾氏驸马脱里思之女",《后妃表》成宗卜鲁罕皇后"伯岳吾氏,勋臣普化之孙驸马脱里忽思之女"。钱大昕《元史氏族表》列脱里思于色目类钦察之后,柯劭忞《新元史·氏族表》从之,而屠寄《蒙兀儿史记·氏族表》则以脱里忽思为蒙古巴牙兀惕氏,并举其世系如次:

　　　不合古列坚—翁罕古列坚—脱里忽思古列坚

然则脱里忽思一门究属突厥种之钦察部乎?抑属蒙古部乎?脱里忽思世系分明,屠氏究又何所据而云然乎?此正吾人辨别三种伯牙吾台氏之好例也。

按不合古列坚见于《元朝秘史》蒙文第 202 节,为成吉思汗九十五千户之一。日人那珂通世《成吉思汗实录》称此人为蒙古札剌亦儿氏木华黎之弟。《蒙兀儿史记》卷 3《成吉思汗本纪》引用其说,未加批评,但同书卷 27《木华黎传·不合附传》注则详斥其非:

> 不合,《亲征录》作不花,《秘史》卷四云古温兀阿两个子木合黎、不合,卷八成吉思汗护卫万人,其中一千教木合黎亲人不合管者,那珂通世误认此不合即功臣千户之不合古列坚,反疑元明善《东平忠宪王安同碑》所云札剌儿氏亲连天家、世不婚姻之说非是,殊不知功臣千户之不合古列坚后妃旧表称为勋臣普化,乃成宗皇后卜鲁罕之祖,实巴牙兀氏,与此札剌亦儿氏木合黎之弟不合名同而氏不同。

屠氏辨明木华黎弟不合与不合驸马为二人,名同而氏不同,极是,其以不合驸马即勋臣普化亦甚当。顾屠氏仅能以对音为据,未举出旁证,吾人今再举回教材料证实之。拉施都丁《史集·部族志》"伯牙吾台氏"条云:

　　　　成吉思汗时,有左手千户[1]名 Urqa Gūrgān 者出自 Jadī[2]
　　Bayaut 氏,汗以女妻之,吾国之 Hungan Gurgan 即出自其家。[3]
此 Urqa 一人,贝勒津又引 C 本及 D 本,亦均误。唯哀德蛮本[4]作不合
古列坚(Buqa Gurgan)不误,其人即《秘史》第 202 节之不合古列坚、
《后妃表》之勋臣普化也。柯译《部族考》系据哀德蛮《不动摇之帖木
真》(Temudschin der Unerschütterliche,1862)绪论译成,故其所撰《氏族
表》Buqa Gürgen 译为布哈古而干。屠氏据柯译之文与《秘史》不合古
列坚勘同,甚是。成吉思汗幼年十三翼之战,伯牙吾台氏助汗击泰赤兀
族,拉施都丁于《成吉思汗传》虽称当时伯牙吾台氏之首领为翁古儿
(Ungur)[5],而《部族志》"伯牙吾台"条则明言当时统帅伯牙吾台族助
攻成吉思汗仇人者为 Urqa Gurgan(即 Buqa Gurgan 之误写),至于翁古
儿则为左翼之别一千户。[6] 拉施都丁书虽前后互歧,而吾人据此知
Buqa Gürgen 即《元史·后妃表》勋臣普化之亦可信也。

　　翁罕古列坚柯译作宏罕古而干,乃 Hungan Gurgan 之音译。窃疑
Hungan 一字似应读为 Hunagān,蒙文文言 Ünegen 13 世纪读为 Hünegen
(《秘史》蒙文第 247 节音译为忽捏坚),华言"狐"也。拉施都丁为波斯
人,谓吾国之 Hungan(古列坚)出自不合家,意即伊利汗国之 Hungan 驸
马出自不合也,然则此人是否为不合或普化之子脱里忽思之父,犹当缺
疑也。

　　普化孙脱里忽思之名不见于拉施都丁《史集·部族志》"伯牙吾台
氏"条。《铁穆耳汗本纪》仅称其长皇后名卜鲁罕合敦(Bulghan Qotun)
伯牙吾台氏,未举其父之名[7]。波斯文《贵显世系》(Mo'eezz el-ansāb)

─────────

〔1〕屠表作右手千户,误。
〔2〕贝勒津本作 Jadī,其所引 C 本及 D 本作 odāī(见《丛刊》第 7 册,第 233 页);多桑本作 Dje-da,(冯译《多桑蒙古史》卷 1《附录》)。
〔补:赫达古洛夫俄译《史集·部族志》第 175 页脚注,Jada 今为色楞格河左岸支流。〕
〔3〕《史集》贝勒津刊本,《丛刊》第 7 册,第 233 - 234 页。
〔4〕哀德蛮:《概况》,第 155 页。
〔5〕《史集》贝勒津刊本,《丛刊》第 13 册,第 151 - 155 页。
〔6〕《史集》贝勒津刊本,《丛刊》第 7 册,第 233 - 234 页。
〔7〕布洛晒刊本,第 583 - 584 页。今蒙古文文言貂字写作 bulaghan 蒙文《秘史》第 9 节"不罶
罕"旁注云"貂鼠"。蒙俗命名,多取婴儿坠地时初见之物类,则成宗此后即以貂鼠为名也。

著录卜鲁罕父之名,法人布鲁赛(Blochet)且以为此人即阿里不哥(Ariq Böge)婿,[1]但所举卜鲁罕父名之两种写法,均不能读为脱里忽思,则此人之勘同尚有待也。

然则脱里忽思父女为蒙古伯牙吾台氏,毫无可疑。那珂通世以其祖不合为札剌儿氏固非,钱大昕、柯劭忞属之钦察氏亦误;屠氏虽能辨之,而以伊利汗国之 Hungan 驸马为勋臣普化之子、脱里忽思之父,亦不可从也。《元史·后妃传》:

> 成宗贞慈静懿皇后名失怜答里,弘吉剌氏斡罗陈之女也。大德三年十月立为皇后,生子德寿,早薨。

钱大昕《廿二史考异》卷93:

> 按《后妃表》失怜答里元妃早薨,至大元年追尊谥曰贞慈静懿皇后。册文云:"先元妃,宏吉剌氏"。又云:"椒掖正名,莫际龙飞之会"。是贞慈之薨,在成宗御极以前,成宗朝亦未加后谥,传称大德三年立为后者,误也。考《成宗纪》大德三年册立为皇后者,乃伯牙吾氏,非宏吉剌氏。

《史集·铁穆耳本纪》无失怜答里之名,谓长皇后即卜鲁罕,足证钱竹汀之说甚是。但钱氏及其后之元史学者于皇子德寿之非失怜答里所出一点,犹均未指出。元末杨瑀《山居新话》(陶宗仪《辍耕录》卷5"僧有口才"条亦记此事)"胆巴"条:

> 胆巴[2]师父者,河西僧也。大德间朝廷事之,与帝师并驾,适德寿太子病瘵而薨。不鲁罕皇后遣使致言于师曰:"我夫妇以师事汝至矣,止有一子,何不能保护耶?"师答曰:"佛法譬若灯笼,风雨至则可蔽,若尔烛尽,则灯笼亦无如之何也。"可谓善于应对。

是德寿太子明系卜鲁罕皇后之亲子,非失怜答里所出也。若谓私家记载,得诸传闻,未可凭信,则吾人犹可以亲见金匮秘书之拉施都丁书证之。《史集·铁穆耳本纪》云:

---

[1]《史集》布洛晒刊本,第562、584页。

[2]《元史》卷202《释老传》:"又有国师胆巴者,一名功嘉葛剌思,西番突甘斯旦麻人。"《佛祖历代通载》卷22记功嘉葛剌思(Kur-dga'-gras = Anandakirti),译言普喜名闻,惟以胆巴(Dam-pa,译言微妙)称著。

卜鲁罕合敦生一子,名德寿太子(Tāshī Tāīshī)。[1]

柯、屠诸家所见之拉施都丁书,乃多桑、哀德蛮等之节译本,均未见《史集》原书,故自钱大昕后改造《元史》者虽多,犹无人敢据《山居新话》或《辍耕录》以订正《元史·后妃传》之误也。

元代蒙古部族中"生女世以为后,生男世尚公主"者,除弘吉剌氏及其分族亦乞列思氏(Ikires)、兀勒忽讷惕氏(Ulqunut)、火鲁剌思氏(Qurlas)、燕只斤氏(Iljiqin)[2]外即推伯牙吾台氏。据《史集·部族志》"伯牙吾台"条所著录者考之,宪宗之后昔里吉(Shīrkī)之母[3]及世祖之后镇南王脱欢(Tūqān)之母均出此族。[4]

至于元代后妃之出自钦察部伯牙吾台氏者,殆只有顺帝后答纳失里(Tanashri)一人。燕帖木儿之子唐其势云"天下本我家之天下也",则其女之得立为顺帝皇后可以知其故矣。

《元史》卷143称泰不华(Tai Buqa)为伯牙吾氏,世居白野山,陶宗仪《书史会要》谓其人号白野,蒙古人,我国元史学者自钱大昕以后莫不以钦察人视之。陈援庵先生《元西域人华化考》且举元顺帝后燕帖木儿女以证伯牙吾氏之属钦察部而泰不华之必为色目,但吾人今知钦察部外,康里、蒙古均有伯牙吾氏,名同而所隶属之部族不同,则泰不华之是否为色目人犹未可必也。如以白野为白里之讹、玉理伯里之省,则亦只为一种待证之假定而已。

钱大昕《元史氏族表·钦察部》之末尚著录买买一人,屠表从之。按王士点、商企翁《秘书监志》卷九《秘书卿题名》仅称"买买字子昭,伯要氏",则此人之为钦察、为康里、为蒙古?亦未能定也。

5.4 设里汪与失儿湾非一地

元《经世大典图》[5]不赛音境内西部有一城曰设里汪,在兀乞八剌

---

〔1〕布洛晒刊本,第564页。

〔2〕《史集·部族志》"宏吉剌氏"条仅著录合赞汗皇后,未著录驸马。

〔3〕《新元史·后妃传》宪宗有"失力吉妃子,伯要牙氏",柯氏以妃所生昔里吉之名为妃子之名,误甚,盖柯氏所本者为哀德蛮书,译者重译致误也。

〔4〕《史集》贝勒津刊本,《丛刊》第7册,第237页。

〔5〕关于此图之流传,参看伯希和:《经世大典西北地札记》,《通报》,1920年,第98-100页。

(·Ukbarå）之东,罗耳(Lur)之西,《元史·地理志·西北地附录》系据《大典图》编成,故其名亦并见《元史》。60 年前,俄人布来特施乃德（F. Bretschneider)曾研究此城之对音与方望,其言曰:

> 《大典图》之设里汪,在编者之意,显然指太和岭南(外高加索)东部之 Shirwan(失儿湾),但编者将其地位安置过南,殊误。

以下即述回教著作中太和岭南失儿湾城之沿革,最后又言:

> 《元史》卷 120《曷思麦里传》叙速不台及哲伯远征太和岭(高加索山)地区时,亦尝言及失儿湾沙。
>
> 失儿湾今尚为外高加索山地方之一省区名,其首府曰 Shema-kha。[1]

布氏以设里汪与失儿湾二名相类,即贸然指鹿为马,视为一地,殊为武断。故虽详述失儿湾之沿革,亦殊无用。布氏不怀疑其地理知识之不足,反轻言《大典图》编者伪误,殊欠谨严。

洪钧《元史译文证补·地理志·西北地附录释地》为其平生得意之作,然细考其内容,亦大体本诸布氏。唯于设里汪一地,则不肯轻采布氏之说,而别求解答,惜为时代所限,亦未得解其疑窦也。洪氏云:

> 案体格力斯河东有支河曰呼耳汪,滨河有城亦曰呼耳汪。《元史》地名,凡有里字,多为耳字音之变,惟呼、设二音不合,而图形甚合,或者西图字音变其土语耶?[2]

按洪氏所拟定之呼耳汪,在回教地理书中作 Hulwan,西图地名,率皆名从主人,即有转变,亦不致如此之甚也。继洪氏而研究《大典图》者则有丁谦、柯劭忞及屠寄诸家。丁谦曰:

> 按今图摩苏耳东南有小河曰剎布亚法耳,西南流入体格力斯河,二河交会处之南,有特里汪里亚城,特里汪即设里汪转音[3]

丁氏治域外地理,用力甚勤,惜资料不足,方法亦误,故其著述虽

---

〔1〕布莱特施乃德:《中世纪研究》,1888 年,第 2 册,第 120 – 121 页。布氏对此图之研究,1876 年初揭于《英国皇家亚洲学会北中国分会集刊》(*Journal of the North China Branch of the Royal Asiatic Society*)新辑第 10 卷,第 170 – 296 页。设里汪在第 285 页。

〔2〕洪钧:《元史译文证补》卷 26 下,第 3 页下(广雅书局本)。

〔3〕《浙江图书馆丛书》第 2 集《元经世大典地理考证》卷 3,第 4 页。

多,可取者实属寥寥。此处丁氏用现行地图,求早成废墟之中古小城,结果自可想像,其以特里汗拟设里汪实属无稽。柯劭忞云:

> 一名失儿湾,太祖十六年,者别攻拔其城。按《大典图》误,当做兀乞八剌东北,当次于巴耳打阿(Bardâ-'ah)、打耳班(Darband)之下,不当介于毛夕里(Mawsil)、罗耳之间[1]。

柯氏对设里汪之考证,复蹈数十年前布氏之误,其说或即抄自布氏书也。

屠寄云:

> 洪说既不敢自信,鄙意亦以为非。然今波斯西境,却无设里汪音类之城名。惟亚尔的兰部西境,有绍宛河,为底格里斯河上流之支流,此水西南经毛夕里,入底格里斯河。绍宛二字与设汪音近,然濒河之城,无同名绍宛者。岂城今已废,故不载耶?抑有之而译者漏逸耶?不可知也。若竟依独逸人图,以失儿湾当设里汪,则应在兀乞八剌东北,而《附录》当次于巴耳打阿、打耳班之下,不当介于毛夕里、罗耳之间。意《大典图》方位差误,《附录》据图编次,因而误其秩序,如途思之比也[2]。

屠氏亦于现在地图上求设里汪之对音,故其成绩亦与丁谦等。

依吾人所知,设里汪实别为一地,特诸人所搜史料不足,故不能定设里汪与失儿湾之分别。此则前辈为时代所限,未可求全责备也。Shīrwān 乃《元史·易思麦里传》之"失儿湾",而《大典图》之设里汪,即第11世纪 Ibn Hawkal 以来大食地理书所著录之 Sīrawān 也。其地正在兀乞八剌之东,罗耳之西,音读与地望,无一不合。兹译吉·列·斯特兰吉(G. Le Strange)《哈里发东部统治区地理》之文,以见其地之状况:

> Māsabadhān 及 Mihrajānkudhak 两地域,在小罗耳(Lur)之西,及阿拉伯阿剌黑('Irāk)之边界上,其主要城市为 Sīrawān 及 Say-marah 两城之废墟,今尚存在。Māsabadhān 现用作 Māyidasht 平原南之地域名。依浩卡尔(IbnHawkal)之说,Sīrawān(或 As-Sīrawān)

---

[1]柯劭忞:《新元史》卷50,第27页。
[2]屠寄:《蒙兀儿史记》卷160,第25页。

昔为一小城,其屋宇用灰泥涂石筑成,颇似毛夕里。其地出产寒热两带水果,胡桃及瓜果尤丰,名品之瓜名曰 Dastabūyah;枣柳树亦盛,前已言之。卡兹维尼(Kazvīnī)曾提出 Māsabadhān 地方有盐、硫磺、矾及硼砂等矿产……[1]

此城名在吉·列·斯特兰吉书所附第 5 图又写作 Sīrwān,以《大典图》之设里汪校之,音更近,盖原字 r 母后未著音符,故吉·列·斯特兰吉有两种推测也。

5.5 乌鸹、Huiur 及 Hor

彭大雅《黑鞑事略》第 48 节《其残虐诸国》条下,著录一国,名"乌鸹"。王国维注云,乌鸹即"回鹘",而未加说明。[2] "鸹"与"欲"字同音,同隶"喻"母,与"鹘"字之隶"匣"母迥异,故知"鸹"决非"鹘"之讹。且曹元忠曾见旧抄本,"鸹"字作"鹄",[3] "鹄"与"鸹"形近而伪,与"鹘"字字形不类。

Uighur 一字,似首见外蒙古《磨延啜碑》北面第三行,[4] 唐译为回纥,继徇回纥之请,改为回鹘。其见于 13 世纪著录者,则有委吾、外伟、畏兀等异译,然与乌鸹之音读比较,均差。即与西方阿布列·法拉齐(Abulfaradj)书之 Ighur[5]、鲁不鲁克(Rubruk)书之 Jughur[6]、海屯(Haithon)书之 Iogur[7] 亦不类。故知彭大雅书乌鸹读音之来源,必属另一系统。吾人曾检查西籍,见乌鸹之音译,只与普拉诺·迦尔毕尼(Plano Karpini)书之 Huiur[8] 相近,换言之,普拉诺·迦尔毕尼书之

---

〔1〕斯特兰吉:《哈里发东部统治区地理》(G. Le Strange, *The Lands of the Eastern Caliphate*),剑桥大学出版社,1930 年,第 202 页。

〔2〕王国维:《黑鞑事略笺证》,第 21 页。

〔3〕罗振玉本附曹元忠《黑鞑事略校记》,第 3 页。

〔4〕G. J. 拉木施台德:《蒙古北部卢尼字体回纥文二碑》,刊于《芬兰—乌戈尔学会会刊》,1913 年,第 30 卷第 3 号。

〔5〕布来特施乃德:《中世纪研究》,I,第 262 页。

〔6〕《鲁不鲁克行纪》,理施德文译本,1934 年,第 450 页。

〔7〕布莱特施乃德:《中世纪研究》,I,第 263 页。

〔8〕《迦尔毕尼行纪》,理施德文译本,1930 年,第 114 页。

·欧·亚·历·史·文·化·文·库·

Huiur 及 Sari-Huiur,与西方著作中他种写法均不合,唯与彭大雅之乌鸹类似,足证提供二人以乌鸹(Huiur)音读者,当属地域或部族相近之人,质言之,方言相近之人也。

彭大雅与布拉诺·迦尔毕尼分别于 1232 年及 1246 年亲至漠北,前后相距仅 14 年,二书叙述鞑人"残虐诸国"亦略同,乌鸹或 Huiur 同在已破或已降者[1]之列,至于畏兀儿早于 1209 年纳款矣。

藏文 Hor 一字,意为突厥,为蒙古,故美国艾德噶(J. H. Edgar)[2]曾主张西康东部雅楚河上流之霍耳(Hor)部,即秦、汉时代小月支之苗裔。此说能否成立,兹姑不论,吾人所欲言者,藏文 Hor 一字,由突厥或蒙古部中何名而来乎?依吾人揣测,Hor 殆即 Huiur(乌鸹)之西藏读法,换言之,Huiur、Hor 同出一源,同指普通译写之畏兀儿也。此说虽无旁证,但颇有可能,姑志于此,以待世之博雅君子论定焉。

1941 年 2 月 2 日于成都

(原载《华西大学中国文化研究所集刊》第 1 卷第 3 期)

---

[1]《迦尔毕尼行纪》,理施德文译本,1930 年,第 194—196 页。
[2]《上 Nya 或雅尔隆的霍尔人》(《中国西部边疆研究学报》第 5 卷,1932 年,第 69—72 页)。

6　爱薛之再探讨

　　《元史》卷 134 之聂思脱里（Nestorianism）教徒爱薛·Tsa，为口操大食语之拂林[1]人，凡稍治元代也里可温（Erkegün）史者，于其史事家世，均熟知之。此人经［审温］列边阿答（Siméon Rabban-ata）介绍，东来元廷，已由陈援庵先生据程钜夫撰《拂林忠宪王神道碑》首先指出。[2]其佐孛罗丞相（Būlād Chingsāng）西使波斯事，伯希和据拉施都丁《史集》研究亦甚明白。[3]　其诸子史事，则屠敬山[4]及英人穆勒（A. C. Moule）[5]均曾裒集《元史》本纪中材料，详加阐述。至于日人佐伯好郎[6]虽亦曾译《元史·爱薛传》为英文，顾未附加按语，可置弗论。

　　世谓四库开馆而古籍沦亡。此语对于吾等研究元史者言，则别具特殊意义。盖元代文籍中蒙古色目等族专名，一经馆臣改译，除熟见者外，即不复能知其为何物。姑就吾人行将研究之《牧庵集》言，如尚书

---

　　〔1〕Porum，杜环《经行记》称苫（shām）国，今叙利亚。

　　〔2〕陈垣：《元代也里可温考》，"东方文库"第 72 种，第 23 页。

　　〔3〕伯希和：《通报》，1914 年，第 639－640 页；1928 年，第 163 页。

　　〔4〕屠寄：《蒙兀儿史记》卷 117《爱薛传》。

　　〔5〕穆勒：《1550 年前中国的基督教徒》（A. C. Moule，*Christians in China before the Year* 1550），1930 年，第 228－233 页。

　　〔6〕佐伯好郎：《中国聂思脱里教之文献及遗物》（Y. P. Saeki，*The Nestorian Documents and Relics in China*），1937 年，第 508－510 页。

省臣乞台普济改译为"奇塔特布济克"[1]，景教名人孛鲁欢改为"布尔哈"[2]，诸人在元史上地位甚为重要，犹不难就碑传内容，一一勘同。至于在当日无甚声名者，则直不能再知为何人矣。《新元史》采录姚集之《坤都岱传》，[3]即其例也。爱薛史料在《牧庵集》中未曾为诸前辈所使用者，关键亦正在此。

现行聚珍版《牧庵集》，系清代纂修《四库全书》时，由《永乐大典》辑出。[4] 当日馆臣，潦草塞责，不忠所事，于《牧庵集》卷1、卷2《诰制》一门，排列至为零乱，非详加比勘，往往不能知受封者父子兄弟之关系。[5] 吾人今日所研究之新材料，即正在卷2《诰制门》中，故于爱薛一门追封制，应先定其次序如下：

《蒙克特穆尔祖考伊苏追封秦国康惠公制》

《祖妣克呼氏呼实尼沙赠秦国夫人制》

《考崇福使阿实克岱追封秦国忠翊公制》

《秦国忠翊之弟巴克实巴追封古哩郡恭懿公制》

原本《牧庵集》中依理尚应有阿实克岱妻及巴克实巴妻之追封制，惜皆

---

〔1〕《牧庵集》卷26《开府仪同三司太尉太保太子太师中书右丞相史公先德碑》。

〔2〕《牧庵集》卷13《皇元高昌忠惠王神道碑铭并序》。此人即《元史·宪宗纪》掌宣发号令之必阇赤孛鲁合（Bolghai），1254年鲁不鲁克曾见之（参阅柔克义英译：《鲁不鲁克行纪》，第187页；《通报》，1914年，第629页）。按《牧庵集》卷14《平章政事蒙古公神道碑》，即《元文类》卷59、《中州文表》卷11《平章政事忙兀公神道碑》。所谓忙兀公者，亦讳博罗欢，聚珍版又改译为博啰罕，《文类》与《文表》通行本皆未经改译，故其中人名、地名，犹不致因而发生讹误。至于高昌忠惠王答失蛮（改译作达实密）父孛鲁欢（改译为布尔哈）及其子，至少在《新元史》中，即发生严重问题。柯氏据《高昌忠惠王神道碑》作《答失蛮传》附于《新元史》卷133《孛鲁欢传》，是柯氏明知孛鲁欢与答失蛮为父子矣。而卷28《氏族表》"怯烈部"条，则于博罗欢世系外，更取《牧庵集》改译之布尔哈世系，别列一表。旧《元史》一人两传，学者议其草率，今新史又有一家两表之事，可胜浩叹。盖新史氏族表旧材料全袭钱大昕之文，而于所增新材料未细加比勘也。

〔3〕《牧庵集》卷17《百夫长赠中大夫上轻车都尉曹南郡侯坤都岱公神道碑》；《新元史》卷152《坤都岱传》。

〔4〕聚珍版本为现行诸本之祖本，故诸本无不改译。按牧庵原书，固少发现之望，即未经改译之大典辑本，如有踪迹，亦当追寻。

〔5〕如卷2珊竹氏（Saljiut，改译为散周氏）纽邻（改译为纳喇，Nara，此言日）为也速答儿（Yisudar，改译为伊苏德勒）之父，故纽邻追封制在也速答儿前，是也。而纽邻父太答儿（改译为塔塔尔，Tatar）追封制，则列于卷1《考赠蔡国武穆公制》之前，若不详加研寻，则其人竟与张柔为同胞矣。张柔一门追封制八道，分列四处，次序益乱。（吾人以蔡国武穆公为张柔之父者，乃根据虞集《道园学古录》卷18《中书平章政事蔡国张公墓志铭》而定）

亡失,不可复见,可勿论。考阿实克岱父子之得受追封荣典,实因其子蒙克特穆尔显贵之故。伊苏夫妇追封制中,称此人为尚书左丞。然则所谓尚书左丞蒙克特穆尔者,果何人乎?

就蒙克特穆尔译音言,固一望而知其原文为 Möngke Temür(汉文长生铁),元代音译为"忙哥帖木儿"。忙哥帖木儿《元史》有三,[1]一为武宗时尚书左丞,一为顺帝时右丞,其另一则为术赤(Jochi)[2]曾孙。最后一人为钦察(Qibchaq)汗之元首,可置弗论。第二人为参政为右丞时,姚燧早于仁宗皇庆二年(1213 年)9 月 14 日卒于郓城矣。[3] 且顺帝时,亦无尚书省之设,则其人非阿实克岱子,自不待言。故所谓蒙克特穆尔者,必武宗时尚书左丞忙哥帖木儿也。

忙哥帖木儿《元史》无传,其事仅散见于武仁两纪,及《宰相表》中。顾其父祖两代名称,但依清代音译考之,犹可推知一二。祖考伊苏,乃蒙文 Yisu 之音译,华言为九,窃以为其原名,即吾人所探讨之爱薛也。爱薛为大食语·Isa 之音译(西欧诸国大体均读 Jesus,中国译作耶稣),清代馆臣不知其本为大食语,徒以爱薛与伊苏(Yisu)音近,遂妄改之,致令研究元代也里可温之中外学者,读之而不觉也。祖妣克呼氏,克呼为克烈(Kereit)之改译,程钜夫撰追封制,称之为撒剌氏(Sarah),详见下文。父考阿实克岱,蒙文 Asightai,华言有利益(《蒙文总汇》卷 1 页 1,柯瓦列夫斯基字典无此字),乃由阿速歹(Asutai)改译,吾人将于下文详言之。呼实尼沙及巴克实巴,未能求得其元代原译。

据姚燧所撰忙哥帖木儿祖父两代追封制,爱薛世系如下:

伊苏(爱薛){ 阿实克岱—蒙克特穆尔
(阿速歹)　　　(忙哥帖木儿)
巴充实巴

妻克呼氏名呼实尼沙(克烈氏又作撒剌氏)

按爱薛世系,详见程钜夫撰《拂林忠献王神道碑》,兹抄录于下,以

---

[1]汪辉祖:《三史同名录》卷 19。
[2]《元史·宗室世系表》误。洪钧《元史译文证补》卷 6 有《忙哥帖木儿补传》。
[3]《牧庵集》附录《姚燧年谱》。

59

资比较：

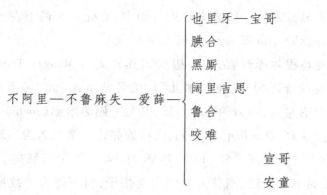

不阿里—不鲁麻失—爱薛—
也里牙—宝哥
腆合
黑厮
阔里吉思
鲁合
咬难

宣哥

安童

吾人若比较以上两表人名，必甚惊异，不唯爱薛孙辈中无忙哥帖木儿之名，即其六子名称，亦无一类阿实克岱或巴克实巴者，然则吾人何能主张阿实克岱为爱薛，或伊苏为爱薛乎？

考《元史·武宗纪》至大二年（1309 年）八月癸酉（二十三日）第三次尚书省成立，乞台普济为太傅右丞相，脱虎脱（Toqto）为左丞相，三宝奴、乐实为平章政事，保八为右丞，忙哥铁木儿为左丞，王罴为参知政事，行新政。三宝奴等曾密劝武宗废仁宗（武宗弟，时为皇太子），立皇子为皇太子，故至大四年（1311 年）正月庚辰（八日）武宗崩，越日壬午（十日）即罢尚书省。仁宗旋以诸人变乱旧章流毒百姓为名，于同月丙戌（十四日）诛脱虎脱、三宝奴、乐实、保八、王罴五人，杖流忙哥铁木儿于南海，以泄私憾。由至大二年八月二十三日至四年正月初十，忙哥铁木儿之居尚书省者，凡一年四阅月。其一生事迹，大略如此。

据《爱薛神道碑》，至大元年（1308 年）六月爱薛卒于上都，年八十有二。据《姚燧年谱》（《牧庵集·附录》），燧于至大二年拜荣禄大夫集贤大学士承旨知制诰同修国史。则伊苏诸追封制，必草于至大二年八月二十三日尚书省成立以后，正其孙忙哥帖木儿贵显之时也。

至大四年（1311 年）正月仁宗既诛尚书省臣，旋召世祖朝谙知政务素有声望老臣 16 人赴阙，程钜夫即其一也。从此"再掌制诰，高文大册，多出其手"。[1] 明年皇庆元年（1312 年）正月，加崇福使也里牙秦

〔1〕钱大昕：《潜研堂文集》卷 31《跋雪楼集》。

国公。依《元史·爱薛传》,皇庆元年追封拂林王谥忠宪,则程钜夫所撰之爱薛夫妇追封制及神道碑,当在此时。

忙哥帖木儿之历史及姚燧、程钜夫二人所撰追封制神道碑之时期既明,吾人始可以更提出下列新问题,进而与上文所提出者,一并解决矣。

忙哥帖木儿与脱虎脱等于尚书省所行新政,负同等责任,何以同僚五人皆伏诛,彼独不死?仁宗以私憾仇恨尚书省臣,何以即位未及一年,即再加封忙哥帖木儿之祖考与祖妣?《牧庵集》中祖妣为克呼氏呼实尼沙,何以《雪楼集》中作撒剌?又《牧庵集》中爱薛子孙之名何以与《雪楼集》中所著录者完全不符?(此点已见前)

钱大昕《十驾斋养新录》卷15《史氏墓三碑》:

> [史氏]庆源碑载其三世子女嫁娶最详,秉直长女为太师国王(木华黎)夫人,其事不见于他书。史氏父子兄弟各以功名自立,要亦联姻贵族所致。论史者不可不知也。

愚按古今中外有无数史事,率皆可以琐琐姻亚解释之,固不仅史氏一家然也。谱牒学之可贵,此亦一端。今吾人于上述诸问题,亦须以女系关系解释之。《元史》卷34《文宗本纪》:

> [至顺元年七月]铁木迭儿(Temüder)子将作使锁住,与其弟观音奴、姊夫太医使野理牙,坐怨望、造符箓、祭北斗、咒咀,事觉,诏中书鞠之。[1]

吾人由此知野理牙为仁宗时权相铁木迭儿之婿。铁木迭儿于仁宗罢尚书省后14天,即被任为中书右丞相,此后专权恣肆,炙手可热,则其婿野理牙次年加封秦国公,并加封其父爱薛为拂林王,可以知其故矣。

爱薛妻之氏族问题,更易解答。姚集称爱薛妻克呼氏,克呼乃聚珍本改译,原文必作克烈氏。观于殿版《元史·太祖本纪》改克烈为克呼,可以知矣。钱大昕《金石文跋尾》卷19《揭傒斯撰长明灯记》:

---

[1]天历二年明宗暴崩,时论颇谓野理牙所致毒,文宗尝欲杀之以灭口。故屠寄于《蒙兀儿史记·爱薛传》注云:“也里牙景教徒,必无造符箓祭北斗事。旧纪云然,定非信谳,盖不便论其本皋,虚构狱辞,以饰观听耳。”

·欧·亚·历·史·文·化·文·库·

公[野仙帖穆而]娶完泽氏(Öljeittü),河南王之女。考延祐元年封河南行省左丞相卜怜吉带为河南王。卜怜吉带阿术(Archu)之子,姓兀良合(Uriangqut)氏,此完泽盖名而非氏也。《元史·泰定帝纪》:泰定元年册八八罕氏为皇后,八八罕实瓮吉剌氏(Ongqirat),亦以名为氏,元人文集中似此称谓者颇多。

钱说足为解决爱薛妻为克烈氏抑为撒剌氏之助矣。盖撒剌本为亚伯拉罕(Abraham)妻之名,今译撒拉(《创世记》17章),大食文写作Sarah,基督教女信徒,常用作洗名,则爱薛妻又称撒剌氏者,亦以名为氏也。至于《牧庵集》呼实尼沙之原译,及原字,虽已不得而知,要必为洗名外之本名也。

忙哥帖木儿所以未与第三次尚书省臣同日伏诛之故,依吾人推测,约有四因:

(1)《元史》卷23《武宗纪》:

[至大二年七月]乐实言,钞法大坏,请更钞法,图新钞式以进。又与保八议立尚书省。诏与乞台普济、塔思不花、赤因铁木儿、脱虎脱集议以闻。……乙巳,保八言:"……政事得失,皆前日中书省臣所为,今欲举正,彼惧有累,孰愿行者?臣今不言,诚以大事为惧。陛下若矜怜保八、乐实所议,请立尚书省,旧事从中书,新政从尚书。尚书请以乞台普济、脱虎脱为丞相,三宝奴、乐实为平章,保八为右丞,王罴参知政事。"

[八月]癸酉立尚书省,以乞台普济为太傅右丞相,脱虎脱为左丞相,三宝奴、乐实为平章政事,保八为右丞,忙哥铁木儿为左丞,王罴为参知政事。

倡立尚书省者为乐实与保八,七月保八所拟尚书省臣名单,尚无忙哥帖木儿之名,是其与尚书省成立之关系,不若保八等之深可知矣。然则乐实、保八等俱伏诛而彼独受杖流处分者,殆仁宗以其有首从之别欤。观八座中郝彬于尚书省成立后,以江西等处行中书省参知政事,入为尚书省参知政事(《武宗纪》),而未受处分,似不能不令人作如此揣测也。

(2)《元史》卷138《康里脱脱传》(按《黄金华集》卷28《勅赐康里

氏先茔碑》不载此事）：

　　至大三年尚书省立,（脱脱）迁右丞相,三宝奴等劝武宗立皇子为皇太子。脱脱方猎于柳林,[1]遣使急召之还。三宝奴曰:"建储议急,故相召耳。"脱脱惊曰:"何谓也?"曰:"皇子寝长,圣体近日倦勤,储副所宜早定。"脱脱曰:"国家大计,不可不慎,曩者太弟躬定大事,功在宗社。位居东宫,已有定命。自是兄弟叔侄,世世相承,孰敢问其序者? 我辈臣子,于国宪章,纵不能有所匡赞,何可隳其成?"三宝奴曰:"今日兄已授弟,后日叔当授侄,能保之乎?"脱脱曰:"在我不可渝。彼失其信,天实鉴之!"三宝奴虽不以为然,而莫能夺其议也。

　　皇储废立之议,《脱脱传》仅言三宝奴等,则忙哥铁木儿与闻与否,虽不能定,然创议之人,要为受封特多（赐号答剌罕,封楚国公,以常州路为分地）之三宝奴,而非忙哥铁木儿,则甚明也。

　　(3)至大三年(1310年)十月云南省丞相铁木迭儿离职赴都,四年(1311年)正月十四日诛尚书省臣,二十五日（丁酉）即以铁木迭儿为中书右丞相。观仁宗一代铁木迭儿之跋扈,则武仁授受之际,彼虽尚未执政,而诛戮尚书省臣一案,似不致未曾与闻。忙哥帖木儿为野理牙之侄,而野理牙则为铁木迭儿之婿,其所以独得不死者,殆铁木迭儿从中左右之欤?

　　(4)忙哥帖木儿祖母及母,均与皇室有极深关系（下详）,其所以独得保全首领者,殆内廷亦有以祖护之欤?

　　忙哥帖木儿在武仁两朝之政治关系既明,则爱薛神道碑不见其父子名字之问题,亦易解释矣。一是神道碑为仁宗御赐,乌能以一年前天子杖流罪臣之名字,见诸碑文? 窃谓忙哥帖木儿父子名之被删削,殆出于爱薛后人之本意,弗欲引起天子旧恨;而姚燧撰追封制中史事之不见于程钜夫撰神道碑,关键亦正在此。

　　二是元代色目汉人多一人而二名,钱大昕《金石文跋尾》卷18《跋

---

　　[1]《大清一统志》卷6"顺天府·古迹"条:"柳林在通州南潞县西,元至元十八年如潞州,又如柳林,自后,皆以柳林为游畋之地,建行宫于此。"

元廉密知儿海牙篆额之松江宝云寺记》：

> 廉密知儿海牙者廉希宪之子恂也。……犹梁暗都剌（‘Abd
> Allah）即梁德珪，段那海（Noqai）即段贞，洪双叔即洪君祥，皆一人
> 而二名也。

今吾国基督教徒，原名之外，另有受洗圣名，元代人似亦有此习惯。神道碑所举爱薛六子也里牙（Elijah），腆合（Denha），黑厮，[1]阔里吉思（Georges），鲁合（Luke），咬难（Johanan），[2]及《元史》卷34所举爱薛女阿纳昔木思（Onesimus），皆基督教名，换言之，皆受洗圣名也。而《牧庵集》所录者，皆蒙古名称，然则碑文所著爱薛子孙名中，或已有忙哥帖木儿父子圣名乎？

蒙古史料，散在东西，但就一国或一种文字纪录而读之，往往不能得其意义，必须哀集东西史料，互相比较，彼此参阅，始能洞见其真正价值。此种例证，不胜枚举，而姚燧所撰忙哥帖木儿一门追封制，即其一也。故吾人于研究姚文之前，应先读陈援庵、伯希和、Moule诸先生之研究，始能明其意义。

吾人如对爱薛一门史事，所知甚悉，则姚牧庵撮要式之大文，自不难一一考释。不幸今日情形，恰正相反，吾人须据牧庵高文典册进而推求爱薛一门史事，困难重重，可想而知。以下笺释，亦仅就吾人所了解者，一一表出，其中待发之覆，则犹待专家之指示也。

6.1 《蒙克特穆尔祖考伊苏 追封秦国康惠公制》

> ……繄我高后，于尔先人，闻为世之所贤，奏遣伻而将致。由渠既耄，辞不能往，以汝克肖，代之而行。非家学有自而来，不父誉如是之力。春秋方富，初供奉乎东朝。夙夜惟勤，载徒征于西域。托椒房之亲，以为傅父，居画室之馆，以鞠帝姬。虽一话而一言，可

---

〔1〕此名似非音译，参见《通报》，1932年，第179页。

〔2〕《元史·爱薛传》未著此人。

三薰而三沐,即其时皆书之册,视他日取用为模,至今天府,所藏尚存。

高后即元宪宗及世祖之母唆鲁禾帖尼别吉(Soyorghaqtani Begi),至元三年(1266 年)追谥庄圣皇后,至大二年(1309 年)加谥显懿庄圣皇后者也。后克烈(Kereit)部长王罕(Ongkhan)弟札合敢不之女,宪宗二年春卒。克烈部世奉聂思脱里教,故高后亦崇信之。参阅陈援庵先生《元也里可温考》第 40 – 41 页,伯希和《远东及中亚之基督徒》(Chréstiens d'Asie Centrale et d'Extréme -Orient),《通报》,1914 年,第 638 – 641 页。关于唆鲁禾帖尼一名之异写与读法,参阅伯希和《Seroctan 的真实名字》(Le vrai nom de "Seroctan")《通报》,1932 年,第 43 – 54 页。

据神道碑,列边阿答介绍爱薛于定宗,今读制文知定宗所召者,本为爱薛之父,而非爱薛。其父年迈,不能远行,爱薛代父应诏耳。定宗左右多景教徒,对教士亦颇优遇,顾其本人,未尝皈依也里可温。就制文衡之,恐以高后闻列边阿答推荐爱薛父之贤,奏召其人,较近真。

高后所请者,本为爱薛之父,"由渠既耄,辞不能往,乃命其克肖"之子,代之而行。此事与《佛祖历代通载》卷 12,忽必烈请巴思八之故事极类似。

景教中心,远在西土,东亚仅见流行。唐代以后,塞北虽尚有遗迹,而通达教义者,恐难逢其人。盖东西绝远,交通艰难,西方教士弗乐东就。故东亚基督教徒,代有聘请教士之举。忽必烈命马可波罗父西归,请教皇遣派通晓"七艺"者百人东来,[1]固为家喻户晓之事实,而大都主教孟德高维奴(Jean de Monte Corvino)之东行,据《多桑蒙古史》第 3 卷第 4 章所引《教会年历》,亦出于忽必烈之请。顺帝时大都阿速人(Asut)福定(Fodim Iovens)等上书教皇,请遣高僧,昔人皆视为商贾伪托者,今亦证实其可信矣。[2]

---

〔1〕玉耳英译:《马可波罗行纪》第 1 卷,第 13 页。
〔2〕玉耳:《中国及通往其地之路》第 3 卷,第 179 – 183 页。此事多桑疑伪。(见冯承钧汉译:《多桑蒙古史》,第 3 卷第 7 章)今经东西学者考证,《元史·杭忽思传》等传中实有其人。

关于列边阿答,伯希和于其《蒙古人与教廷》(Les Mongols et la Papaulé)第 2 卷中,设有专章(单行本第 29–66 页)详加研究。神道碑称爱薛卒于至大元年(1309 年),年八十有二。伯希和以为列边阿答介绍爱薛东来,当在 1246 年 8 月贵由即位之时。[1] 然则爱薛当时仅 20 岁,故制文称其"春秋方富"云云。至其初期所事者,为宪宗(非定宗)母后之"东朝"。

爱薛副孛罗丞相西使,碑文明言在癸未(1283 年)夏四月,而輓近中国两位元史专家,则皆加更改,殊可怪也。(1)屠寄以爱薛奉使在至元二十八年(1291 年)。质言之,即马可波罗西归之年。盖屠氏以孛罗丞相即马可波罗(主此说者,尚有 Pauthier,Yule,Charignon,张星烺先生等),故不惜更改其所本之史料,以迁就威尼斯商人。今据伯希和考证,知孛罗丞相为蒙古朵儿边(Dürben)氏,非威尼斯之商人,而与马可波罗同行西去之蒙古使臣,杨志玖先生近亦于《经世大典》遗文中查出,仍《马可波罗行纪》(Yule,p. 32)所举之兀鲁䚟(Oulatay)、阿必失呵(Apusca)、火者(Coja)3 人,[2] 无正、副使孛罗、爱薛,则 1291 年之说,自不能成立。(2)柯劭忞《新元史》误癸未为辛未,谓爱薛奉使在至元八年,益谬。此点伯希和氏已指出(《通报》1928 年,第 163 页),兹不赘述。

"虽一话而一言,可三薰而三沐,即其时皆书之册,视他日取用为模。"显然指景教经典而言。景教经典以叙利亚文为主,而叙利亚又为爱薛之生地,则其所用之经典,必为叙利亚文无疑。按雍正三年(1725年)冯秉正(De Mailla)曾于北京发现叙利亚文写本。1925、1926 年,北京大学明清史料整理会亦于午门楼上发见景教叙利亚文圣诗。据欧洲叙利亚语专家意见,此写本当为十二、三世纪物,[3] 然则殆即姚牧庵所

---

〔1〕伯希和:《蒙古人与教廷》,第 134 页。

〔2〕杨先生发现之史料,极为珍贵。其文名《关于马可波罗离华的一段汉文记载》,刊于《文史杂志》第 1 卷第 12 期。唯玉耳引哀德蛮书,谓阿必失呵为斡罗纳儿部(Urnaut)人,微误。盖其所据者,为《不动摇的铁木真》也。应云斡罗纳儿分族晃火坛部(Qongqōtan)人,此人为《秘史》中著名之蒙力克后嗣,其波斯文写法为 Apishqā,参阅哀德蛮:《概况》,第 102 页。

〔3〕佐伯好郎:《中国聂思脱里教之文献及遗物》,1937 年,第 315–318 页。

谓"至今天府,所藏尚存"之残余欤?

《马可波罗游记》有马薛里吉思(Mār Sergis)而无爱薛。神道碑爱薛子六人,《元史》仅著其五。殿版《元史》改爱薛为"阿锡页",故萧若瑟《圣教史略》所引马可游记之"赫西亚",必注释家摄引殿版《元史》之文。至爱薛封秦国公,萧氏再转为"晋伯",直令人废书而叹矣。

6.2 《祖妣克呼氏呼实尼沙赠秦国夫人制》

……由嫔椒房,娶妻必食于河鲤,爰从戎辂,大人未造而渊龙。由托子其王姬,是用尊为傅母。……生子则贤,既闻关成功于万里;有孙而相,亦崇高位至于三公。……高后之明竝日月,生及依其末光;夫人之行如山河,没可忘其幽赍。

爱薛妻克烈氏,克烈部世奉景教,人所共知,则爱薛以一远人而娶于斯族者,可以得其故矣。追封爱薛制,称其"托椒房之亲",此制又谓"嫔于椒房""依高后之末光",则爱薛妻应即唆鲁禾帖尼之侍从,其得偶于春秋方富之景教教师者,或竟出于唆鲁禾帖尼之意也。

爱薛"为傅父,居画室,鞠帝姬"。其妻则"子王姬,为傅母"。其子则与帝姬共傅母。制文中虽未明言爱薛夫妇所教育者究为何人,顾由追赠爱薛妻制"爰从戎辂,大人未造而渊龙"及阿实克岱追封制推之,吾人似不能不认为即宪宗之女也。

6.3 《考崇福使阿实克岱追封秦国忠翊公制》

……昔在宪宗,未登宸极,初因太子同生于其地,故即在军,钧锡以是名。嘉与帝姬,共其傅母。臣求爱遇于当世,人谁过诸?女采抚鞠于内廷,妻亦赐者。逮六飞之巡蜀,乘世传而超燕。世祖异观,宗臣不劣。所欲则与之聚,为猷而必其成。属版王阻兵于北荒,致懿亲绝使于西海。责从间道以往,奚翅乎十万里之遥?

竟怀重宝而归,已忽焉四十三年之久……

元宪宗四子,曰班秃(Baltu),曰阿速歹(Asutai),曰玉龙歹失(Urangtash),曰昔里吉(Sirki)。清代改译之阿实克歹与阿速歹音近,故可推定:(1)爱薛子忙哥帖木儿父亦名阿速歹。(2)阿速(Asut)即阿思(As)之复数,亦名阿兰(Alan),为太和岭北之民族。《元史》卷2太宗十二年(1239年)长子出征,蒙哥征阿速,破其蔑怯思(Mekes)城。蒙哥次子阿速歹,当即生于是役军中。时蒙哥年32也。(3)蒙人命名,多取婴儿坠地时初见之物,阿速歹之名即取其所生之地也。

爱薛居画室之馆,为王姬傅父,其妻又本为高后之侍从,则其子阿实克歹之抚育于内廷,固无足异。阿实克歹妻追封制虽佚,据此制文,知其妻亦为皇室所赐予,则其人之身份,当与撒剌近似矣。

1246年爱薛东来时,年20,则其子于1259年宪宗巡蜀时,至多不过十一、二岁。制文"所欲则为之聚,为猷而必其成",必为后日事。

1283年爱薛副孛罗丞相西使,其子阿速歹当与之同行。爱薛事功较多,故制文仅言"载徒征于西域",阿速歹殆无甚勋业,姚牧庵特以西行事,实其制文耳。

建立波斯伊利汗(Il Khan)国之旭烈兀(Hülegü),为忽必烈之同母弟,故称其后人为"懿亲"。海都(Qaidu)阻兵北荒,察合台(Caghatai)后人附之,波斯与大都间交通因之断绝,所谓"致懿亲绝使于西海"也。

此人卒年,虽不得知,其作崇福使,要必先于野理牙后于爱薛也。

6.4 《秦国忠翊之弟巴克实巴
追封古哩郡恭懿公制》

……逃自叛王,弃其尽室。义定君臣之分,石可转而心靡移。思轻妻子之私,裙虽牵而首不肯。遣其归以万里,始克觐于九重,帝曰嘉哉,世所难者。故其赍赐之物,俄然充牣其庭。或为廷士于中,或将边兵于外,居无常所,至则有功。……封依兄国于拂林,兼位崇以二品。

古哩乃拂林之改译,有制文"封依兄国于拂林"之句可证。吾人于此,应感谢清代馆臣之潦草塞责,仅改题目。苟滴水未漏,尽变元音,则所谓"古哩郡"者,吾人又不知其为何地矣。

巴克实巴所脱逃之叛王,似为海都或东方叛王,不得为阿里不哥。盖阿里不哥与忽必烈争位时,巴克实巴尚不能逾 10 岁,乌能有牵裾之妻子乎?

1941 年 8 月 25 日于成都

（原载华西大学《中国文化研究所集刊》1941 年第 1 卷第 3 期）

7 关于西北民族史中的 审音与勘同

　　西北民族史料中,问题最多的恐怕是译名(人名、地名、物名、制度、风俗习惯的名称等等)了。就拿汉文史籍来说,或由于所根据的资料来源不同(如有的得自所记载的本民族,有的则是根据重译或三译),或由于编撰历史的人不懂民族语言,致使同名异译、前后颠倒、或脱或衍等等现象屡见不鲜。在传抄或印刷中,因译音用字形近而造成错上加错的例子,就更不胜枚举了。

　　清朝乾隆年间修《四库全书》,下令将辽、金、元三史及同时代文集中的少数民族的人名地名等统统改掉,《辽史》据索伦语(达斡尔语)改,《金史》据满语改,《元史》据蒙古语改。《元史》中的人名有译自蒙古文,也有译自阿拉伯文、畏吾儿文、藏文和他种文字的,不是蒙文而用蒙古文来改,就不免张冠李戴、指鹿为马了。如奥都剌合蛮是阿拉伯文 Abdar-Rahmān 的音译,意为"慈悲之奴仆",《语解》改译为蒙文温都尔哈玛尔(Ündür Qamar),意为"高鼻子";汪古部长名阿剌忽失,是突厥文 Ala Qush 的音译,意为"杂色鸟",《语解》改译为蒙文阿噜哈斯(Aru Qas),意为"山阴的玉石",完全是胡闹。同时因时代不同,读音也很有差别,用清代的蒙古语读音去改译元代的蒙古人名地名,也很不妥当。因此,《元史》被改得面目全非。当年汪辉祖、魏源等元史专家,或托辞"僻处草茅,未由仰见";或把自己著作出版的时间倒填日月,利用各种方法进行抵制。《续资治通鉴》用的就是改过的名字,标点本如果重版,应该统统改回来才好。三史还有未改过的本子可以依据,有些文集只剩下四库馆臣的改本,可就麻烦了。乾隆皇帝下令纂修三史国语解,目的别有所在,不过纂修者对于审音勘同却作了不少工作。可惜他们语言学的修养不足,方法又不科学,只体现了专制皇帝的横暴和对史籍的破坏而已。

研究民族史,第一步的资料工作,不光是搜集,还要考订。这就需要在音韵训诂上下一番功夫,尽可能将译名复原,弄清楚它的意义,然后才谈得上整理资料并利用它来为研究服务了。

要做好这一步工作:(1)必须具有一定的音韵学知识,懂得汉字的古代读音;(2)必须学习少数民族语文,懂得西北民族的语言规律;(3)还必须知道不同时代的翻译规则。

汉语的语音有一个发展变化的过程,不同的时代,不同的地域,汉字的读音有很大的差别。古人书中少数民族的译名,用的是他那个时代的读音。如果不辨明这些译名的当时读法,就无法准确地复原,当然更谈不上拿这些名称去和某一民族的语言作比较了。明朝研究古音的学者陈第在谈到后人读《诗》中存在的问题时说:"以今之音读古之作,不免乖剌不入。""乖剌不入"不过读着别扭,觉得不押韵,如果拿今日读音读古代少数民族译名,并据此去做比较研究,那就难免要隔靴搔痒了。

我国音韵学家把汉字分为两类,凡以鼻音 m、n、ng 收尾的字,称为阳声字。韵母中无鼻音成分的叫阴声字。与收声 m、n、ng 的阳声字相应的入声字,收声为 p、t、k,我们研究西北民族史进行勘同工作时,首先引起我们注意的就是这些收声 p、t、k 的入声字及 m 收尾的阳声字。

根据《广韵》,入声字中收声 p 的有"缉"、"合"、"盍"、"叶"等九韵,唐代西北民族文字的音节收声 b 及 p 的,必选这九韵中声音相近字对音,如突厥官名 Yabghu 音译为叶护,用汉文叶(yieap)字与 yab 对音,突厥文官名 Alp 意为英雄,汉文音译用"合"(hap)字对音。

入声字中"质"、"术"等十三韵的字,收声为 t,唐代民族语中音节有 d、t、r、l 收声的,用汉字音译时,均选用这十三韵中声音相近的字,如用设译 Shad(官名),汨译 qut(幸福),密译 mir(星期日),阙特勤译 Kül Tigin(人)。

入声字中收声 k 的是"屋"、"沃"、"药"、"铎"等十二韵的字,当时用以译写民族语中音节有 q、gh、k、g 收声的字,如 Tutuq 都督,Toghla 独

·欧·亚·历·史·文·化·文·库·

乐(河名),Beg 匐(官名),Bökli 莫离[支](官名)。唐代點戛斯有个属部名都波,有人望文生义说都波就是北魏的拓跋,须知拓跋的音值是 tʻak-bʻat,都波是 Tuba,根据唐代音译规律,拓拔与都波对音是不可能的。

突厥字中第一音节为 is 或 iz 时,汉文音译常省略第一个元音字母 i,如始波罗(Isbara)、思结(Izgil)等。

民族语中收声为 m 的音节,汉译用 m 收尾的"侵"、"寝"、"沁"等二十七韵中的字对音,如隋唐以来的拂菻一词,东西学者都知道是东罗马,至于原字是什么,二三百年来猜谜的不下十余家,有人不做审音工作,竟用 Bolin(希腊人的罗马京城的称呼)、Farang(波斯人对欧洲人的称呼)等字与拂菻勘同,是望文生义瞎猜的。唐代西北方言读拂菻为 Pʻurlim,本世纪初在突厥文阙特勤碑中发现 Purum 一字,拂菻的勘同问题才解决了。

元代阳声字中的收声 m 尚保存着,所以元人用三(sam)字译写三合出来(Sam Qācūlai)的 sam,用和林的林(lim)字译 Qorum(和林)的 rum。

唐朝末年,吐蕃有两个显贵氏族,一个是 Myaṅ 氏,一个是 Mchims 氏。曾有人考订 Myaṅ 氏就是《唐书》记载的綝氏,Mchims 氏就是璨氏。查《广韵》,綝字在"侵"韵,丑林切。粗略点讲,音值为 chim。藏文史籍中的 Mchims 氏,显然是《唐书》中的綝氏;"侵"韵中綝、琛两字同纽,所以《唐蕃会盟碑》中的琛氏,藏文正作 Mchims 氏。璨字属去声"翰"韵,音值为 tsʻan,不仅声母不同,韵母的收尾也不是 -m。

我国西北少数民族,多属阿尔泰语系,这个语系的最大特点是元音和谐律。就唐代突厥文讲,突厥语有 a,ï,o,u4 个后元音,e,i,ö,ü4 个前元音,但只用 ♪、↑、〉、𝅘 4 个符号表示。在辅音方面,b,d,l,n,r,s,t,y,8 个辅音用两套符号表示,一套只和后元音(a,ï,o,u)拼写,另一套只和前元音(e,i,ö,ü)拼写,非常适合元音和谐律的特点,另外 q,gh 两个辅音只和后元音拼写,k,g 只和前元音拼写,现代蒙古文还保存着这个区别,此外 m、ñ、n、č、š、z 等辅音不分对。至于突厥文中双辅音以及其他若干特殊情况,在此就不赘述了。

一般人称蒙语的后元音词为阳性字,前元音词为阴性字,从清季洪钧起,由于缺乏这点语言常识,不少学者在译音用字方面往往陷于困惑的境地。

光绪年间,洪钧出使俄国,正值拉施都丁《史集》的一部分俄文翻译和霍渥斯(Howorth)的英文《蒙古人史》出版,他请人帮助翻译出来,著了一部《元史译文证补》,使中国学者知道了国外还有如此丰富的元史史料,扩大了元史研究的领域,自然是很大的贡献。但他缺乏蒙古语言知识,不知道蒙语中的元音和谐律,对于译音用字常常产生迷惑和误解。例如他译 Negüz 为脑古,就以为是脑忽,说:"元史名脑忽者甚多,西人译忽字音,每讹为古,为库。"其实脑忽的原文是 Nāqū,而 Negüz 元代译为捏古思,一个是阳性字,一个是阴性字,是不能混淆起来的。他说:"西人译'黑'字每重读成'克'。""豁之变郭,犹哈之变喀。"当时西人音译用字不科学,使他陷于困惑误解之地。后来柯劭忞著《新元史》、屠寄著《蒙兀儿史记》,也利用了一些西人所译的元代史料和著作,但他们全然不顾蒙古语的语音规律,随便创制新译名,是很不科学的。屠寄还爱做考证,由于译名不正确,他的考证很多是靠不住的。

总之,利用民族史料,第一步就需要做一番审音和勘同的工作。其他文字的史料也有同样的问题。例如,大家知道,拉施都丁《史集》是研究蒙古史和元史的最重要的资料。但这部波斯文名著在传抄过程中由于音点的脱落或错位等原因,造成不少错误和无法解读的情况,因此翻译时就必须进行大量审音勘同等校勘工作。例如俄译本虽自称是根据七种抄本作了校订,但错误却仍然满目皆是,暴露了译者的语言学修养不足和对汉文史料的不熟悉。如距和林城 30 里的图苏湖城,《元史·地理志》称为图苏湖迎驾殿,《史集》布洛晒刊本页 50 及 69 均作 Tuzghu,这是个突厥字,意为"客人的礼品",可是 1960 年的俄译本(Ⅱ,51、54 页)却根据音点脱落的本子(z 的音点脱落成 r)译成 Typry 城,Typry 成为无意的字了(蒙文 Tusuqu 意为迎接)。和林之北的迦坚茶寒殿(见《元史·地理志》)是蒙文 Gegen Chaghan 的音译(意为"洁白"),《史集》俄译本却误作 Карчаган,就无意义了。柯劭忞修《新元史》曾使用《史集》的哀德蛮(Erdmann)的德文译本,由于原本音点脱落或错误,哀德蛮的译音多不可信。如雪尼惕(Sūnīt)译写为 Suweit,合卜秃儿合思(Qābtūrqās)译写为 Kabteren,柯氏以为这是域外新材料,在《氏族表》中雪你台之外,又增加了一个苏威亦忒,合卜秃儿合思未列表,却著录哀德蛮错译的喀泼德伦和多桑错译的喀亦伦(Caironnes),这就叫读者堕入五里雾中了。由以上所举的例子来看,如果不用汉文与波斯文细心校对勘同,《史集》中的大量专门名词,就很难译写正确,译文只算译书匠的工作,就缺乏学术价值了。

冯承钧译《多桑蒙古史》,序言中提出要做到名从主人,要了解北方民族的语言,要明白汉字的古代读音。他翻译过不少西方专家研究元史、北方民族史的论文,有很好的语言学基础,在《多桑蒙古史》的译文中,也的确注意到了蒙语的变化规则,译音用字也尽可能地符合于当时的读音,比前人确是前进了一大步。但看来他对元音和谐律似乎也不甚注意,因而在译名的复原和解释中,还存在不少问题未能解决。例如他解释阿里不哥(Ariq-Böge)为"洁净牛",牛的蒙古语为 Buqa 是后元音字,元代译为"不花","不哥"(Böge)意为"巫",是前元音字,不花与不哥是性质和意义不同的两个字。

各个时代的汉文史籍中,用什么字译写民族名称的什么音,都有一定的规律,这是和当时汉字的读音以及少数民族的语言相适应的。不严格注意这一点是不对的。例如屠寄的书名为《蒙兀儿史记》,创造了一个"蒙兀儿"来译写 Mongghol,这在元代是根本不可能有的译法。儿字在唐代西北方言中读为 ʐi,到元代才读 er,才开始用儿字来译民族语言的 r 音,如畏兀儿(Uighur)、密昔儿(Misr)、帖木儿(Temür)等。至于 l 在一个音节的末尾,或转为 n,如算端(Sultan),忽邻(Quril),或保存 l 的音,如 Boghol 译为孛鲁,Achul 译为阿术鲁,Emil 译为叶密立,即 l 与其前的元音字母拼读一下,从不用儿字,在这里不再详谈了。所以"蒙兀儿"的译名,是昧于音韵学的虚构。

过去一般历史家通用"伊儿汗"3 字,译写旭烈兀及其继承者的称号 Il-Khan。il 是突厥语"臣属"、"服从"的意思,唐时译为"伊利",元代汉文记载中没有找到这个字的译名,但 il 绝不可能译成"伊儿"。

各民族之间的互译,也有一套规律。例如蒙古族人译藏族字遇到字首辅音为 r 或 gr 时,须将 r 后的元音放到前面去重复读。如蒙古人将藏语 Rin-Chen(大宝)读为 Irin-chen,因而汉文译为亦邻真,Phag-mo-gru 汉文译为帕木古鲁,就是好例。有人把斡罗思名城也烈赞(Ряэань)改译为烈也赞,便是自作聪明,昧于音译规律所致。

以上说的都是技术性的问题,对研究西北民族历史来说仅仅是初步的工作。

（原载《南京大学学报》1978 年第 3 期）

8 所谓"亦思替非文字"
是什么文字

　　夏鼐按：近年来在内蒙古达尔罕茂旗阿伦苏木曾陆续发现汪古部旧地墓群的景教徒墓碑，是用古叙利亚文字母拼写突厥语言。最近在呼和浩特市附近的丰州城址内辽代"万部华严经塔"的游人题记中也发现有这种文字。李逸友同志认为这便是《元史》中的亦思替非文字（《文物》1977 年 5 期，第 55 页；又《文物考古工作三十年》1979 年版，第 82 页）。我读后取《元史》有关资料查对，觉得这种文字当时并非回教世界的通行语，并且既是突厥语，应归蒙古学，不应归回回学。我曾去函请教于元史专家韩儒林教授。他告诉我这种亦思替非文字"可能就是波斯文"。现将他的来信摘录如下：

　　元朝初期，版图广大，国中通行蒙古文、回回文、汉文 3 种文字，"回回文镇海（Chinqai）主之，汉文移剌楚材主之"（《黑鞑事略》"其事书之以木杖"条）。在某些场合，填写表册（如马驹数目），还要"造蒙古、回回、汉字文册"。[1] 因此元朝政府的重要机关，都设有回回掾史、回回译史、回回令史等官职。

　　回回文虽然这样重要，可是至元二十四年（1287 年）麦术丁建议学习亦思替非文字时，精通的人已经不多了（《通制条格》卷 5，页 21"亦思替非文书"条）。所以元世祖在先后设立蒙古国子学及汉文国子学以后，又于至元二十六年（1289 年）设立回回国子学。设置回回国子学的时候，"尚书省臣言：'亦思替非文字宜施于用，今翰林院益福的哈鲁丁能通其字学，乞授以学士之职。凡公卿大夫与富民之子，皆依汉人入

──────────

〔1〕脱脱：《元史》，中华书局标点本，第 2554 页。

学之制,日肄习之。’帝可其奏"(《元史·选举志》"学校"条),于是"翰林兼国史院……置官吏五员,掌管教习亦思替非文字"(《元史·百官志》)。仁宗延祐元年又"别置回回国子监学,以掌亦思替非官属归之"(同上),由此看来,教授与学习亦思替非文字是在回回国子学、回回国子监中,而益福的哈鲁丁及麦术丁又都是回回人的名字,这就自然地叫人得出这样的结论:亦思替非文字是与回回人分不开的。那么这种亦思替非文字究竟是什么语言呢?

我们知道回历最初 3 个世纪,在整个广大的穆斯林世界,阿拉伯语差不多是一切散文作品的语言,自回历第四世纪起,波斯语逐渐成了穆斯林世界东部的书面语了。[1]

1246 年迦尔宾携教皇书,觐见贵由可汗,接待他的大臣是基督教徒镇海等 3 人,贵由复教皇的信,正本是蒙古文,同时又译为拉丁文及回回文(Saracene,参阅《迦尔宾游记》1930 年 Friedrich Risch 德文译本,页 255)。我怀疑这封复信的回回文译本,可能就是主管元朝政府回回文书的镇海写的。1920 年这封回回文复信在梵蒂冈档案中发现,印玺是红色蒙古字,信的开端是突厥文,信的本身是波斯文。[2] 看来镇海所主管的回回文,应即当日回教世界东部通用的波斯文。那么在回回国子学、国子监中所讲授所学习的亦思替非文字,可能就是波斯文。

(原载《文物》1981 年第 1 期)

---

〔1〕巴托尔德:《蒙古侵略时期的突厥斯坦》,第 1、2 页。
〔2〕伯希和:《蒙古人与教廷》,第 12 页与 13 页之间有波斯文原信的影印插页,第 15 页至 21 页是印刷体波斯文及法文译文。

9 读《史集·部族志》札记

9.1 绪言

自从洪钧的《元史译文证补》出版后,中国的元史史料另辟了一个新天地,洪氏之书顿成为中国蒙古史家案头必备的书籍。不过,洪氏在元史学上的功绩虽然很伟大,带来的弊病却也不小。近代中国第一流的学者如屠寄、柯劭忞、王国维等,只因太凭信了洪氏私改的译音和擅自删节的译文,以致陷入泥淖,元史研究的进步也因之受到阻碍。

就蒙古部族研究而言,拉施特《史集·部族志》是比《元史》更为重要的史料。不过,拉氏书的翻译却不是轻而易举的事,因为在翻译之前,必须先把书中著录的部族名、人名、地名一一认识清楚,方能了解每个名称的意义和价值。别说如洪氏那样的删节和改译要不得,即使译书匠们如实地逐字逐句译出,如不加考订,亦无足取。

洪钧似曾由贝勒津俄文译本将《部族志》译出,作《蒙古部族考》一篇,可惜他身前未曾脱稿,死后此篇文稿不幸佚失。[1] 柯劭忞在著他的《新元史》时,曾托人复译该篇,他的《新元史考证》第 1 卷第 1 页有一条小注说:"部族考译史有目无篇,劭忞据未译本辑补。"其《译史补》已由北京大学出版社印行,但决非直接从《史集》译出,而是由一种或数种近世著作译出的。根据其中的错误译名,与多桑、贝勒津、哀德蛮等人的著作对校,并参阅里施之《卡尔平尼行纪》(德译本)注(页 108)及巴托尔德之《中亚突厥史十二讲》(页 151),可断定柯氏译文系从哀

---

[1](补注):洪氏于《太祖本纪译证》中曾多次引述拉施特氏族考,足见此篇已有译稿,唯是否作考不详。

德蛮的《不动摇的铁木真》中摘译出来的。

《史集·部族志》著录蒙古的部族名称差不多有 100 种。我们研究这些部族的第一个问题是：某一个部族是中国史料中的哪一个部族？质言之，它能不能在汉文史料中"证合"（identifier）。这些部族有的有许多写法，有的只有一个写法，有的一望而知其汉文的对音，有的经东西学者的考证方才认识出来，有的至今还没法证合，有的汉文史料中怕是向来未曾著录过，统计起来，已经证合的已不下十分之七八了。

在前辈学者曾经研究过的部族名称中，有的考错了，有的虽然考出，然因史料不足，尚未证实。我在本文中打算在这些地方予以补正。对于若干未经证合的，也想试为解决。至于西方学者的若干误读，亦就便予以纠正。其不可知者，则仍然阙疑。

我所根据的基本材料，第一是贝勒津（И. Береэин）校订的《史集·部族志》波斯文原书（《俄国皇家考古学会东方部丛刊》第 7 册，圣彼得堡，1861 年出版，简称"贝本"）；第二是哀德蛮（Franz von Erdmann）的《古突厥，塔塔儿及蒙古民族概况》（喀山，1841 年出版，为部族志的德文节译本，简称"哀德蛮书"）；第三是多桑（d'Ohsson）《蒙古史》（海牙—阿姆斯特丹，1834—1835 年出版，简称"多桑书"）的引文；第四是哈默（Hammer-Purgstall）的《伊利汗国史》（达姆斯塔特，1842 年出版）的引文。此外，霍渥尔士（H. Howorth，旧译郝华）《蒙古人史》（1～3 卷，伦敦，1876—1888 年出版）有关蒙古部族的内容，系抄自哀德蛮书，亦在参考之列。

中国方面，则有洪钧、柯劭忞、屠寄、王国维诸前辈学者的著作，启迪良多。可惜他们为时代所限，未能直接利用回教史料，仅赖西人译文之重译，故不能无误。文中有所指摘，非敢龂龂前人，盖为求得史料之真面目也。

9.2 部族的分类

蒙古初期部族的分类，在汉文史料和穆斯林史料中，本来皆"古已有之"，只因近来柯劭忞及屠寄二家轻信译文，遂致本无问题的事，又发生出若干纠纷来。

《新元史》卷28《氏族表》序云："蒙古氏族凡阿兰豁阿梦与神遇生三子之后，为尼而伦派，……其余为都而鲁斤派，亦称塔亦斤派，……皆为黑塔塔儿。非蒙古人而归于蒙古者，曰札剌儿氏、苏畏亦忒氏、塔塔儿氏、蔑儿乞氏……皆为白塔塔儿。曰乌拉速特氏、帖楞格特氏、客斯的迷氏、林木中乌梁黑氏，皆为野塔塔儿。盖拉施特所述蒙古支派如此。"

《蒙兀儿史记》于部族分类无见明文，唯卷153《氏族表》札剌亦儿氏条下注云："白塔塔部族也。尼伦派、多儿勒足派皆纯粹蒙兀种，通称之曰黑鞑鞑。至今尚称外蒙古曰喀尔喀，即黑之意。其似蒙兀而非蒙兀者，则称白塔塔以别之，亦称白鞑鞑。"又谓"兀儿速惕氏、田列克惕氏、客思的迷氏，皆野塔塔儿部族也"。

依柯氏之说，这种分法是出自拉施特书。屠氏虽未明言所本，但其书中屡言柯侍讲译部族考云云，足见其曾见柯氏译稿，其说当亦根据柯氏译文。我们知道柯氏的译文系由哀德蛮《不动摇的铁木真》一书译出的，予在流离中虽未能参考此书，然由他书所引用的部分看来，已足证其中至少有一部分是糅合穆斯林史料和汉文史料而成的。巴托尔德说："中国人分鞑靼人为三部：白鞑靼，南部与中国紧邻；稍北为黑鞑靼；更北为野鞑靼，蒙古人称之曰林木中百姓。"[1]里施的《卡尔平尼行纪》注（页108）引哀德蛮书（页168）说，他根据拉施特的分法是：(1)白鞑靼或狭义的鞑靼，札剌儿、Suweit、塔塔儿、蔑儿乞、秃马惕等属之；(2)黑鞑靼或狭义的蒙古，为成吉思汗所从出；(3)由世袭的君主在本地统治的部族，克烈、汪古、畏兀儿等属之。按里施之说的错误与柯氏同，盖拉施特书实无白鞑靼、黑鞑靼之分。这种黑、白、"野"的分法，其实是南宋末年人的著作中所常见的。赵珙《蒙鞑备录》说：

> 鞑靼……其种有三，曰黑、曰白、曰生。所谓白鞑靼者，容貌稍细，为人恭谨而孝……所谓生鞑靼者，甚贫且拙，且不能为，但知乘马随众而已。今成吉思皇帝及将相大臣皆黑鞑靼也。

---

〔1〕巴托尔德：《中亚突厥史十二讲》，第151页。

李心传《建炎以来系年要录》亦有黑、白、生之说,但其分类之法与赵珙不同。李氏谓:"近汉地者谓之熟鞑靼,……远者谓之生鞑靼;所谓生者,又有白、黑之别,今忒没真乃黑鞑靼也。"

今将柯氏译文及巴托尔德、里施所引哀德蛮书与赵珙、李心传二书相比较,其部族分类的说法恰为相同。《蒙鞑备录》于 1857 年已由俄人瓦西里耶夫译为俄文,[1]哀氏之书成于 1862 年,已及见之,故吾人知出于哀氏书之柯氏译文中的黑、白、"野"三种并列的分法,本为中国旧说。柯氏以出口的国货为 14 世纪波斯史家之说,未免是张冠李戴了。

拉施特书之《部族志》分 4 篇,一为乌古思汗后裔及亲族诸部;一为今称蒙古而往昔各有其本名之诸部,有札剌儿、塔塔儿、蔑儿乞等;一为各有君主之诸部,有克烈、汪古、乃蛮等;一为往昔即称为蒙古之诸部,又分迭列列斤、尼鲁温两类,后者即阿兰豁阿感天光所生三子之后裔。据此益证西人所谓黑、白、野之分乃出自中国了。

9.3 札剌儿(Jalair)

《元史·太祖本纪》亦作押剌伊而(Yalair),这与《元朝秘史》的主儿勤(Jurqin),《圣武亲征录》的月儿斤(Yurqin)一样(他书主字尚有作岳、禹、要的)。在畏兀儿字蒙古文中,J 和 Y 两辅音系用同一字母表示。

屠寄说,札剌儿之"儿,亦作仑,助词"。[2] 按《秘史》的札剌亦仑乃蒙文 Jalair-un 的音译,意谓"札剌亦儿的",仑乃 r-un 的连续,非另有别种读法也。屠氏又舍秃马惕(Tumat)之名不用,而采用秃马敦(Tumat-un)为部名,其误解正与此相类。

《史集》记载札剌儿的分族凡十种,据我们所知,现在能用中国史料证合,决定其写法与读音的,才只有 3 种或 4 种。其余的应该如何

---

〔1〕瓦西里耶夫(A. Васильев):《10—13 世纪中亚东部的历史和古迹》之《附录:有关契丹、女真和蒙古的汉文史料译文》,圣彼得堡,1857 年出版。
〔2〕屠寄:《蒙兀儿史记》卷 153《氏族表》。

写、读,尚难决定。

(1)察哈。札剌儿的第一个分族。贝勒津刊本作 Jāit,他本有作 Jat 的写法。在《史集》诸写本中,J 和 Ch 写法往往不分,都只著一个音点,读它为 J 或 Ch 都无不可,所以我们可将这个分族读为 Jait(或 Jat),也可读为 Chait(或 Chat)。

蒙古初期勋名最著的木华黎,便是这个分族的人。他的本传(《元史》卷119)虽没有举他分族的名称,可是他的族孙忙哥撒儿传(《元史》卷124)却明言是察哈札剌儿氏。《史集》将这两个人都列入 Jait(Jat)～Chait(Chat)分族,足见此名可与《元史》之"察哈"证合,应读作 Chāt,为蒙语 Chaqat(Chaqan 之复数形式),此言"白"。

《蒙兀儿史记·氏族表》此分族名译作察哈惕,但又加注云:"亦曰朱邪惕,以居近沙陀,故称。"这是因为他不知 Jait 当读为 Chat,并以 Jait 与朱邪音近,遂根据《新五代史·唐庄宗本纪》中的"自号曰沙陀而以朱邪为姓"这句话,自己独造出来的。

(2)脱忽剌温。贝勒津刊本作 Tūqrāūt。前人根据多桑《蒙古史》的写法 Toucraotun,已与《秘史》第120节的脱忽剌温证合了。贝本的写法,则与《秘史》第213节的脱忽剌兀惕相应,为同一分族名的复数形式。

(3)Qngqāūt?

(4)Kūmsāūt?[1]

以上两分族名,我们还不能决定其写法和读法。

(5)Ūyāt《蒙兀儿史记·氏族表》译作兀勒野惕,注云:"蒙兀语榆曰乌里雅。"我们知道蒙古西部重镇乌里雅苏台,意为"有杨柳",蒙文 Uliasu 译言"白杨"。屠氏根据了蒙文的"杨"字(非"榆"字),在此分族名称上擅加一"勒"字音,又在 uliasu 上擅去一 su 音节,用这样的方法来求 Uyat 族名与 uliasu 对音,此真所谓"削足适履"了。

(6)Nilqān? 他本有作 Bilqān 者。此分族名亦无法定其写法和读法。屠寄根据多桑书的写法 Bilcassan,音译为不儿合敦,并注云:"蒙兀

---

[1]补注:伊斯坦布尔本作 kūmāūt。

语柳有曰布尔哈图。"按布尔哈图译写为 Bürqa-tu,此与多桑书之 Bil-cassan 已相差甚远,何况此名尚有他种写法(如 Nilqān),以之与 Burqa-tu 相较更毫无类似之点了。

(7) Kürkin? 读、写均不能定。

(8) 朵郎吉《史集》札剌儿分族 Tōlāngqit,已经洪钧证合,即《元史·太祖纪》及《圣武亲征录》之朵郎吉(《元史译文证补》卷 1《太祖本纪译证上》)。《蒙兀儿史记·氏族表》:"搠只钞鲁罕,朵笼吉儿歹札剌亦儿氏",注云:"按朵郎吉即秘史蒙文续集之朵笼吉儿歹兵。"此说甚是,惜未加说明。盖蒙古族名的复数,用 t 用 s 用 r 本来不是一定不易的,Dolangqit 与 D-olangqir 实为一字;朵笼吉儿歹与《辍耕录》之札剌儿歹、答答儿歹的例子一样,乃是在部族名后加上一个 -tai 后缀,把原字变成形容词,王静安谓拉施特之"朵郎古特,即《秘史》(137 节)之帖列格秃亦作帖列秃,……盖帖列格秃巴颜即以帖列格秃之地为名,而朵郎吉札剌儿氏又以帖列格秃巴颜之名为氏"(《圣武亲征录校注》页 26)。此说则绝不能成立。第一,就音理上讲,Dolangqit 之 o 及 a 皆属施密德所谓之"第一类母音"(I. J. Schmidt, Grammatik der Mongolischen sprache, S. 6),而帖列格秃复原为 Telegetü,其母音 e 及 ü 皆属第二类,两者全然不同。第二,就氏族讲,帖列格秃巴颜之长子古温兀阿(《元史》作孔温窟哇)乃木华黎之父,次子赤老温孩亦赤(《元史》作赤老温恺赤)乃忙哥撒儿之曾祖,属于札剌儿分族察哈氏。说朵郎吉分族是以察哈分族人帖列格秃巴颜之名为氏,显然是不可能的。

(9) Tūrī? 他本有作 Būrī 者,写、读难决。

(10) Sangqūt。S 他本多作 Sh。此分族名他处均未见。惟《蒙古源流》著录了一个部族名 Singqor(Schmidt 本页 186 末行),汉文译本音译为星和尔(《笺证》卷 6 页 4 上),或者就是 Sangqot 的异写(蒙古部族名的多数用 r 或 t 非一定不易)。沈乙庵说星字"疑为畏字之误",则是单从汉文字面上猜测,误认此部为畏兀儿的错译了。

9.4 塔塔儿(Tatar)

塔塔儿之名,首见突厥文阙特勤碑(732 年)。在汉文史料中,则唐会昌二年(842年)李德裕撰《赐回鹘嗢没斯特勒书》始见著录,作"达怛"。[1]

《秘史》所著录的塔塔儿分族有六七种,不过我们还不能据之与《史集》所载的一一证合。《史集》著录的塔塔儿分族有6种。

9.4.1 脱脱里

贝本塔塔儿第一分族之名作 Tūtūqliūt;多桑书译作 Toutou-calioutes。这个分族名称的写法,诸书虽不尽同,然亦无大差异。Tutuq 即"都督"之音译,突厥碑文中常见此官号,盖自汉语移入者。Tutuqliut 系 Tutuqliq 之复数,意即"都督之民"。柯译作土黑里均忒(《新元史·氏族表》),失去 -tu 音,不尽合。屠敬山谓塔塔儿相传有8种,其一"都答兀惕,多桑作秃秃合赤兀惕"(按:"赤"应作"里"),是以此分族与《秘史》(153节)之都塔兀惕塔塔儿(Duta'ut tatar)比对。这很有可能,然对音尚不完全吻合,疑《秘史》都塔兀惕当读为 Tuta'ut,为 Tutu'ut 之讹,如此始与《史集》符合。

元宪宗时燕京大断事官布智儿为"蒙古脱脱里台氏"(《元史》卷123本传),又太宗时探马赤军五部将阔阔不花为"按摊脱脱里氏"(《元史》卷123本传)。《蒙兀儿史记·氏族表》:"布智儿,塔塔儿氏","阔阔不花,阿勒坛塔塔儿氏",是屠氏以"脱脱里"为塔塔儿之异译。但这种异译的情况决无可能。《元史》之"脱脱里",倒可与《史集》所载塔塔儿分族之 Tutuqliut(单数 Tutuqliq)比对,盖 o 与 u 在蒙文、波斯文中都是用同一字母表示。然而布智儿,阔阔不花是否塔塔儿部人,尚无明证。[2]

9.4.2 按赤(阿勒赤)

贝本作 Anji,当读为 Anchi,他本多作 Alchi。此即《秘史》(153节)之阿勒赤塔塔儿(Alchi tatar),《亲征录》作按赤塔塔儿。蒙文 l 在汉文

---

[1](补注):穆斯林史料中,Gardizi(成书于1050年前后)列 Tatar 为 Kimak 七部之一。见 Minotsky(译注),Hūdū al-Ālam,第304页。

[2](补注):伯希和、韩百诗《圣武亲征录译注》(Pelliot te Hambis, *Histoire des Campagnes de Gengis Khan*, pp.7,274–275),谓此书载蔑儿乞部有一脱脱里氏,《史集》作 Tōdāqlin(> tutuqliq),与塔塔儿之第一分族同名。布智儿、阔阔不花当是此蔑儿乞之脱脱里氏,而非塔塔儿人。

中常变为 n 音,元代"按"字可译 an 和 al,这不是出规的,然而在波斯文竟亦有此现象,殊令人惊异。《新元史·氏族表》将此分族名误译为阿儿哥,屠敬山乃谓"柯译脱此",然而他又将柯氏误译之阿儿哥比定为《秘史》之阿鲁孩塔塔儿(153 节),说此两名"音近",是将错就错,强为之解了。

9.4.3　察罕

贝本 Jaghan,诸本均同。应读为 Chaghan,即《秘史》(153 节)之察阿安塔塔儿(Cha'a'an tatar)。柯译作"察斤",误。《蒙古源流》(Schmidt,页 204 原文;《笺证》卷 6 页 16 下)载"巴延达喇(Bayandara)壬寅年(Sim bars yil,1542)生,占据察哈尔之察罕塔塔尔而居",《明史》卷 233《李成梁传》:"万历十八年(1590),卜言台周黄台吉、大小委政结两部叉汗塔塔儿,深入辽沈海盖",可见此部族名在 16 世纪尚存。

9.4.4　Kūyin?

贝本作 Kūīn,多桑书作 Couyin,哀德蛮书作 Guisin。柯译"古亦辛",显系出自哀德蛮书。《蒙兀儿史记·氏族表》作"贵由",注云:"见多桑书,郝华(Howorth)重译作古亦辛,辛犹思,助音,可省。"按"贵由"(Güy-ük)与 Kuyin 之音不相类,将"辛"(sin)强解为复数语尾之 s 亦不确,屠氏之说不可从。但目前我们还不能决定这个分族名的写、读。[1]

9.4.5　Tarāt

贝本此分族名作 Narāit,哈默(Hammer)本作 Terāb,多桑书作 Terate,哀德蛮书作 Nezait。《新元史·氏族表》塔塔儿条译为"讷札特",显系出自哀德蛮书。《蒙兀儿史记·氏族表》塔塔儿分族"贵由"条下注云:"多桑书又有朵剌台,郝华(Howorth)书无之;而郝华书有一种曰讷赛亦惕,柯译作讷札特,多桑书亦无之,岂即朵剌台之本称乎?"按《史集》诸写本,此分族之名多作 Narāit 或 Tarāt,哀德蛮书之 Nezait,z

---

〔1〕(补注):伯希和、韩百诗《圣武亲征录译注》(第 8 页)云:"贝勒津译本《部族志》著录一河名 Kūyin 无疑应读为 küyiten。此处之 Kuyin-tatar,同样亦可为 Kuyiten-tatar。"《秘史》第 58 节载有塔塔儿人阔湍巴剌合(Koton baraqa),《黄金史》写本正是作 Kuyiten barqa baatur。

85

显然系 r 之讹(波斯文 z 与 r 仅一音点之差)。Howorth 照抄哀德蛮,柯劭忞因之,由于西人一音之误差,遂致我们的前辈纷纭莫辨,殊堪叹惜。

日人箭内亘《鞑靼考》据塔塔儿部之居地与辽代敌烈同,遂以多桑书著录之 Terate,即《辽史》之敌烈(又作迪烈得、迭烈德等),《金史·宗浩传》之迪列土。他并认为贝本之 Narāit,第一字母 n 应作 t(波斯文 n 与 t 亦只一音点之差),此分族名当从贝氏所举他本作 Tarāit(Tere-it)。此说甚有价值,然而箭内氏又将此族与《秘史》(第 53 节)之备鲁兀惕勘同,以为蒙文 b 与 t 形近,转抄和汉译而误 t 为 b,这就不能成立了。[1]

9.4.6 Barqūī?

此分族在多桑书中有两种译法:Bercoui 和 Tercoui,哀德蛮书则作 Yerkui。柯译也儿忽依(《新元史·氏族表》),系出哀德蛮书。《蒙兀儿史记·氏族表》主因条阿亦里兀惕下注云:"郝华书作也鲁忽依,柯侍讲《新元史》作喀依伦,皆重译之音差。"他在塔塔儿条阿亦里兀惕下又注云:"(柯译于)此处译音如也鲁忽依,与郝华书正相同,尤近《秘史》。"是屠氏既以 Howorth 照抄哀德蛮书之塔塔儿分族 Yerkui 为《秘史》之阿亦里兀惕塔塔儿,复以柯氏误译之"苏畏亦特"(系据哀德蛮书 Suweit,实应作 Sunit = 雪你惕)分族"喀伊伦"(系据多桑书 Caironnes,实应作 Qabturqas = 合卜秃儿合思)为此分族之异译。屠氏在同条备鲁兀惕下注云:"多桑书作备鲁古亦,音最近,郝华书无此族",则又将多桑书之 Bercoui 比定为《秘史》之备鲁兀惕。柯氏所译"喀伊伦"族名之误,予已于合卜秃儿合思条下辨明,兹不再赘。[2] 此处 Howorth 书(本于哀德蛮书)之 Yerkui 和多桑书之 Bercoui,实为《史集》所载同一塔塔儿分族名之不同译法,由于西人之误译,屠氏乃歧而为二,分别比定为《秘史》之阿亦里兀惕和备鲁兀惕,显然不当。

---

〔1〕(补注):伯希和等《圣武亲征录译注》(第 3 页)谓,备鲁兀惕当复原为 Buĭru'ut,为 Buiruq 之复数,此言:"梅录(突厥官号)之民。"

〔2〕参见韩儒林:《蒙古氏族札记二则》,载华西大学《中国文化研究所集刊》1940 年第 1 卷第 2 期。

我们以为哀德蛮之 Yerkui,据《史集》各种写本及多桑书校对,首字 Y 应为 B 之误(波斯文 B 多一音点即为 Y),多桑书另一译法 Tercoui 之 T,亦应为 B 之讹;其尾音之 i,与 t 形近,或者是 t 之误。据中文史料定其音读,由此分族之名当做 Beruqut,即《秘史》之备鲁兀惕。[1]

　　[陈得芝附记:1939 年下半年,鸿庵师羁留云南昆明期间,从中央研究院图书馆觅得拉施特《史集·部族志》之贝勒津波斯原文校订本,托人抄录全文,研读数过,随作札记数十则,拟著《拉施特史集部族志研究》,分上、下篇,上篇为《部族名称的研究》,下篇为《诸部人物的研究》。此后费数年之功,时作时辍,写就此文,积稿盈箱,随身携带,不幸于 1949 年 2 月自台湾归回大陆时,在上海外滩码头,连皮箱为小偷盗去。解放后,曾打算重起炉灶,迄未能实现。鸿庵师谢世后,从遗稿中找到他在昆明所写的《读史集部族志札记》手搞一本,内有《研究》之"绪言"及若干部族名称考证的草稿,其中个别条目已写成单篇文章发表,如《雪你惕与合卜秃儿合思》,大部分则从未刊布。《札记》虽作于四十多年前,但有些研究心得尚为后出的论著所不及,故仍可供研究蒙元史者参考。今从原稿中选录一部分,整理发表。文末"补注"皆整理者所加。伯希和、韩百诗所著《圣武亲征录译注》(1951 年莱顿出版)对蒙古部族有许多精辟研究,间或有为鸿庵师所未及或意见不同者,亦简要摘出纳入补注。]

　　　　　　　　　　　　(原载中华书局《元史论丛》第三辑,1985 年)

---

〔1〕(补注):伯希和试图将《史集》Barqūi 读为 Narūqai,并以之恢复《秘史》(153 节)阿鲁孩(Aruqai 或 Aluqai)原貌,盖此字蒙文 n 缺一音点,其首音即为 a,这种情况在古蒙文手稿和碑刻中常见,如 Nisapur 在《秘史》(259 节)中即作 Isapur(芝按:首字 n 脱落音点,即变为零声母)。见《圣武亲征录译注》第 8－9 页。

·欧·亚·历·史·文·化·文·库·

10 突厥蒙古之祖先传说

近世东西学者如柯剌不罗特(Klaproth)、[1]霍渥斯(Howorth)、[2]华而甫(Wolff)、[3]洪钧、[4]屠寄[5]及陈寅恪先生等对于突厥、蒙古起源之传说,均有所研究。而最早对此传说进行分析者则为清代蒙族学者博明。其家藏抄本《蒙古世系谱》之按语云:"苍狼白鹿之说,久著史册,此则援蒙古以入吐蕃,援吐蕃以入天竺。"嗣后陈先生著《〈彰所知论〉与〈蒙古源流〉》一文,分析愈精,更进一步指出突厥、蒙古之祖先传说,又援突厥、蒙古以入大食,以入夫余、鲜卑矣。[6]唯本文主旨,止在于分析《蒙古源流》及《彰所知论》中所含之共同成分,至于蒙古起源传说中所增加之突厥和回教国材料,仅顺便提及而已。今杂采东西旧史若干种,以探讨突厥、蒙古祖先传说之演变,及其传说承受希伯来、天竺及吐蕃之痕迹,或亦为治塞北民族史者所乐闻欤?

10.1

《史记》卷 123《大宛传》云:

> ……乌孙王号昆莫,昆莫之父,匈奴西边小国也。匈奴攻杀其父,而昆莫生,弃于野,乌嗛肉蜚其上,狼往乳之。单于怪以为神,而收长之。

---

[1]柯剌不罗特:《亚细亚史表》(*Tableau Historique de l'Asie*),第 158 – 160 页。

[2]霍渥斯:《蒙古人史》第 1 卷第 2 章。

[3]华而甫:《蒙古或鞑靼史》(*Geschichte der Mongolen oder Tataren*),第 1 – 16 页。

[4]洪钧:《元史译文证补》卷 1 上《太祖本纪译证上》。

[5]屠寄:《蒙兀儿史记》卷 1。

[6]陈寅恪:《〈彰所知论〉与〈蒙古源流〉》,载《中央研究院历史语言研究所集刊》第 2 本,第 3 册,第 302 页。

《汉书》卷61《张骞传》云：

> 乌孙王号昆莫。昆莫父难兜靡，本与大月支俱在祁连敦煌间，小国也。大月氏攻杀难兜靡，夺其地，人民亡走匈奴。子昆莫新生，傅父布就翖侯抱亡置草中，为求食，还见狼乳之，又乌衔肉翔其旁，以为神，遂持归匈奴，单于爱养之。

班固之说较司马迁为详。《史记》仅言狼乳，而《汉书》则复增傅父抱亡等饰词。此正民俗学家所谓时代愈近传说愈详之例也。按史公与张骞同时，其说似得自博望侯之口述。当时东西交通未畅，故其说尚朴实无华。班固上距史公已数代，不唯当时使者相望于道，即其本人亦曾从军北征，勒铭燕然山。则《汉书》于乌孙祖先传说有所增饰者，就时代与地位言，固甚合理也。

乌孙人名之保存于今者尚夥。而现在能复原者，犹不易见。然其中有一人名极堪引吾人之注意，即《汉书·西域传》之乌孙王拊离是也。此拊离一名，当与唐代史籍中之"附邻"、"步离"、"附离"，及元代史籍中之"播里"、"不里"等，同为突厥文 böri 之对音。böri 一字在突厥文《阙特勤碑》东面第 12 行已著录，其意为"狼"。《通典》卷 197 亦早已言之。然则王以狼名，殆亦与乳养其先祖之神兽有关欤？

世人对于乌孙种属问题，尚多异议。其以先世传说及拊离之名为证，而遽视为突厥者，犹难置信也。《魏书》卷103《高车传》云：

> 俗云：匈奴单于生二女，姿容甚美，国人皆以为神。单于曰："吾有此二女，安可配人，将以与天。"乃于国北无人之地筑高台，置二女其上，曰："请天自迎之。"经三年，其母欲迎之，单于曰："不可，未彻之间耳。"复一年，乃有一老狼昼夜守台嗥呼，因穿台下为空穴，经时不去。其小女曰："吾父处我于此，欲以与天。而今狼来，或是神物，天使之然。"将下就之。其姐大惊曰："此是畜生，无乃辱父母也！"妹不从，下为狼妻而产子，后遂滋繁成国。故其人好引声长歌，又似狼嗥。

又《周书》卷50《突厥传》云：

> 突厥者，盖匈奴之别种。姓阿史那氏，别为部落，后为邻国所

89

破,尽灭其族。有一儿,年且十岁,兵人见其小,不忍杀之,乃刖其足,弃草泽中,有牝狼以肉饲之。及长,与狼合,遂有孕焉。彼王闻此儿尚在,重遣杀之。使者见狼在侧,并欲杀狼,狼遂逃于高昌国之北山。山有洞穴,穴内有平壤茂草,周回数百里,四面俱山。狼匿其中,遂生十男。十男长大,外托妻孕,其后,各有一姓,阿史那即一也。子孙蕃育渐至数百家。经数世,相与出穴,臣于茹茹,居金山之阳,为茹茹铁工。金山形似兜鍪,其俗谓兜鍪为突厥,遂因以为号焉。……(大统)十二年……铁勒将伐茹茹,土门率所部邀击破之,尽降其众五万余落,恃其强盛,乃求婚于茹茹。茹茹主阿那瓌大怒,使人骂辱之曰:“尔是我锻奴,何敢发是言也?”

突厥与匈奴之关系如何,与本文无涉,姑置勿论。其最堪注意者,《史记》、《汉书》仅言乌孙王子为狼所乳,在《魏书》则竟为高车始祖父,在《周书》则为突厥始祖母。是初为乳养神兽,逐渐演变为种族之祖先矣。至于《魏书》中台下所穿空穴,在《周书》不唯变为山中洞穴,而且平壤茂草,周回数百里矣。流传愈久,增饰愈多,迨至蒙古,此段传说,更变成极富文学趣味之故事。试读下文所引拉施都丁书及阿不勒哈齐书之记载,可以知之。

又《魏书》所言之天,非普通意义之天,乃萨满教所崇拜之天(Tengri),最当留意。至《周书》所言突厥为茹茹铁工或锻奴事,则亦后世蒙古熔矿开山,元旦君臣捶铁之渊源也。

《新唐书》卷217下《回鹘传》“薛延陀”条云:

初延陀将灭,有丐食于其部者,延客帐下,妻视客,人而狼首,主不觉,客已食。妻语部人共追之。至郁督军山,见二人焉,曰:“我神也。薛延陀且灭。”追者惧,却走,遂失之。至是,果败此山下。

由此观之,此塞北之狼,非仅为其种族祖先,且直为护国神兽。狼之出没去留,悉与其民族盛衰有关。

依突厥人之意,本族由狼繁衍,似较他种优越。其理由虽不可知,而可汗固尝以此自骄。《旧唐书》卷194上《突厥传》云:

［毗伽可汗（Bilge Qaghan）］俄又遣使请和,乞与玄宗为子,上许之,仍请尚公主,上但厚赐而遣之。……乃遣中书直省袁振摄鸿胪卿往突厥,以告其意。小杀（Shad,即毗伽可汗）与其妻及阙特勤（Kül Tegin）、暾欲谷（Toyuquq）等环坐帐中,设宴谓振曰:"吐蕃狗种,唐国与之为婚,奚及契丹,旧是突厥之奴,亦尚唐家公主。突厥前后请结和亲,独不蒙许,何也?"

突厥自认狼种,故虽早离金山故地,犹名新居曰狼山,示不忘旧。唐初突厥灭后,亦尝因突厥地名,于安北都护府,设置狼山州。突厥有时置"附邻"可汗,附邻即拊离,华言狼也。可汗侍卫之士,亦称"附离"。是狼之一词,乃其最喜用之名词也。至于突厥民族徽识,亦用狼头以为饰者,盖所以表示其种族之根本。《通典》卷197:

> 旗纛之上,施金狼头。侍卫之士,谓之附离,夏言亦狼也。盖本狼生,志不忘其旧。

因此中国天子,往往赐突厥某人以狼头纛,以行其分裂之策。《隋书》卷51《长孙晟传》云:

> 玷厥之于摄图,兵强而位下,外名相属,内隙已彰,鼓动其情,必将自战。……因遣太仆元晖出伊吾道后诣玷厥,赐以狼头纛,谬为钦敬,礼数甚优。

若突厥可汗在中国边陲树立傀儡政权,亦必赐以狼头纛,谬为钦敬。《旧唐书》卷55《刘武周传》云:

> 突厥立武周为定杨可汗。遗以狼头纛。

唐代王孙贵胄游戏,亦以狼头纛为玩具。《新唐书》卷80《常山王承乾传》云:

> 又好突厥言及所服。选貌类胡者,被以羊裘,辫发,五人建一落,张毡舍,造五狼头纛,分戟为阵,系幡旗,设穹庐自居。使诸部敛羊以烹,抽佩刀割肉相啖。承乾身作可汗死,使众号哭,剺面奔马环临之。忽复起曰:"使我有天下,将数万骑到金城,然后解发,委身思摩,当一设（Shad）,顾不快哉!"左右相私语,以为妖。

10.2

按《周书》叙述突厥先世传说有两故事。其一已见前引,其二则似为畏兀儿祖先传说之萌芽。《周书》卷50《突厥传》:

> 或云:突厥之先,出于索国,在匈奴之北。其部落大人曰阿谤步,兄弟十七人,其一曰伊质泥师都,狼所生也。谤步等性并愚痴,国遂被灭。泥师都既别感异气,能征召风雨。娶二妻。云是夏神冬神之女也。一孕而生四男:其一变为白鸿;其一国于阿辅水、剑水之间,号为契骨;其一国于处折水;其一居践斯处折施山,即其大儿也。山上仍有阿谤步种类,并多寒露。大儿为出火温养之,成得全济,遂共奉大儿为主,号为突厥,即纳都六设也。纳都六设有十妻,所生子皆以母族为姓。阿史那是其小妻之子也。纳都六死,十母子内欲择立一人,乃相率于大树下,共为约曰:"向树跳跃能最高者,即推立之。"阿史那子年幼,而跳最高者,诸子遂奉以为主,号阿贤设。此说虽殊,然终狼种也。

此故事中之大树,似与后来畏兀儿先世传说有极深关系。试读下引志费尼(Juwaini)、虞集、黄溍等所传录之文,当可了然矣。

志费尼所著《世界征服者传》(*Ta'rikh-i Jahān-Kusha'ī*)[1]原书虽已有校本刊行,但吾人尚未能求得一读。兹据多桑《蒙古史》法文译文摘录于后(依冯承钧氏《多桑蒙古史》汉译本页180)[补,志费尼书1958年已由波耶儿(J. A. Boyle)从波斯文译为英文。关于畏兀儿族之祖先传见英译本页55 – 61]:

---

[1]志费尼:《世界征服者传》,原文为波斯文,现在东西诸国,尚无译本。书中转录畏兀儿书籍所载若干事,100年前,由多桑译出。著者名 Alā ad-Din Atā-Mulk b. Muhammad Juwayni(卒于1282年),生于呼罗珊(Khorasan)之 Juwayn(在你沙不儿城 Nishapur 之西北),故称志费尼(Juwayni)。其祖为花剌子模沙(Khwarzm Sah)摩诃末(Muhamad)首相,父为蒙古主波斯理财官凡二十余年,兄相旭烈兀(Hulagu)亦10年。其本人为报达(Bagdad)长官凡24年,伫为伊拉克阿只迷(Iraq Ajami)及法耳思(Fars)总督,另一伫则为诗人。一门显贵,为波斯史上所仅见。1252年蒙哥汗被选时,随父入觐,当其滞留蒙哥宫廷之时,应友人之请,编著此书。分三部,第一部志成吉思汗及其继承者,二部为花剌子模沙史,三部为木剌夷史。*Mirzas Muh. Qazwini* 已校印两册(1913、1917年),为伦敦 Gibb Mem. Series 丛书之 Old Series XVI。

源出哈剌和林诸山之秃忽剌（Tougola）、薛灵哥（Sélenge）二水会流处，有地名忽木兰术（Coumlandjou），有二树相邻。一树名曰Fistouc，其形类松，如扁柏常青，结实如松实，别一松则野松也。二树之间，忽有小丘，日见增长，上有天光烛照。畏兀儿人进前礼之，闻中有音声，如同歌唱，每夜皆然。剧光烛照，三十步内皆明。增长既成，忽开一门，中有五室，有类帐幕，上悬银网，各网有一婴儿坐其中，口上有悬管以哄哺乳。诸部落酋见此灵异，向前瞻礼。此五婴儿与空气接触，即能行动，已而出室。畏兀儿人命乳妇哺之，及其能言之时，索其父母。人以二树示之，五儿遂对树礼拜。树作人言，嘱其进德修业，祝其长寿，名垂不朽。其他之人，奉此五儿如同王子。五子长名孙忽儿的斤（Souncour-tégin），次名忽秃儿的斤（Coutour-tégin），三名不哈的斤（Boucac-tégin），四名斡儿的斤（Or-tégin），五名不可的斤（Boucou-tégin）[1]。畏兀儿人以为诸子为天所赐，决奉其一人为主。不可美而慧，较有才，尽通诸国语，畏兀儿人遂奉之为汗。

其民尊其主为"亦都护"，上述之二树，则置庙中祀之。

元虞集《道园学古录》卷24载《高昌王世勋之碑》，所述畏兀儿人先世传说内容，与志费尼书完全相同，是证虞集所据之高昌王世家与志费尼所转录之畏兀儿书籍，同出一源：

畏吾而之地，有和林山，二水出焉，曰秃忽剌，曰薛灵哥。一夕有天光降于树，在两河之间，国人既而候之，树生瘿，若人妊身然，自是光恒见者。越九月又十日，而瘿裂，得婴儿五，收养之，其最稚者，曰卜古可罕。既壮，遂能有其民人土田，而为之君长。

此外，黄溍《金华黄先生文集》卷24《亦辇真公神道碑》所述亦略同：

亦辇真伟吾而人，上世为其国之君长。国中有两树，合而生

<hr/>

〔1〕"不可"一名，在唐代突厥文《暾欲谷碑》第34行及第50行已著录，唐译为"匐俱"，为"牟羽"（Bögü），足见"不可"一名，其渊源与乌鹘（Ughuz）俱古矣。元欧阳玄《圭斋文集》卷11《高昌偰氏家传》之普鞠可汗，亦即此不可的斤。欧阳玄谓普鞠可汗居偰辇杰河（Selenge），足证其亦见志费尼所转录之畏兀儿书，或虞集所转录之《高昌王世家》也，惟神话部分弃而不取耳。

瘿,剖其瘿,得五婴儿。四儿死而第五儿存,以为神异,而敬事之,因妻以女而让以国,约为世婚,而秉其国政,其国主即今高昌王之所自出也。

志费尼及虞、黄二文之树,当上承《周书》,唯传述日久,逐渐变相,幼童跳跃之木,至此成为祖先产生之根本。其地位与前一传说之狼等矣。其中更有一点,为吾人所不可忽者,则天光是也。志费尼及虞集所记之传说,不言畏兀儿祖先为狼所产,而谓系天光感应而生。此说来源,或可上溯至夫余民族之大气感生说(参阅《后汉书·东夷传》)。

《元朝秘史》、《元史·太祖本纪》、《史集》、《蒙古源流》、[1]《蒙古宗教史》[2]诸书所记成吉思汗十世祖母阿兰豁阿感光生子之事,与夫余、鲜卑、畏兀儿之传说,显然有关。然各书所载,亦互有异同,兹分述于后,以见其传述演变之迹。《元朝秘史》:

> 朵奔蔑儿干死了的后头,他的妻阿兰豁阿又生了三个孩儿。

(第17节)

> 阿兰豁阿说:"您不知道,每夜有黄白色人,自天窗门额明处入来,将我肚皮摩挲,他的光明透入肚里去时节,随日月的光,恰似黄狗般爬出去了。你休造次说。这般看来,显是天的儿子,不可比做凡人。久后他每做帝王呵,那时才知道也者。"(第21节)

《史集》所记,与《秘史》无大异。唯以阿兰豁阿夫死后所生之子,

---

〔1〕著者为小彻辰萨囊鸿台吉(Sanang Sechen Qong Taiji),鄂尔多斯乌审旗人,书成于1662年。惟关于著者之名,颇有问题。其名在施密德(I. J. Schmidt)本(第298页)为Sanang,无畏空书(第447页)之藏文写法为Sa-Shan,与成衮札布本之萨囊,均无龃龉。但久居鄂尔多斯之蒙古学家田清波(A. Mostaert)神甫曾告予云:"其名实为Saghang而非Sanang,因gh与n近似,乃传写之误。"姑志之,以待实证。并参阅李盖提(L. Ligeti)之《元文宗之蒙古名字》(Les noms mongols de Wen-tsong dse Yuan,见《通报》第2辑,第27卷,第59页)。

〔2〕著者生于青海东南部('A-mdo),游学于西藏,1821年曾至北京,居雍和宫。被请居住土默特贝子寺内,应擅越之请,著作此书(参阅其书内自传)。书成之年为藏历"第十四胜生土兔年",此年德文译本译者胡特(Huth)自注(第447页)为1818年,但据伯希和之说,应推下一年,改正为1819年,参阅其所著《西藏年代学中之甲子纪年》(Le cycle Sexagenaire dans la chronologie Ttibétaine)一文,见《亚洲学报》,1913年,5—6月,第633–667页,并参阅钢和泰男爵《论西藏人之甲子纪年》(On the Sexagen-ary Cycle of the-Tibetans),刊于《华裔学志》(Monumenta Serica)第1卷。此书于1896年由德人胡特译为德文,名为《蒙古佛教史》(Geschichte des Budhismus in der Mongolei),本文所引,即此译本。

为尼伦(Nirun)之祖。其他蒙古人虽亦出自阿儿格乃衮,以无异禀,故称多儿勒斤(Dürlegin),是纯粹蒙古人派别之区分,即在于此,惜华书不载,无以比较。兹依《元史译文证补》卷1,将其所记感光生子部分摘录于后,以见东西传述之差异:

阿兰豁阿寡居而孕,夫弟及亲族疑其有私。阿兰豁阿曰:天未晓时,白光入自帐顶孔中,化为男子,与同寝,故有孕。且曰:我如不耐寡居,曷不再醮而为此暧昧事乎? 斯盖天帝降灵,欲生异人也。不信,请伺察数夕,以证我言。众曰诺。黎明时,果见有光入帐,片刻复出,众疑乃释。既而举三子……[季]曰孛端察儿,其后为孛儿只斤氏,"孛儿只斤"释义为灰色目睛,以与白光之神人同也。此三子支裔,蒙兀人以其禀受之异,称之曰尼伦,释意为清洁。别派则谓多儿勒斤,犹言常人。

《蒙古源流》谓多博墨尔根(Dobo Mergen)娶两土默特(Qoyar Tümet)[1]地方之女阿隆郭斡为妻,且多折箭事:

多博墨尔根卒后,阿隆郭斡哈屯每夜梦一奇伟男子,与之共寝,天将明即起去,因告其妯娌及侍婢等知之,如是者久之,遂生……三子。……伯勒格特依、伯衮德依二人遂疑其母。阿隆郭斡哈屯,因给伊子箭竿一枝,命折之,即折而掷之,遂旋给五杆,命一并折之,竟不能。其母云,尔等二人,误听旁人之言疑我。因语以梦中事情。且云:"尔等此三弟,殆天降之子也。"尔兄弟五人若不相和好,各异其行,即如前一枝箭以势孤而被伤,若公共而行,即如后五支箭,势众则不能伤之矣。

无畏空之《蒙古宗教史》第1卷蒙古政治史部分虽多袭《蒙古源流》之文(参阅胡特德文译本页447),然阿兰豁阿夫死后生3子之故事,于采用《蒙古源流》之说外,另采他种史源。其史源虽不得知,然与秘史较,则极为近似。唯折箭一事,一变而为折冰矣。盖蒙文 müsün 一

---

〔1〕两土默特乃涉土默特旗左右两翼而误。土默特即秃马惕之异写,拉施都丁《史集·部族志》作 Qūrī,即《秘史》豁里之对音,唐译哥利,汉文老也。惟豁里秃马惕在《秘史》为一部之名,在拉施都丁书,豁里与秃马惕各自为部,乃两部之名,无豁里秃马惕。

字有冰及箭杆二义,无畏空取第一义也。无畏空书云:

> 朵奔蔑儿干(Twopon Mergen)娶豁里秃马惕(Hure T·umed)族
> 豁里剌儿台蔑儿干(Gōciltai Mergen)之女阿阑豁阿(·Alon Gwo)为
> 妻。别列古讷台(Balgwotai)及不古讷台(Bagontai)二子生后,朵
> 奔蔑儿干死。于是其妻得梦,在许多夜内,一奇伟青年男子现于梦
> 中,与之共寝,黎明即去。如是传说。但据某种史源,则有他种说
> 法,有类虹霓之光明自天下降,坠于其身,因生快感,因此遂生三子
> ……某日其母见诸子之间不和,乃各给冰一片,命破之。彼等即破
> 而掷之。其母遂又给彼等五倍厚冰块一片,命破之,竟不能。其母
> 曰:"我二长子因信众人流言,对予表示轻蔑与侮慢。此三幼子
> 者,乃天降之子也。"因语以往昔事情,续言曰:"若汝等不和,若第
> 一片冰然,则用一人之力毁灭汝等,并非难事;若汝等和睦若五倍
> 厚之冰然,即许多人合力毁灭汝等,亦甚难也。"……彼等由其母
> 口中接受教言,奉为准绳,遂彼此互爱,和好相处。

此种感生之说,大抵起于夫余、鲜卑,前已言之,经畏兀儿及蒙古人
承受,将塞北自古相传之苍狼旧说,与之糅合,遂构成因子相同、传说各
异之故事。

10.3

上引诸文,或言某族祖先为狼所生,或言为天光所感,而于狼色或
光色,则犹未之及也。今巴黎国家图书馆藏有畏兀儿字写本史诗残卷。
此诗已无题目,内容述中亚突厥民族传说英雄乌护汗(Ughuz Khan)[1]
事迹,所言天光及狼,均为苍色。土耳其里撒·奴尔(Rizā Nūr)曾译为

---

[1]Ughuz之名,唐代突厥碑文业已著录,足见此名传说甚古,《张燕公集·唐故夏州都督太
原王公神道碑》有云:"走乌护十万于域外",乌护与 Ughuz 音近,姑假作对音。回纥(Uigur)一名
较晚出。

法文,名之曰《乌护汗史诗》(Oughouz Namé)[1]。兹据其译文,摘译于后:

(一)月(Ai)后病目,怀孕而产一男,儿面色苍……(六)厥后,乌护可汗在一地祈神,天黑,苍光自天降,较日月更亮,乌护汗(向之)行走,见(七)光中现一少女,伊独坐,美且柔,此女有如是之美,伊如笑,苍天亦笑,如哭,(苍天)亦哭。及乌护见之,遂失理性,爱而纳之,(八)彼与伊共枕席,满其欲……久后,伊病目,生三男,长名日(Gun),次名月(Ai),季名星(Yulduz)。又一日乌护可汗出猎,见对面池中有一树。(九)树前,有少女,伊独坐。此女美且柔,其目较天色更苍。

(十)……久后,伊病目,生三男,长名天(Gueuk),次名山(Tagh),季名海(Tinghiz)。

(十一)……宴后,乌护可汗命匐(bey)及民众:

"灰狼其为吾人之口令!

……

苍帐其如天!"

(十五)……四十日后,至冰山之麓,驻营(十六)休息睡眠。黎明有亮似天光,射入乌护可汗之帐,一苍毛苍鬣雄狼由此光出,狼语乌护汗曰:攻 Ourou,予导汝。

(十七)后乌护拔营而行,见苍毛苍鬣雄狼在军前行走,大军随之而行。

---

〔1〕此卷史诗,流传不甚广,但为研究回纥传说之极珍贵材料。1891 年俄人拉德洛夫译为德文,收入其所刊行之《福乐智慧》(*Das Kudatku Bilik des Jusuf Chass Hadschib aus Balasagun*)第 1 卷(圣彼得堡,1891 年,第 X–XIII、232–244 页),1893 年又译为俄文。1928 年土耳其里撒·努尔博士复译为法文,题曰《乌护汗史诗》(*Oughouz Namé*)共 64 页,刊于埃及之亚历山大城。法国伯希和尝著《关于畏兀儿字体之乌护汗传说》(*Sur la Legende d'Ughuz-Khan en écriture ouigoure*)一文评之,揭于《通报》(1930 年,第 249–358 页),依里撒·努尔博士之意,此篇诗内尚未参入回教因素,故断定为突厥文极古之文献。惜博士之书,予于北平沦陷时,借与美国友人,目前避难西川,未能参考,弗能言其详也。伯希和氏则谓:"乌护汗传说乃 1300 年顷用吐鲁番之畏兀儿文编成,15 世纪,又于吉儿吉斯地方重订,但仅限于文字之字形而已。施弗(Schefer)之抄本,即此种传写本之一也。"(《通报》1930 年,第 358 页)今暂从伯希和之说姑列于此,史诗颇长,兹仅摘译其与本文有关系处数节,暇当译出全文,以供治塞北史者参考。

（十八）数日后,苍毛苍鬣大狼忽止(不行)。乌护汗亦与其士卒停止。彼处有一河,曰也的里木辇(Itil Mouran,即伏尔加河)。

（二十四）此后,乌护可汗又见苍毛苍鬣雄狼,狼语乌护可汗曰:"即与士卒上马。"乌护汗即上马。狼曰:"率领诸匐及民众,我居前,示汝道路。"次日黎明,乌护可汗见雄狼在大军前行走,欢喜前趋。

（二十九）……一日苍毛苍鬣狼不复行,又止,乌护可汗亦止……

此后（三十三）彼又上马同苍毛苍鬣雄狼出征信度(Sintou)、唐兀(Tankout)及 Schakim。

此诗既有天光,又有树,又有狼,实集塞北民族起源传说之大成,读者于此,当发生一种疑问,即一切什物均属苍色者何也? 狼多黄色,天光则白色,何以不取狼之寻常颜色,而独取苍色,以塑造一绝不经见之苍狼乎? 此则渊源甚古,且与塞北游牧民族之原始宗教有关,兹当简略陈述之。

《新唐书·回鹘传》"黠戛斯"条云:"祠神惟主水草,祭无时,呼巫为甘。"按今广东人犹读甘为 kam,唐代读音,当亦与相近。据 11 世纪麻合木·合失合利(Mahmūd al-Kashgharī)《突厥字典》布罗克尔曼(Brockelmann)索引本(1928 年)著录,Qam 一字,意为"萨满",换言之即巫也。塞北诸族自古所崇奉之宗教,即此种"甘教"。今日塞北僻远地方未接受邻族文明熏染者,所信仍为此种甘教。Qam 在蒙古文为 Shaman,满文为 Saman(参看《通报》第 2 辑,18 卷,页 237)。学者过去多以为《三朝北盟会编》卷 3 所载之"珊蛮"为其最古之对音,似未注意唐代已"呼巫为甘"也。清代官书译为萨满,而私家著作,则作萨马(Sama[n],阿尔泰语系字尾之 n,甚不固定)、叉马(Chama,按 s 变为 ch,在通古斯方言中,似为通例),要皆一音之变,译意皆巫也。"甘教"所崇拜者为天,其字为 Tengri,唐译"腾里"、"登里"等等,实含天及天神二意,故突厥回纥可汗之徽号,殆无不有 Tengriole(唐代音译"登里啰",汉文天所立)一字也。天既为无上尊崇之主宰,其苍苍之色,必视为神圣之色（突厥人称天常冠苍字），进而成为国色。于是唐代突厥人即自称其国家曰阔克突厥（Kök Türk），译言苍突厥。[1] 蒙古人相传1206年帖木真称成吉思汗时，亦号其国曰库克蒙古勒[2]［Köke Mongghol，见施密德（I. J. Schmidt）本蒙文《蒙古源流》页70，中文译本——本文所引页数为《蒙古源流笺证》本——卷3页11］，译言苍蒙古。来路不明之"清"代国号，虽经不少学者猜测，究无一种满意解答。吾人如以"青"释"清"，似乎亦可备一说。质言之，即其所取者，殆为塞北民族自古所尊崇之青天之"青"字，顾中国历代正统王朝，绝无以颜色字作国号者，殆17世纪满人受汉化深，特增加水字偏旁，而成"清天"之清乎？

张尔田氏注《蒙古源流》之"库克蒙古勒"（《蒙古源流笺证》卷3页11下）云："尔田案：'库克'青也，青蒙古，未详。"施密德注 Köke Mongghol 云："'库克'为青，乃天之神圣颜色，成吉思汗用此徽号，将其民族升高为世界头等民族。"（施密德德文译本《蒙古源流》页380）张氏不明青蒙古之意，施密德知青是昊天圣色，而未详言其故，今就突厥宗教及祖先传说诸方面观之，则突厥及蒙古之以苍青色为其民族名称之徽号，似可以暂时得一解答矣。

苍色在塞北民族间既如是神圣，则畏兀儿人以苍色加诸其种族起源所关之狼与天光，固属当然，无足异矣。

10.4

《元朝秘史》述阿兰豁阿感光生子之事已引于前，吾人为方便计，再将其苍狼传说列举于此，以便与其他较晚近之史料相比较。

《元朝秘史》之著者开首即曰：

当初元朝人的祖，是天生一个苍色的狼，与一个惨白色的鹿相

---

[1] 见突厥文《阙特勤碑》东面第3行，参看《北平研究院院务汇报》第6卷第6期拙译。

[2] 按蒙古人以各种颜色为各种民族之徽号，蒙古人自视为最尊贵之民族，故以其所视为最尊贵之青色，名其本族。无畏空之《蒙古宗教史》有云："由成吉思汗时代起，至此帝（忽必烈）时代，下列诸族，依次被征服：青蒙古人（die blauen Mongolen）、红中国人（die roten Chinesen）、黑吐蕃人（die schwarzen Tibeth）、黄回回人（die gelben Sartagwol）、白高丽人（die weissen Solongghos）。"（见胡特德文译本，第33页）

配了。……产了一个人,名字唤作巴塔赤罕。(第1节)

蒙古人自认之始祖苍狼,显然为塞北诸民族历代相传之狼,跟踪追溯,可上推至西历纪元前之乌孙旧说。吾人于阅读上引诸文之后,对蒙古此种原始神话,殊觉平淡,毫不发生奇异之感。然而柯劭忞于其《新元史》则曰:

> 孛儿帖赤那译义为苍狼,其妻曰豁阿马兰勒,译义为惨白牝鹿,皆以物为名,世俗附会,乃谓狼妻牝鹿,诬莫甚矣!(《新元史》卷1)

柯氏之说,如施之于蒙古时代之人名,则甚当,如施之于草地之祖先传说,则未免有求文明头脑于草昧之嫌矣。

唯于苍狼之外,又增加一白鹿,殊堪注意。唐段成式《酉阳杂俎》卷4《境异》:

> 突厥之先曰射摩、舍利海神。神在阿史德窟西,射摩有神异。又海神女每日暮以白鹿迎射摩入海,至明送出。经数十年后,部落将大猎,至夜中,海神谓射摩曰:"明日猎时,尔上代所生之窟,当有金角白鹿出,尔若射中此鹿毕形与吾来往;往射不中即缘绝矣。"至明入围,果所生窟中有金角白鹿起,射摩遣其左右固其围,将跳出围,遂杀之。射摩怒,遂手斩呵哾首领,仍誓之曰:"自杀此之后,须人祭天。"即取呵哾部落子孙斩之以祭也。至今突厥以人祭纛,常取呵哾部落用之。射摩既斩呵哾,至暮还,海神女报射摩曰:"尔手斩人,血气腥秽,因缘绝矣。"

由此观之,"惨白色鹿",亦有来历,仍上承突厥旧说,辗转流传,"金角白鹿",遂演变而为惨白色牝鹿矣。

洪钧以为蒙古人祖先,仅至朵奔蔑儿干。其上孛儿帖赤那数世,当是传述得之(参看《元史译文证补》卷1页1下)。此种主张,证以拉施都丁《史集》第2卷第1章之组织,似可成立。但吾人须知成吉思汗兴起时,蒙古人尚在草昧时代,以无文字记录之民族而能追述十世史事,其确实性,当可想见。试观成吉思汗三世祖以下,世次分明,东西独立史源所记全同;三世以上,世次凌乱,莫衷一是,即可知其为"传说",而非"信史"也。

《元朝秘史》之著者，殆尚未接受邻近民族之先进文化，就其书之内容言，乃完全草地史籍，故其始祖"孛儿帖赤那"即乌孙以来历代塞北民族视为神兽之苍狼也。及西方蒙古人与回教文化民族接触，乃于其固有传说上，增加希伯来天方教之言，及东方蒙古人皈依佛教，遂于其固有传说上，增加天竺吐蕃两重旧说，于是孛儿帖赤那（苍狼）遂一变而为人矣。兹先采蒙、藏文籍若干种，以分析此种建筑之层次。

依西藏传说，其雅尔隆（Yar-lung）王朝始祖，名呀乞噪赞博（Gña'-khri Btsan-po，译言颈上王），来自天竺。唯关于此人之渊源，各家所述均异。或谓此人系出释迦族，或谓出自释迦之同时人。《拉达克嘉喇卜经》（Rgyal-rabs）[1]、福幢所著《帝系明镜》[2]及《蒙古源流》所征引诸书，虽均谓其出自释迦之同时人，然皆喇嘛教徒欲其祖先与天竺佛祖相联系也。

呀乞噪赞博七传至色哩持赞博（Sribs-khri Btsan-po），是为"天之七君"（Gnam-gyi Khri Bdun）。色哩持赞博之子曰智固木赞博（Khri Gum Btsan-po），为其臣隆阿木（Blo-ngam）篡杀，3子皆出亡。其幼子即蒙古喇嘛教所承认之蒙古第一君主，质言之，即孛儿帖赤那也。于是蒙古传

---

〔1〕Rgyal-rabs，中文本《蒙古源流》注释为《嘉喇卜经》（见卷1页13下原注），华言帝王世系，据阿干（Joseph Hackin）《十世纪之梵藏仪式》（Form laire Sanscrit-tibétain du X Sieele，1924年）一书所征引，欧洲已有四本，兹所据者，则1866年德国施拉金威特（E. Schlagintweit）校译本也，此本系1856年9月拉达克（La-dags）王依其家藏牒，命喇嘛三人为德人H. von施拉金威特抄于其首府列城（Sle）者，此王名无畏法狮子（Hjlg-med-chos-kyi-seṅ-ge），乃《藩部要略》雍正十年著录之尼玛纳木札勒（Ñi-ma-rnam-rgyal）之七世孙，德忠纳木札勒（Bde-skyoṅ-rnam-rgyal）之六世孙。故就此抄本言，甚为晚出，但其中雅尔隆（Yar-Lun）王朝世系部分，当亦甚古。此书1866年由德人施拉金威特译为德文，名曰《西藏君王》（Die Könige Von Tibet）。

〔2〕藏文原名 Rgyal-rabs-gsal-me-lon，译言《帝系明镜》，西蒙古（Kalmuck）译本，名为 Nom gharchoi todorchoi tolli（Nom gharqui to-dorqui toli），或称 Bodhimör，施密德曾据西蒙译本摘译为德文，分载于其《东蒙古及其诸王室史》（即《蒙古源流》）注中（施密德书317以下），此书著者为萨斯迦巴莎南监藏（Sa-skya-pa bsod-nams rgyal-mtshan，译言福幢），1327年写成于桑耶寺（bsam-yas）。参阅劳弗尔《主擦语及莲花生之历史地位》（B. Laufer, Die Brutsha Sprache und die Historische Stellung des Padmasambhava，见《通报》1908年，页38）。嘉木祥（Hjam dbyans）《西藏佛教年表》（bstan-rtsis re-mig）著录之莎南监藏生于元仁宗皇庆元年，卒于明太祖洪武八年（1312—1375年），恐非一人。

说中之始祖苍狼,一变为人世君主矣。

色哩持赞博3子之名,依施拉金危特(E. Schlagintweit)所刊《拉达克嘉喇卜经》(页43),为肉王(Sha-khri)、鱼王(Ña-khri)、鸟王(Bya-khri)。胡特(Huth)译无畏空《蒙古宗教史》(德文译本页5)所载亦同,惟次序差异,且言幼子名称蒙文为孛儿帖·赤那(胡特译本页10),即蒙古第一君主也。福幢《帝系明镜》除以肉王为肉食(Sha-za-khri)外余亦同。诸书均谓隆阿木死后,3子逃往恭博(Rkong-po)、宁博(Nyang-po)及包博(Sbu-po)3地,及奸臣被诛,肉王及鱼王独不返,因二人皆君临一方矣。蒙古喇嘛以宗教关系,自认元始君主,即此肉王也。依《蒙古源流》(施密德译本页27)所载3子之名为:Sibaghuchi、Borochu 和 Börte-chino,Sibaghuchi 乃 Bya 之蒙文意译,中文译本作"置持者",仍为藏文对音(惜中文本所自出之原本,尚存故宫,刻下未能查阅)。Sibaghuchi 意为捕鸟人,元代音译为"昔宝赤",《山居新语》译为养鹰人。Borochu 意为渔夫,为藏文 ña 之意译,中文本之"博啰咱",乃其蒙文对音也。所余一人,他书或言 Sha-Khri,或言 Sha-za-khri,而此书则直易为蒙古始祖之名——孛儿帖·赤那(苍狼)矣。

《元朝秘史》所载孛儿帖赤那后之世系,《蒙古源流》不同。要彼为蒙文最古之史籍,草昧未辟,自认苍狼为始祖,蒙古喇嘛以佛教关系,竟将其向来自认之传说始祖,一变而为人,再变而为吐蕃色哩持赞博之季子,以与其所向往崇拜之天竺王朝相联系,与天方教著作家之以孛儿帖赤那为亚当子孙、乌护汗后裔,可谓异曲同工矣。

屠寄《蒙兀儿史记》卷1谓:"溯厥本原,吐蕃蒙兀,实一类也。"就吾人上文之分析研究观之,其说毋庸再辨。

10.5

《元朝秘史》、《圣武亲征录》乃两种平行传说,内容虽近似,来源似有不同。蒙古先世传说,犹存于《秘史》,惜《录》说已佚,不可复见。但《亲征录》与拉施都丁《史集》,同出一源(不过《录》较简略,《史集》较详赡而已),故《亲征录》所记蒙古先世传说虽佚,而犹可求之于《史

102

集》。《史集》所载虽增入天方教所承受之希伯来传说、[1]蒙古人所承受之突厥传说,然一加分析,主客立判,固不致相混莫辨也。拉施都丁[2]所述蒙古之荒古世系如下:

奴哈(Nuh)遣其子雅伏牺(Yafeth)赴东方,雅伏牺者,即突厥人所称之 Abulcheh 汗,突厥、蒙古及草地人之始祖也。Abulcheh 有一子,名 Dip 或 Qūī。Dip 四子,长曰哈喇汗(Qara),次曰 Ur 汗,三曰 Ker 汗,四曰 Kez 汗。乌护(Ughuz)即 Qara 汗之子也。乌护汗六子,曰君汗(Kun,译言日),曰爱汗(Ai,译言月),曰裕勒都思汗(Yulduz,译言星),曰阔阔汗(Kuk,译言天),曰塔哈汗(Tug,译言山),曰腾吉思汗(Denkiz,译言海)。

此 6 子者,每人复各有 4 子,分为左右两翼。唯此 24 子之名,拉施都丁书传写伪误,莫衷一是,兹姑从略。

按拉施都丁书将突厥先世传说与希伯来传说糅合之迹,于此十分显明。奴哈及雅伏牺皆《旧约》中人物,奴哈即亚当九世孙也。天方教承受希伯来传说,故此二人在《可兰经》中亦见著录,音译为奴哈及雅伏牺。此蒙古先世传说上所增加之希伯来成分也。

哈喇汗兄弟 4 人及其一子 4 孙之名,亦见《乌护汗史诗》,当系中亚突厥人传说中之先世,然亦未可以之与中国史籍中著录之突厥或回纥祖先相勘同也。Qara 译言黑。乌护汗 6 子之名译意为:日、月、星、天、山、海,然皆萨满教所崇拜之宇宙现象,非实有其人。此蒙古先世传说上之突厥成分也。

拉施都丁谓乌护汗孙辈以后,突厥人缺乏史籍故,四五千年间事,无有能言之者。嗣后阿不勒哈齐书于亚当后裔世次历历,直至蒙古遁入深山,则可谓雪球愈滚愈大矣。

---

〔1〕1826 年克拉波罗特著《亚细亚史表》中有蒙古种之民族(Peuples de race mongole)一章(原书第 153 – 160 页)谓:"波斯、阿剌伯及突厥之著作家,凡关于蒙古祖先传说之文,悉袭拉施都丁《史集》。"克拉波罗特又评拉施都丁曰:"'但为宗教热情所蔽',遂将亚洲中部游牧民族之古老传说与《可兰经》所保存之犹太人古老传说结合。"(第 156 – 157 页)

〔2〕拉施都丁(Rashīd ad-Dīn),哈马丹(Hamadan)人。奉波斯合赞汗(Ghazan Khan)命,著作《史集》一书。其书成于 1303 年。关于蒙古部分,除依据档案及《金册》(Altan Debter)外,尚有忽必烈所遣之孛罗丞相(Pulad Changsang)助之成书。

·欧·亚·历·史·文·化·文·库·

蒙古祖先既亦为亚当之后裔,乌护汗之子孙,当然不能再为苍狼,于是遂将《魏书》、《周书》之洞穴扩大,极力渲染,以蒙古自认之始祖苍狼为蒙人出山后之一员,孛儿帖赤那遂以天方教故,"进化"而为人矣。其述出山之故事曰:

约两千年前,蒙兀人与突厥人战,蒙兀被围,除两男两女外,悉被杀戮。此四人者,惧而逃,至一山林封蔽之地,其地仅有狭径,必用大力,始可达焉。山之中,有一平原,牧草甚美,名曰 Ergene Qun。Qun 者山口也,Ergene 者,险岩也。所余二男,一名捏古思(Neküz),一名乞颜(Qia[n])。其后裔匿居斯地,彼此通婚,口齿日繁,分族而居,各有专名。蒙古部族中之多儿勒斤(Dürlegin)派,即其苗裔也。Moghul(蒙兀)一名,原读为 Mung,意为孱弱与正直,但 Qian(乞颜)在蒙古语中意为由高山泻于平地之急流瀑布。蒙古之乞颜人皆甚强毅勇敢,故以此字自名。乞牙惕(Qiat)属于乞颜,凡由此族分出或其邻近之人,古时悉称乞牙惕。厥后人口稠密,遂觉山林中之平地,过于狭隘。因相谋出山,至一矿坑之地。彼等熔解铁矿,移积一处。复于林中多采薪炭,宰牛马七十,去其皮,制为铁匠之坑,投大量薪炭于裂口,同时鼓动七十巨鞴助火燃烧,直至岩熔铁流,路径得通,遂迁居于别处,弃其隘地,移彼广原。(依哀德蛮《概况》页 74–76 重译)

蒙古之出阿儿格乃衮,其后人最著称者曰孛儿特赤那。(《元史译文证补》卷 1)

《魏书》只言空穴,《周书》则扩大为"平壤茂草,周回数百里",至此则更有名可征曰额儿格乃衮。此额儿格乃衮之方望,吾人可以求之乎?按突厥居金山(即阿尔泰山)之阳,故《周书》所传洞穴即在高昌(吐鲁番)西北。蒙古为唐代室韦之一部,其故土当在今黑龙江省西部,故学者多以额尔古纳河一险岩拟之。以《元史》考之,成吉思汗虽起于怯鲁连河,而翁吉剌部则仍在根河、迭烈木儿河与也里古纳河合流处(《元史·特薛禅传》),换言之,即唐代蒙兀之故土也。

阿不勒哈齐·把阿秃儿所撰之《突厥世系》[1]蒙古时代部分虽为拉施都丁书之节录,无甚可取,然于蒙古先世,增饰甚多,于出入阿儿格乃衮之故事,渲染尤力。就突厥、蒙古祖先传说之演变言,真可谓洋洋大观矣。喇嘛书于蒙古祖先之上,增饰天竺、吐蕃传说,故苍狼一变为吐蕃皇子,吾人前已言之。回教徒著作,于苍狼之上,增饰希伯来、突厥两重传说,于是孛儿帖赤那复一变而为亚当子孙矣。

自所谓人类始祖亚当起至蒙古人为塔塔儿所败,逃匿阿儿格乃衮,中间世次,据乞瓦可汗阿不勒哈齐·把阿秃儿书所著录者,不过 30 代,兹撮录于后,以见此成吉思汗苗裔所传说之祖先。

亚当九世孙名奴哈(Nouh, Nöe),奴哈时洪水为灾,乘舟至毛夕里(Moussoul)近处之 Djoudi 山,生 3 子,长名含(Ham),往印度,次名闪(Sam),往伊兰(Iran),三名雅伏牺(Yafeth, Japhet),往北方,雅伏牺遵父命至也的里(Itil,伏尔加河)及牙亦黑(Yaiq,乌拉尔河)河滨,享寿250 岁。生八子,曰突厥(Türk),曰曷萨(Khazar),曰撒吉剌(Saqlab),曰斡罗思(Rous),曰明(Ming),曰秦(Jchine),曰 Kimari,曰 Tarikh。奴哈死,突厥继立,定居于热海(Issik-kol),生 4 子,长曰都督(Toutouk)继立。都督四世孙一名塔塔儿汗(Tatar qan),一名蒙兀汗(Moghul qan),蒙兀汗之孙曰乌护汗,其父昆仲 4 人,子 6 人,与《乌护汗史诗》及《史集》所著录者比较,人名差同,乃中亚畏兀儿族旧有之传说,阿不勒哈齐自拉施都丁书抄出者也。至拉施都丁书所传乌护汗嫡祖 Dip,在阿不勒哈齐书则一变而为蒙兀汗。Dip 者在拉施都丁书为奴哈之孙,在阿不勒哈齐书,则见其名于奴哈之五世孙。

就人名言,其可知者雅伏牺之子,若突厥,若曷萨,若塔塔儿,若蒙古皆部族名,撒吉剌乃斯拉夫之阿拉伯语读法,其名见元代《经世大典图》。斡罗思及明,为著者当时之东西两大国名,秦即中国,西方所通

---

[1]阿不勒哈齐(Abu'l Ghazi Baghadur)乃成吉思汗长子术赤(Joji)之后裔,1605 年生于玉龙杰赤(Urganj),1643 年继承乞瓦汗位,卒于 1663—1664 年。其书名 Sajara'i Turki,译言《突厥世系》,兹所据者为德麦松(Desmaison)男爵之法文译本,译本名《蒙兀及鞑靼史》(Histoire des Mogols etdes Tatares)。此书前部为拉施都丁书之节录,后部记录著者生前乞瓦汗国百年间事,其所用史料,今已不可复见,书之价值,即在此部。

用也。都督本中国官号,唐代突厥人已借用之。阿勒赤、贵由、不合等皆蒙古时代常见之人名。Alti 当即 Altan,Ordu 即斡耳朵也。雅伏牺为亚当十世孙,著者天方教人,欲其祖先世系上承希伯来,吾人前已言之矣。

阿不勒哈齐之书,颇不易见,其先世入山避难部分极富文学趣味,读之宛如一篇小说,由《魏书》之台下空穴,演变至此,北族祖先传说,叹为观止矣。兹特摘译为汉文,附于篇末,以备参阅。文中蒙兀与塔塔儿之冲突,乃后世史实,谓此战在孛儿帖赤那之前,则倒置也,但各族传说大抵如此,不足异也。考《元朝秘史》及拉施都丁书,成吉思汗曾祖合不勒汗以后,世与塔塔儿斗争,且其父也速该及叔祖俺巴孩均直接间接死于塔塔儿人之手,则蒙古人以塔塔儿为其杀祖宗掠财产之远祖仇人,固甚宜也。

至于锻铁之说,则亦突厥以来一脉相传之旧说也。

10.6

统观突厥、蒙古祖先传说,其演变之迹,似可约为以下数点:

(1)《史记》、《汉书》之狼,为乌孙王子之哺乳之神兽。在《魏书》则变为突厥之始祖母,在《周书》则为始祖父。至《乌护汗史诗》,始言其色,为领导突厥英雄乌护汗征服世界之神兽。《元朝秘史》亦称其始祖为苍狼,及接受邻近民族之文化,始祖苍狼始一变而为亚当之子孙,或玛哈萨玛迪兰咱(Mahâsammatarâja,此云大平等王,劫初民主也)之苗裔矣。

(2)至于感应天光而产子之故事,似始于《周书》之大树,阿贤设所跳跃之木,在志费尼书及《高昌王世勋碑》竟变为畏兀儿人祖先之根本。《乌护汗史诗》以后,感光生子之大树,地位始杀,君、爱诸子之母及领导乌护汗出征之苍狼,均由光中显现。《元朝秘史》、拉施都丁书以下,蒙古人则直以其嫡祖为天光所生,故有尼伦及孛儿只斤之号。

(3)蒙古人与回教民族接触后,遂将其祖先传说上与阿拉伯人所承受之希伯来旧说相联系,孛儿帖赤那(苍狼)一变而为人矣。拉施都丁史识较优,谓蒙古遁入深山,在亚当十世孙雅伏牺后数千年,史料缺乏,莫之能详。哈不勒哈齐则竟能将亚当至乞颜及捏古思之世系一一列出。

（4）蒙古人接受喇嘛教者,又将其祖先世系上接天竺古代君王,所谓孛儿帖赤那者,乃吐蕃色哩持赞博之子,此子在吐蕃传说中,实以"肉王"为名也。

（原载《北平研究院史学研究所集刊》1940 年第 4 卷）

附录：伊利汗时代

伊利汗（Il Khan）继为蒙兀（Mogols）汗,达旦（Tatars）第九汗为小云石汗,吾人于上文业已言及,伊利汗与小云石汗同时。二人斗争不休,而伊利汗则永远胜利,为此之故,小云石汗遣人至黠戛斯（Qirghiz）汗所,许以厚利及条款始得其助。

当时此地人口众多,在居住其地之一切部族中,蒙兀部最繁多。蒙兀人与他族战,蒙兀人永远胜利,无一种突厥族,不感觉其腕力、不受其锋矢者;因此各部族咸衔恨蒙人,在其压迫下呻吟。

小云石汗既得黠戛斯汗之助,复遣使说各部族。令其使臣劝说曰:"请许助予,吾辈于某月十日聚于某地。吾人转向蒙兀人复仇。"此诸部族悉应其召,聚指定共击蒙兀之地。

蒙兀集其帐幕及畜群于一地,军队环其居营凿壕,等候战斗。小云石汗至,二军遂交锋,连战十日。

以每次胜利归蒙兀,乃召集同盟部族诸汗及诸匍（Beks）秘密会议,曰:"吾等若不施诡计,事将败绩,次晨黎明,彼等拔营退去,弃其劣畜及笨重行李,若军队败却然。"

蒙兀人为此战略所骗,以为敌人退却,乃自觉其力不能复战也,立即追之。达旦人见蒙兀人追及,忽反军击。血战之后,达旦终胜,追敌至其营,大加杀戮,因蒙兀所有帐幕悉聚一处,故帐幕及畜群悉被掳,无一家得脱。蒙兀成年人悉被杀,俘其幼稚为奴,分于敌人部族中,蒙兀

107

靡有孑遗矣。虎口余生之人,悉成奴婢,须取其主人所属隶之部族之名。总之,世界无复留蒙兀遗类矣。

小云石既屠戮蒙兀,遂返国。伊利汗诸子,除是年新婚之乞颜(Qian)外,悉于此役阵亡。乞颜与其同岁之捏古思(Nokouz)均由某队二人分去。捏古思者,伊利汗季弟之子,亦于是年新婚也。战后10日,二人乘机偕其妻夜逃,二人遁入其[此战之前]原先驻帐之地。于其地得四类畜牲(驼、马、牛及羊)甚多,此类畜牲皆未遭屠戮而复返营垒也。二人协议曰:"吾人如复去加入某部,或留居于此,结果仍为敌族所遇见。故最好之上策莫若赴山中寻一避难所,居远离人迹之地。"二人驱其畜群奔向山中,至一高山山口,循野羊经行之蹊径而爬入。既至山顶,复下山至彼麓,各处巡视后,确知欲来此地,除其所经行之蹊径外,别无他道,甚至一驼或一羊不经万难,均不能逾越,其险如此,因少一失足,便将坠入路旁深沟中。此山之中有广原,二人于其地找出极多河沟、泉水、牧场、果树及各种猎物。既有此种种,乃致谢上苍。冬食畜肉而衣其皮,夏日畜奶亦足供其所需。二人名此地曰阿儿格乃衮,乃山中最高处。

乞颜及捏古思子甚多,乞颜子最多,称乞牙惕;捏古思子较少,有两名,一部分称捏古思,另一部分称朵儿勒斤。

乞颜一字意为山上急流、急流瀑布而注入山涧者,伊利汗之得此名者以其膂力及性质勇猛也,乞颜之多数为乞牙惕。

乞颜及捏古思之子居于阿儿格乃衮,彼等蕃息扩张,每家构成一支派(Oumaq)……Oumaq 一字意为骨头、种族。突厥询人属于何 Oumaq,意即属于何族也。居留阿儿格乃衮四百年后,蒙兀人觉其畜太多,无地可容,乃相聚一地而会议,众曰:"吾人曾闻诸先人,阿儿格乃衮之外,有吾祖先所居之广大、美丽土地。有若干外族,由塔塔儿领导,蹂躏吾土而据之。幸蒙天祐,吾人今日已不弱小,无须再惧仇敌而匿居是山。吾人其寻一出口而脱离此山。与吾人为友者将与之和平相处,如有人敌视,吾人将击之。"

蒙兀人悉赞成此议,遂开始寻找引出此山之路,但尽力侦察均无功效,最后,一铁工云:"予于某地见一铁矿,似仅以一层构成,吾人若熔销此铁层,则于此地开一道路,非不可能也。"众遂至其地,皆觉铁工之言有理。全体居民各出木炭,堆置山麓隙处,既置木炭,于山顶及山腰,乃用兽皮预制70大风箱,分置70处;此后[引火燃木。]同时各处开始鼓风煽火。

托天神全能之力,烈火遂销熔铁层,开出一道,其宽适容一载重骆驼经过。

既记清脱离之月日时辰后,蒙兀人便如是出山。自此之后,蒙兀人遂以庆祝此日为定制,可汗执一钳取火中红铁一块,置于砧上,甩锤击之,诸匐继汗锤之。蒙兀人隆重纪念此幸福之日,是日始脱离牢笼而复归其先人之祖邦也。

在脱离阿儿格乃衮时代,治理蒙兀人之君主为孛儿帖赤那,此人为火鲁剌思之一支,乃乞颜之后。彼遣使各族,通告其出山及到达。诸族中有表示友谊者,有以敌人待之者。塔塔儿与之宣战。蒙兀、塔塔儿既战,蒙兀人胜利。塔塔儿成年人悉被屠戮,幼小者俘归为奴婢,此4世纪半以后,蒙兀人复其祖先被杀及丧失财产之仇,乃返回其祖先故地。当时居其地之诸突厥族中,塔塔儿最众最强。因此蒙兀人出阿儿格乃衮败塔塔儿后,重得其先人之牧地,代塔塔儿人地位,而为其他诸部之长,其中若干部族甚且求其保护,与之联合,自称蒙兀种之部族云。

（译自阿不勒哈齐书第2章第20－34页,原载《北平研究院历史研究所集刊》第4卷,1940年）

11 突厥官号考释

唐代突厥官号,多非其所固有。徒以记录简略,文献寡徵,人名官号,往往难于辨识。故欲求突厥官号前后因袭之迹,一一解说,殊非易事。此篇之作,或介绍前人成说,或申述个人意见,不过为初步尝试而已,非敢有所奢望也。

突厥官号,首列举于《周书》。厥后《隋书》、《北史》、《通典》、《旧唐书》、《新唐书》、《册府元龟》等书,均见著录。诸书所述,虽有详略,而大体莫不雷同。唯《通典》所载,较他书为多。其一半虽与他书完全一致,其他半则为各书所不详。盖《通典》所列举者,有时代先后之别,故杜佑并录之,以存其真。兹先将《通典》所举突厥初期官号分述于前,而将《周书》以下所共举者,分别研究于后。

11.1 上篇

其初,国贵贱官号,凡有十等,或以形体,或以老少,或以颜色须发,或以酒肉,或以兽名。其勇健者谓之始波罗,亦呼为英贺弗。肥黫者谓之三大罗,大罗便酒器也,似角而黫短,体貌似之,故以为号。此官特贵,惟其子弟为之。又谓老为哥利,故有哥利达官。谓马为贺兰,故有贺兰苏尼阙,苏尼掌兵之官也。谓黑色者为珂罗便,故有珂罗啜,官甚高,耆年者为之。谓发为索葛,故有索葛吐屯,如州郡官也。谓酒为匐你,[故有匐你]热汗,热汗掌监察非违,厘整班次。谓肉为安禅,故有安禅具泥,掌家事如国官也。有时置附邻可汗,[附]邻狼名也,取其贪杀为称。亦有可汗位在叶护下,或有居家大姓相呼为遗可汗者,突厥呼屋为遗,言屋可汗也。

40 年前(1899 年)德人夏德氏(Fr. Hirth)著《暾欲谷碑跋尾》,[1]刊入于拉德洛夫(W. Radlof)之《蒙古古突厥文碑铭》第 2 辑。[2] 夏氏文中曾着手研究此段官号。然亦仅选择若干易于勘同者(夏德语),予以诠释而已。

1914 年,法国伯希和氏著《鄂多里克书中之酒名》一文言:"第八世纪末,杜佑于其《通典》中,著录一段突厥文字及官号。……夏德氏曾举其中数词加以考释,然全文则颇值细详研究也。"[3]伯氏之言,距今已 20 余年。东西学者仍未见有研究此段全文者。即伯氏本人亦仅于 1926 年复著一文再论"匐你"而已。[4]

此段突厥字中有若干字之勘同,确非难事。然其中数词,至今尚未能解释。今将其可知者一一予以考释。其不能勘同之数词,则仍付阙如。

11.1.1 其勇健者谓之始波罗,亦呼英贺弗

"始波罗"一号,复有"沙波罗"、"沙钵略"、"乙失钵"等异译。夏特氏拟定为 Yschbara,殆无异议。盖唐代音译族国字,常将首音省去。首音为 y 或 i 者犹然。若"室点密"之对音为 Istemi 是也。然则 Yschbara 之译作"始波罗",固为唐代之通例也。İsbara(即夏德之 Yschbara)在突厥文《阙特勤碑》为一马名。在初期突厥可汗之名称中亦屡见之,殆皆取"勇健"之意也。

英贺弗,《太平寰宇记》作"英贤服"。"贤"乃"贺"之形讹,"服"又"弗"之音讹,当以"英贺弗"为正。"弗"或可作"服"。但《太平寰宇记》系全袭《通典》之文,故不可据。至于《通典》之"英"字,则又为"莫"之讹。考之我国载籍,"莫贺弗"为官名,"英贺弗"则从未见著录。

---

〔1〕夏德:《暾欲谷碑跋尾》(Nachwörte Zur Inschrift des Tonjukok),第 139 页。

〔2〕拉德洛夫:《蒙古古突厥文碑铭》第二辑,1899 年。

〔3〕伯希和:《鄂多里克书中之酒名》(Le Nom du Vin dans Odoric de Pordenone),见《通报》,1914 年,第 448 - 453 页。

〔4〕伯希和:《突厥文"酒"字:匐你》(Le mot bigni(ou begni)"vin"en Turc),见《通报》,1926年,第 61 - 64 页。

·欧·亚·历·史·文·化·文·库·

《魏书》卷 100《乌洛侯传》:"无大君长,部落莫弗,皆世为之。""莫弗"殆为"莫贺弗"之省。又《隋书》卷 84《奚传》云,奚分 5 部,其第 2 部名"莫贺弗",每部俟斤一人为主帅。又同卷《契丹传》载开皇四年(584 年),契丹"率诸莫贺弗来谒"。其在北方者名室韦,分为数部,其中南室韦渐分为 25 部,每部有"馀莫弗瞒咄,犹酋长也"。北室韦分为 9 部,"其部落渠率号乞引莫贺咄,每部有莫何弗三人以贰之"。乌洛侯、室韦、契丹、奚为我国东北部族,皆有"莫贺弗"一号,他处部族则未之见。然则此号盖本为东北室韦、契丹集团所故有,而突厥借用之,用以名其勇健之人也?

"莫贺弗"与"莫贺咄"(Boghatur)之字根,当同出于"莫贺"(bagha),蒙文 bagha 译言"幼"也。殆有少壮之意欤?

11.1.2 肥羸者谓之三大罗,大罗便酒器也

突厥文酒字除本节所著录之訇你(begni)一古字外,普通称酒曰速儿麻(surma),[1]然与"大罗便"之译音不合。蒙古语酒为"答剌孙"(darasun)。[2]《元史·兵志》:"掌酒者曰答剌赤(Darachi)。"岂突厥借用他族官号,其字与 Dara 有关欤?

唐人读三为 sam。突厥文 sam 意为"药剂"。[3] 蒙古初期人名官号,多袭突厥之旧(参看《突厥、蒙古之祖先传说》)。此 sam 一字在成吉思汗先世及同时人名中亦屡见之。秘史有 Sam-sochi(挦锁赤),拉施都丁书作 Sam Sauchi,《蒙古源流》作 Samsuchi。《圣武亲征录》三·哈初来,拉施都丁书作 Sam Qāchūlai。此 Sam 一字当即由突厥时代"三大罗"之"三"字而来也。

11.1.3 谓老为哥利,故有哥利达官

哥利即突厥语 qari,汉文"老"也,一译"割利"。《唐书》卷 88《张长逊传》:"张长逊为五原郡通守,遭隋乱,附突厥,突厥号为割利特勤

---

〔1〕元忽思慧:《饮膳正要》卷 3,"速儿麻酒又名拨糟,味微甘辣,主益气止渴,多饮令人鼓胀生痰"。

〔2〕王鸣鹤:《登坛必究》卷 22《译语》:"答剌速译言黄酒。"

〔3〕《中古突厥语词汇》,第 170 页。

(Qari Tegin)。义兵起,以郡降。""割利特勤",译言"老王"。"达官"可能是"达干"(Tarqan)之别译,详见拙作《答剌罕考》。

11.1.4　谓马为贺兰,故有贺兰苏尼阙,苏尼掌兵之官也

唐代突厥文碑铭中著录之马字,为 at。故知《通典》所谓突厥人谓马为"贺兰"者,决非普通之马。

吾人一见"贺兰"二字,应立即想及宁夏之贺兰山。此山以"贺兰"为名,首见《隋书》。《隋书》卷 29《地理志》"灵武郡宏静县"条注云:"开皇十一年置,有贺兰山。"自此以后,此山至今尚沿用此名。南宋末年蒙古人已称之为 Alashan,当亦贺兰山之讹转也。[1]

《元和郡县图志》卷 4"灵州保静县"条:"贺兰山在县西 93 里,山有树木青白,望如駮马。北人呼駮马为贺兰。"《太平寰宇记》卷 36"灵州废弘静县"条:"贺兰山在县西 93 里,山上多有白草,遥望青白如駮马。北人呼駮马为贺兰,鲜卑之类多依山谷为氏族,今贺兰姓者皆以此山名。"按駮与驳通。《说文》:驳,"马色不纯"。由是知"贺兰",非普通马,乃一种颜色不纯之马也。

唐代突厥之北有駮马国。《通典》卷 200:"駮马国……马色并駮,故以为名。"此条之末并有注云:"突厥谓駮马为曷剌,亦名曷剌国。"《太平寰宇记》及《文献通考》皆袭此文。《新唐书》卷 142 下:

> 駮马者或曰弊剌,曰遏罗支。……以马耕田,马色皆駮,因以名国云。

《元和郡县图志》及《太平寰宇记》谓北人称駮马为"贺兰",而《通典》及《新唐书》则又曰突厥谓駮马为"曷剌",为"弊剌"或"遏罗支",[2]是"贺兰"与"曷剌"乃一字之异译,不过一为北魏以来相沿旧名,一为唐代之新译耳,所指皆駮马也。由是吾人复可推论唐代突厥北

---

〔1〕《元朝秘史》第 265 节,蒙文"阿剌筛"旁注"贺兰山名"。
〔2〕"弊剌"恐有误,"遏罗支"当系掌此种马匹之人。

方曷剌国,当即拓跋氏初期高车分族[1]贺兰部之裔胄,而贺兰部殆即因其马色得名,未必因其居近贺兰山也。

西方学者自法国沙畹至现在美国加利福尼亚大学教授孛德伯格(P. A. Boodberg)皆主张贺兰为突厥、蒙古字 ala、alaq 之音译,显然都以贺兰山即今 Alashan(阿拉善)为根据[2]。按突厥字 ala 之意仅为"杂色"、为"斑驳"。蒙古字 alaq 为"花色",[3]用以形容各种物品,但《通典》明言"谓马为贺兰",未可只着眼于颜色也。

依可失哈里字典,突厥文 qulan 为"野马、野驴"。《蒙文总汇》卷5页12 qula 为"黑鬃黄马"。蒙古文 qulan 为"一种黑尾栗灰白三色混合之野马"。满文亦同。[4]波斯人亦借用此外来字 qulah,释义为"黄灰色(马)"。[5]然则以 qulan 与贺兰勘同,似较 ala、alaq 为优也。qulan ulus-un ildu《蒙文总汇》译为"贺兰刀",[6]足见早有人以贺兰为 qulan 之音译矣。

《通典》虽明言"苏尼"为"掌兵之官",惜未能复原。突厥人名有"苏尼失",当与此字有关。按蒙古初期,部族名称来源多甚远古。如"雪干"(Sügen),似即北魏初年之"薛干"。元初"雪你惕"(即 Sünit)、今日之苏尼特或亦昉于苏尼乎? 阙必为 Kül Tegin(阙特勤)之 Kül。

11.1.5 谓黑色者为珂罗便,故有珂罗啜

突厥文"黑"为 qara。故知"珂罗便"之"珂罗",即 qara 之对音。"黑色者"之"者"字,似甚重要。吾人试比较"酒器"为"大罗便",与"黑色者"为"珂罗便"之文,则"便"字必为一字尾,似表示文法家所谓

---

〔1〕《太平寰宇记》谓贺兰一姓源于贺兰山,恐不足据。《魏书·官氏志》明言"北方贺兰氏后改为贺氏",是贺兰氏原为北方贺兰部人。北魏初期贺兰部时为拓跋边患。魏道武帝皇始二年始灭其国,此部出没进退,每与高车分族纥突邻、纥奚等俱,是贺兰部者似亦为突厥族之高车分族,非蒙古族之鲜卑,如《太平寰宇记》所主张。

〔2〕见《通报》,1926年,页86;孛德伯格:《中国边陲史札记二则》,《哈佛亚洲研究学报》第1卷,第304-305页。

〔3〕《中古突厥语词汇》,第6页。科瓦列夫斯基:《蒙俄法字典》,喀山,1849年,第74页。

〔4〕《中古突厥语词汇》,第163页;《蒙俄法字典》,第922页。

〔5〕石泰因噶思:《波英字典》,第987页。

〔6〕《蒙文总汇》卷5,第79页。

主格词尾也。

"啜"为突厥常见之官号。"珂罗啜"复原为 Qara Chur，所谓以颜色名官也。

11.1.6 谓发为索葛,故有索葛吐屯

"索葛"为突厥文 saqal 之对音,意为"须"。本文云"谓发为索葛","发"字似为"须"之伪,盖涉上文"须发"之"发"而误也。蒙文谓"须"亦曰 saqal。耶律楚材号"吾图撒哈里"(Urtu Saqal),意即"长髯人"(《元史》卷146《耶律楚材传》)是也。《新唐书》卷315下云突骑施(Türges)有"索葛莫贺"部(Saqal Bagha)。又有人名曰"娑葛",殆误官号为人名也。

"吐屯"为监察之官,详下篇。"索葛吐屯",复原为 Saqal Tudun。

14.1.7 谓酒为匐你,[故有匐你]热汗,热汗掌监察非违、厘定班次

就本段行文言,本节必加"故有匐你热汗"一语,始与其他句文义相称。就近世对于"匐你"之研究,言"匐你"与"热汗"亦系二字,非一字。伯希和曾著两文以考"匐你"一字。[1]

夏德似乎以"你"字应该为"尔",故以"匐你"之古音为 po-ir,("匐你"末一字今读为 ni。)即 bor,"酒"也。[2] "此对于中国古音乃是一极堪注意之例。假如予之勘同不误,'匐你'二音仅构成突厥语'酒'字即'匐你热汗'(大概 Bor 与 Jitkhan、Jerkhan 或类似之音相连成)之前半。"[3]

夏特氏读"匐你"为 po-ir,并主张其对音为 bor。1914 年伯希和已指其谬,毋庸再赘。至其以"热汗"为突厥"酒"字之下一半更误。因"匐你"已为"酒"之对音,"热汗"则官号也。

13 世纪鄂多里克于其叙述南宋故都临安时曾著录一种酒,名为bigni。玉尔(H. Yule)在其名著《契丹及通往其地之路》(Cathay and the

---

〔1〕伯希和:《鄂多里克书中之酒名》(Ie Nom du Vin dans Odoric de Pordenone),《通报》,1914年,第448－452页。《突厥文"酒"字:匐你》(Ie mot bigni (ou begni) "vin" en turc),《通报》,1926年,第61－64页。

〔2〕《元朝秘史》第281节"孛儿"(bor)旁注云"葡萄酒"。

〔3〕夏德:《暾欲谷碑跋尾》,第139页。

·欧·亚·历·史·文·化·文·库·

Way Thither)一书中(第2册,页199-200),以为乃波斯文 bagni 一字之异写,并言高加索山诸族有称其酒曰 bagni 者。鄂多里克殆在汗八里与阿兰人(Alains)接触而得闻此字也。(《通报》,1914年,页448-449)但此字实非波斯字,如玉尔所主张。而且事实与玉尔之说正相反,乃突厥字而为波斯采用也。

伯希和氏曾在《通报》发表短文两篇专考此字,前已言之。据伯希和之研究,"匐你"古音为 bak-ni,即 bagni 之对音。在现代之各种突厥方言中已不存在。但在若干突厥遗文中,尚见著录。如外蒙 Shine-usu 之回纥文碑,如斯坦因(Stein)在敦煌发现之突厥文件,如可失合里(Kashghari)1073年著成之《突厥文字典》及伊本·木哈那(Ibn Muhan-na)之《大食突厥字汇》,皆著录此字。其见于它种著作者,除上举之鄂多里克书外,尚有拉施都丁之《史集》云。

"热汗"一字,他处未见。

11.1.8　谓肉为安禅,故有安禅具泥,掌家事如国官也

突厥文"肉"为 et,读音与"安禅"相差甚远。故知突厥必另有"肉"字,待考。

"具泥"二字,依本段文例,当为官号。但在唐代史籍中,似乎亦仅此一见。

11.1.9　有时置附邻可汗,[附]邻狼名也,取其贪杀为称

自乌孙以后,突厥民族咸谓其祖先为狼所生,蒙古民族亦承受之。拙著《突厥蒙古之祖先传说》,曾研究此传说在塞北之演变。然则可汗以"附邻"为号者,殆不仅取其贪杀也。"附邻"有"步利"、"附离"等异译,皆突厥文 böri 之对音,汉语"狼"也。可汗之下脱"附"字,应云"附邻,狼名也"。"附邻"当为 böri(n) 之对音,收声 n 尚未消失。

14.1.10　或有居家大姓相呼为遗可汗者,突厥呼屋为遗,
##　　　　　言屋可汗也

突厥人称"屋室"为 ev,"遗"殆即 ev 之音译。"遗可汗"之号他处未见。细揣《通典》本文之意,"遗可汗"殆即一族之长也。

11.2　下篇

《周书》卷5:"大官有叶护,次设,次特勒,次俟利发,次吐屯发,及余小官凡28等,皆世为之。"《隋书》所载,与《周书》全同,于官号无所增益。至于《北史》,亦全袭《周书》旧文,不烦再为征引矣。《通典》所举官号,较《周书》、《隋书》稍详。《通典·北突厥传》:"可汗犹古之单于也,号其妻为可贺敦,亦犹古之阏氏也。其子弟谓之特勤,别部领兵者谓之设,其大官屈律啜,次阿波,次颉利发、吐屯,次俟斤。其初,国贵贱官号凡有十等……其后大官有叶护,次设、特勤,次俟利发,次吐屯发,余小官凡28等,皆代袭焉。"《通典·西突厥传》:"其官有叶护,有设,有特勤,常以可汗子弟及宗族为之,又有乙斤、屈利啜、阎洪达、颉利发、吐屯、俟斤等官,皆代袭其位。"《旧唐书》北、西突厥两传,殆全袭《通典》之文,仅于西突厥官制下增"无员数"一事而已。

兹将《周书》以下所举官号,汰其重复,诠释于次。"达干"一官,予别有专篇,详考其演变职掌与特权,兹不再赘。"亦都护"一号,唐代载籍未见著录,兹据突厥文碑附带及之。

（1）汗（Qan）

（2）俟斤（Irkin）

（3）亦都护（Iduq-qut）

（4）特勤（Tegin）

（5）叶护（Yabghu）

（6）设（Shad）

（7）匐（Beg）

（8）梅录（Buiruq）

（9）啜（Chur）

（10）颉利发

（11）吐屯（Tudun）

11.2.1　汗（Qan）

突厥"可汗"有大小之别。最高元首曰"可汗"（Qaghan）,又称"大

117

可汗"。"可汗"可分封其子弟为若干"小可汗"。突厥文《暾欲谷碑》第一碑西面第 2 行第 3 行之"汗"(Qan),当即吾国史籍中之"小可汗"也。[1] 该碑西面所言之"汗",依《通典》考之,当指唐高宗调露元年突厥首领阿史德温(《旧唐书》作温傅)奉职二部叛立之泥熟匐,及永隆元年(680 年)突厥迎立之阿史那伏念,其人乃分统一部落或数部落之首领,非雄长突厥全境之"可汗"也。

《北史·突厥传》:"俟斤(Irkin)死,复舍其子大逻便而立其弟,是为他钵可汗(Tabar Qaghan)。[2] 他钵以摄图为尔伏可汗,统其东面,又以其弟褥但可汗为步离可汗(Böri Qaghan),居西方……沙钵略(Ishbara)居于都斤山(Ütüken),庵逻降居独洛水(Tughla),称第二可汗。大逻便乃谓沙钵略曰:'我与尔俱可汗子,各承父后,尔今极尊,我独无位,何也?'沙钵略患之,以为阿波可汗(Apa Qaghan),还领所部。"此处虽无"小可汗"或"汗"之明文,而就"统东面"、"居西方"、"第二可汗"、"还领所部"诸语推测,其职位与"小可汗",殆无差异。

《旧唐书·西突厥传》:"莫贺咄侯屈利俟毗可汗先分统突厥种类,为小可汗(Oan),及此自称大可汗(Qaghan),国人不附。……国人乃奉肆叶护为大可汗。"同卷:"沙钵罗咥利失可汗……阿悉吉·阙·俟斤与统吐屯等召国人,将立欲谷设为大可汗,以咥利失为小可汗。"是"大可汗"与"小可汗"之分别甚为显明。《唐会要》卷 94:"贞观十二年(638 年)九月,上以薛延陀(Syr-Tardush)强盛,恐后难制,分封其二子,皆为小可汗。"同卷:"十九年九月,真珠二子,长曰曳莽,次曰拔灼,初分立为小可汗。"可知"小可汗"乃"可汗"之子弟受封之号,虽长一部,与属国不同。

11.2.2 俟斤(Irkin)、大俟斤(Ulugh Irkin)

突厥一词,有广、狭二义。以于都斤山为中心之突厥,唐代称之曰北突厥或东突厥,可称为狭义的突厥。其首领为广义的突厥诸部族之

---

[1]日人白鸟库吉曾著《可汗可敦名号考》,揭于《东洋学报》第 11 卷第 3 号。他不承认 Qaghan 及 Qan 之别,可参阅。

[2]可失合里《突厥文字典》著录一钦察酋长名 Tabar,"他钵"或即 Tabar 之对音。

最高元首，故称"可汗"（Qaghan）；其他诸部君长，则有他种称号。"俟斤"、"亦都护"等皆是也。

"俟斤"之"俟"，有多种读法。自夏德以后，东西学者曾有讨论，兹不多赘。

Irkin 原为部族首领之称。厥后在突厥文中，另有他意。11 世纪可失合里《突厥文字典》[1] irkin suv（意为停止的水）其下有 Köl Irkin 一词，注云："歌逻禄（Qarluq）元首之徽号：智深若海。"köl 此云"海"，则 Irkin 一字，似有"智慧"之意。

铁勒诸部酋长，皆称"俟斤"。《隋书·铁勒传》："独洛河北，有仆骨、同罗（Tongra）、韦纥、拔也古（Bayirqu）、覆罗，并号俟斤。"拔也古君长之称"俟斤"，突厥碑文中亦曾言之（见突厥文《阙特勤碑》东面 34 行）。原文为 Ulugh Irkin，汉文"大俟斤"。突厥官号之加"大"字，常见不鲜，非止"俟斤"一名也。史称多览葛酋亦号"俟斤"。[2] 多览葛为九姓回纥之一，其酋号"俟斤"固宜。

铁勒诸部外，白霫、驳马等部族，亦以"俟斤"统领其众。《资治通鉴》贞观十七年（643 年）称"薛延陀本一俟斤"。在突厥诸部中地位最北之骨利干（Quriqan），则二"俟斤"同居（《通典》卷 200）。居今热河省潢水北之霫，"习俗与突厥同，渠帅亦号为俟斤"（同上引），而潢水南鲜卑种之奚，每部亦置"俟斤"一人为其帅（同上引）。契丹"君大贺氏，有兵四万，析八部，臣于突厥，以为俟斤"。是此名之施用，不仅限于突厥种族矣。

《新唐书》卷 270 下《黠戛斯传》："东至木马突厥部落，曰都播（Tuba）、弥列哥（Belig?）、饿支（Ach）[3]，其酋长皆为颉斤。"颉斤与"俟斤"在字面上固不同，但吾人试将"俟利"与"颉利"、"俟利发"与"颉利

---

〔1〕《中古突厥语词汇》，第 68 页。

〔2〕当即《圣武亲征录》之帖良兀，《史集·部族志》之帖良兀惕（Talangūt）。荷人施列格尔（Schlegel）于其《哈剌巴剌撒衮回鹘文碑上之汉文碑文》（Die Chinesische Inschrift aus dem Uigurischen Denkmal in Kara Balgassun）第 1 页已言之。

〔3〕拉德洛夫于叶尼塞河碑文中寻得黠戛斯民族名称五，其中有 Atoch 及 Belig 二族，见 Elegesch 纪念物中，似即"弥列哥"、"饿支"。参阅《蒙古古突厥文碑铭》第 1 册，第 343、314 页。

发"相较,不难知其为同名异译。

西突厥十姓,分东西二部。在东者为五咄陆部落,在西者为五弩失毕部落。五弩失毕则有五"大俟斤"(Ulugh Irkin)。然则吾人试就今日地图察之,东起辽水,西达中亚,举凡稽首于于都斤山突厥之诸属部,其酋长殆悉称"俟斤"。此号传播,可谓宽广。

"俟斤"一名,非突厥所固有。就史籍求之,实由鲜卑、蠕蠕传授而来。《南齐书》卷57《魏虏传》:"又有俟勤地何,比尚书。""俟勤"既可与中国尚书相比拟,当然为一官号。则突厥之"俟斤",必为"俟勤"之异译。《魏书》卷29《奚斤传》,吾人颇疑其非人名而为一官号。诸史北族列传中以官名为人名者甚多,不止"奚斤"一人也。[1]

《魏书·蠕蠕传》:"婆罗门遣大官莫何去汾、俟斤丘升头六人,将一千,随具仁迎阿那瓌。"是"俟斤"一号,鲜卑、蠕蠕二族具早已用之,不自突厥始也。同传"魏宣武帝延昌四年,蠕蠕可汗丑奴遣使侯斤尉比建朝贡。""侯斤"之"侯",当为"俟"字之误。

契丹曾臣属于突厥,故其君长大贺氏亦膺"俟斤"之号。厥后历代沿用,迄辽太宗始有所改易。《辽史·太祖本纪》:"唐天复元年岁辛酉,痕德堇可汗立,以太祖为本部夷离堇,专征讨。"夷离堇乃Irkin之辽代音译,是耶律阿保机初起时即居是官。《辽史·百官志一》:"北院大王分掌部族军民之政。北院大王初名迭剌部夷离堇。太祖分北南院。太宗会同元年改夷离堇为大王。"《辽史国语解》:"夷离堇:统军民大官。"则其职位较唐代大异。

女真官号,颇有因袭契丹者。"移里堇"(Irkin)即其一也。《金史·百官志四》:"诸移里堇司:移里堇一员,从八品,分掌部族村寨事。"《钦定金史国语解》以为本辽语,不知其始自蠕蠕、鲜卑,中经突厥袭用而始见于契丹也。

11.2.3　亦都护(Iduq-qut)

突厥文《苾伽可汗碑》东面第25行云:"朕年二十,征同族拔悉密

---

[1] 此"奚斤"曾两征蠕蠕。《魏书·蠕蠕传》之"山阳侯奚"及"宜城王奚"即其人,前后封爵不同,非二人也。

（Basmil）及其 Iduq-qut。"Iduq-qut 者，拔悉密君长之号，汉文"神圣幸福"、"神圣威武"。新、旧《唐书》中均未见有对音。降及后世，Iduq-qut 演变为 Idi-qut，元代音译曰"亦都护"，兹借用之。

《元史》卷 122《巴而术·阿而忒·的斤传》："巴而术·阿而忒·的斤·亦都护（Barchuq Alt Digin Idu-qut），亦都护者，高昌国主号也。"《元朝秘史》第 238 节"亦都护"作"亦都兀惕"。《史集·部族志》作 Īdī-qūt，意为政府之元首。[1] 俄人德麦松（Desmaisons）译乞瓦王阿布勒哈齐《突厥世系》注云："Idi-qut 意为幸福、富足，有强力。"较拉施都丁之说为优。

元代高昌（今新疆吐鲁番）之畏兀儿，即唐武宗会昌年间，为黠戛斯所败而南徙回鹘之一部分，其根据地初在娑陵水（Selenge）。突厥失败后，代居郁督军山，雄长中国北方，则其首领"亦都护"之称号，即非由拔悉密输入，亦为突厥族所固有也。

屠寄《蒙兀儿史记·巴而术阿而忒的斤亦都护传》自注云："唐时回鹘有叶护之号，盖转为亦都护。"王国维《圣武亲征录校注》亦云："亦都护王号，唐时突厥、回鹘并西域诸国皆有叶护，此亦都护其遗语也。"案"叶护"为突厥碑文 Yabghu 之对音，亦都护乃 Iduq-qut 之遗语，王、屠两氏之说皆误。

11.2.4 特勤（Tegin）

"特勤"一号，往日史籍，殆悉误为"特勒"。司马光《通鉴考异》卷 7 于"突厥子弟谓之特勤"条注曰："诸书或作特勤。今从刘昫《旧唐书》及宋祁《新唐书》。"然则两《唐书》"特勤"之误为"特勒"，司马君实修《资治通鉴》时已然。而君实弃正从误，真所谓"夷语难通"者矣。

首先发现"特勒"之讹者，实元朝耶律铸。《双溪醉隐集》卷 2《取和林》一诗自注云："和林城，苾伽可汗之故地也。岁乙未（1235 年）圣朝太宗皇帝城此，起万安宫，城西北 70 里，有苾伽可汗宫城遗址，城东北 70 里，有唐明皇开元壬申御制书《阙特勤碑》，……其像迄今存焉，

---

〔1〕贝勒津刊本，《丛刊》第 7 册，第 163 页。

其碑及文,特勒皆是殷勤之勤字。唐新、旧史凡特勒皆作御勒之勒字,误也。诸突厥部之遗俗,呼其可汗之子弟为特勤。特勤字也,则与碑文符矣。碑云:'特勤苾伽可汗之令弟,可汗犹朕之子也。'唐新、旧史并作毗伽可汗,勤、苾二字,当以碑文为正。"

但顾亭林《金石文字记》于《凉国公契苾明碑》下,却历引史传中之"特勒",以订正《凉国公契苾明碑》及柳公权《神策军碑》之"特勤",以为皆书者之误,殊可浩叹。钱大昕驳之曰:"外国语言,华人鲜通其义,史文转写,或失其真,唯石刻出于当时真迹。况《契苾碑》宰相娄师德所撰,公权亦奉敕书,断无伪舛,当据碑以订史之误,未可轻訾议也。《通鉴》亦作特勒,而《考异》云:诸书或作敕勤[1]……按古人读敕如忒,敕勤即特勤。"(《十驾斋养新录》卷6"特勤当从石刻"条)

西域诸国,有以"特勤"名佛寺者,盖寺为突厥王子所建,即以其名号名之也。《悟空纪行》,迦湿弥罗国有"也里特勤寺",健驮国有"特勤洒寺"。二寺名均作"勤"不作"勒"。《大慈恩寺三藏法师传》卷3"特勤"之"勤"字亦不误。盖内典之书,读者较少,故常能保存原文之真相。

至于"特勤"二字,亦自有其意义。《魏书》卷103:"高车……初号狄历,北方以为敕勒,诸夏以为高车、丁零。"《旧唐书·突厥传》云:"回纥……在魏时号铁勒部落,……依托高车,臣属突厥,近谓之特勒。"盖"狄历"、"敕勒"、"丁零"、"铁勒"、"特勒",殆皆同名异译,与"特勤"无关。唐太宗昭陵石刻六骏之一,名"特勒骠"。"敕勒川,阴山下"之歌词为人人所能背诵。足证"特勤"之误为"特勒"。亦以耳熟之故,非仅形似而已也。

诸书均谓"可汗子弟谓之特勤"。惟称"特勤"者,除《通典》卷199所言之宗族外,异姓亦得为之。突厥文《苾伽可汗碑》之撰者,为可汗之甥 Yoligh 特勤,甥称"特勤",可证不限于可汗子弟。又《北史》沙钵略从弟名"地勤察",此"地勤"当为"特勤"之异译。盖突厥继位之法,以兄终弟及为原则,故可汗伯叔之子亦均可称"特勤"也。隋末五原通

---

〔1〕四部丛刊影宋本《通鉴考异》"敕"作"特"。

守张长逊附突厥,突厥以为"割利特勤"(Qari Tegin,见《唐书》本传)。则突厥"特勤"一号亦可用于异族矣。

"特勤"之号,亦不始于突厥。《洛阳伽蓝记》卷5引《宋云记行》:"乾陀罗国……本名叶波罗国,为嚈哒(Ephthalite)所灭,遂立敕懃为王,治国以来已经二世。""敕懃"即"特勤"。"敕"古读"忒",已见前引钱大昕之文。宋云于520年至乾陀罗国,是"特勤"一号,至少在第5世纪下半期嚈哒业已用之。

突厥以后北方民族仍袭用之。《旧五代史》卷138回鹘有"狄银",《辽史·百官志》有"惕隐",元代则有无数"的斤",皆"特勤"之异译,惟意义随时转变,非复可汗子弟所专有。Tegin 之译为"狄银"、"惕隐",盖 g 母因方言不同而软化为 y 也。[1]

11.1.5 叶护(Yabghu)

"叶护"一名来源甚古。匈奴、大月氏、乌孙之属,皆曾用之。《史记·匈奴传》:"赵信者,故胡小王,降汉,汉封为翕侯。"此为"翕侯"见于载籍之始。赵信"翕侯"之号虽为汉封,当系一匈奴官号之音译。盖赵信本胡人,故汉家仍用北族官号宠之也。

《史记·大宛传》、汉书之《张骞传》、《乌孙传》皆言乌孙有"翕侯"。颜师古注云:"翕侯,乌孙大臣官号。"《汉书·西域传》称大月氏有"五翕侯"。近世东方学家进行探讨,咸欲指出其地望。乌孙初与大月氏同居祁连、敦煌间,种属当甚近,并有"翕侯"官号,自无足异也。

《唐会要》卷100:"葛禄与九姓部落复立回鹘暾叶护为可汗……自此以后葛禄在乌德犍山者,别置一都督,隶属九姓回鹘,其在金山及北庭管内者,别立叶护,每岁朝贡。"是"叶护"乃一部族中之分部部长也。

11.2.6 设(Shad)

"设"有"杀"、"察"等异译。其职务在《北周书》有明白之注释。曰"别部领兵者谓之设"。"设"既领兵别部,大抵可建立牙帐,专制一方,故《旧唐书》卷194上《突厥传》云:

---

[1]参阅拙著《西北地理札记·乌鹄》一文。

始毕卒,其子钵苾以年幼不堪嗣立,立为泥步设,使居东偏,直幽州之北。颉利……初为莫贺咄设(Baghatur Shad),牙直五原之北。

默啜立其弟咄悉匐为左厢察、骨咄禄(Qutluq)子默矩为右厢察。各主兵马二万人;又立其子匐俱(Bögü)为小可汗(Qan),位在两察之上。

登利(Tengri)年幼……从叔二人分掌兵马,在东者号为左杀,在西者号为右杀。其精锐皆分在两杀下。

吾人读《旧唐书》之文,于"设"之地位与所谓"别部领兵"之职司,可以了然矣。

波斯文"沙"(Shāh)字,汉义"君长"、"帝王"。此字应与突厥号Shad(设)字同源。故俄人巴托尔德(W. Barthold)谓似并为伊兰字(《中亚突厥史十二讲》,页13)。果尔,则此官号亦非突厥所固有矣。

突厥文《阙特勤碑》南面第1行著录一Shadapyt字,以与梅禄(Buiruq)对举,故知其亦为官号。丹麦陶木生(V. Thomsen)谓"此字尚不认识,与Shad(设)字有关。惟非汉文之'俟利发'"。[1] 厥后又言"一种贵族阶级,尚不明"。日本白鸟库吉在其《失韦考》中,曾主张Shadapyt乃"设发"之对音,谓"突厥官名有以'发'字为语尾者颇多,如'吐屯'亦作'吐屯发'、'设'亦作'设发'、'俟利'亦作'俟利发'之类皆是也。此'发'字乃put之对音……突厥之'设发',碑文作Shadapyt"。(见《东胡民族考(下)》)邦格(W·Bang)在其《苍色突厥碑文研究》(Über die Köktürkische Insebriften)中曾主张Shadapyt一字中之Shad及apyt应分开,且怀疑apyt乃apyn之多数,如Tarqan(达干)之多数为Tarqat、Tegin(特勤)之多数作Tegit是也。

案陶木生自言对此字不甚了然,可置勿论。白鸟之说,初视之似颇可成立,但吾人须知缪勒(F. W. K. Müler)曾主张"俟利发"为Elteber之对音(《维吾尔志二》[Uighurca II]页94)。夏德以为乃Yilpaghu之

---

〔1〕陶木生:《鄂尔浑河碑文解读》(Inscriptions de l'Orkhon déchiffrées),第166页,又参阅予译之《突厥暾欲谷碑》,载《禹贡》半月刊,第6卷第7期,第29页。

对音(《跋尾》页 111),同一字尾"发"字,而有 bär、paghus 及 apyt 三异说,是 Shadapyt 一字究为"设发"之对音否,尚颇成问题也。

11.2.7 匐(Beg)

夏德在其《暾欲谷碑跋尾》(页 107)解释"泥熟匐"一名谓:此名"最末一字在若干地方无疑地应视为突厥文 Beg 之对音"。其后东西学者,莫不赞成斯说。beg 一字今音译为"伯克"或"白克"。新疆维吾尔族,尚沿用之。元代音译为"别"、为"伯"、为"卑"、为"毕",如"月祖别"(Üzbeg)。洪钧以为黠戛斯人称贵人曰"辈",当为"匐"之异译。误,辈去声,非 k 尾字。

11.2.8 梅录(Buiruq)

Buiruq 一号,唐译为"梅禄"。五代回鹘仍沿用之,音译为"密禄"、为"媚禄"(见《旧五代史》及《新五代史》之《回鹘传》)。蒙古兴起时乃蛮部落为突厥之裔胄,故其君长亦有以 Buiruq 为号者。《圣武亲征录》译为"杯禄",《元史·太祖本纪》作"卜欲鲁",《元朝秘史》译"不亦鲁黑"。

多桑于其《蒙古史》第 2 章曾译 Buiruq 之意云:"Bouyourouc(不亦鲁黑),突厥语统兵者之义。"其说似本之于波斯 14 世纪史家拉施都丁。拉施都丁用 Farmūdan 译"Būiruq",即"不亦鲁黑者指挥也"[1]按 11 世纪可失合里字典著录 Byruq 一字,谓出于 Buiruq,意为"皇家总管"。此殆异时异地而异意也。

《通鉴纲目》:"开元二十二年默啜为梅禄啜(Buiruq Chur)毒杀。"元代王幼学《集览》云:"梅禄,突厥别部之号,啜,其大臣之称。"《集览》未注其解说之出处。恐为臆想,无根据。

11.2.9 啜(Chur)

"啜"之上常加形容词,如言屈律啜(Külüg Chur,屈律,华言著名)、梅禄啜(Buiruq Chur)等是也。其职司虽不得详,但据西突厥东五部有五"啜"推之,其地位当亦为一部之长。

---

〔1〕贝勒津刊本,《丛刊》第 7 册,第 174 页。

·欧·亚·历·史·文·化·文·库·

11.2.10　颉利发

"颉利发"之外,尚有"俟利发"、"俟利伐"、"俟列弗"、"俟列发"、"希利发"等异写,而"颉利"则又有"伊利"、"一利"、"意利"、"伊离"等异文,足证此号乃极常用之号。数十年来,东西学者多欲求此字之对音,然无一人能作满意之解答者。夏德氏、缪勒氏(二氏之说已见前)、伯希和氏、王国维氏[1]诸家之文,可参看也。

11.2.11　吐屯(Tudun)

"吐屯"为 Tudun 之音译。《隋书·契丹传》:

> 突厥沙钵略可汗遣吐屯潘怚统之。……室韦分五部,突厥常以三吐屯总领之。

《唐书·突厥传》:

> 统叶护可汗悉授西域诸国以颉利发,而命一吐屯统之,以督赋入。

是"吐屯"为监察之官。《太平广记》卷 250 引《唐御史台记》言"突厥谓御史为吐屯",是"吐屯"职掌与唐御史略同,御史亦以监察为职责者也。《资治通鉴》开元十四年(726 年)"黑水靺鞨请吐屯于突厥"。就"吐屯"之职司推之,是黑水靺鞨请突厥遣官以监视其国政也。与元代之八思哈(Basqaq)、达鲁花赤(Darughachi)职务差同。

"吐屯"之外,尚有"吐屯发"一号,异写别有"鍮屯发"。"发"之意义与来源,当与"颉利发"之"发"同。

可失合里字典有 Tudun 一字,译言"村长,与分水人",仍多少保存唐代原意。此名在蒙古时代尚见于成吉思汗先世人名中。《元朝秘史》有蔑年土敦者,拉施都丁书作 Tudun Menen,"土敦"即"吐屯"。洪钧谓 Tudun Menen 当为 Menen Tudun 之倒误,甚是。因蒙人名,徽号皆在后。"土敦"当即此人之徽号也。

《新唐书》卷 217 下《黠戛斯传》:"其官宰相、都督、职使、长史、将军、达干六等。宰相七,都督三,职使十,皆典兵。长史十五。将军、达

---

〔1〕王国维:《观堂集林》卷 20,第 13 – 14 页。

干无员。"〔1〕"都督"、"将军"之名，在外蒙突厥文碑中作 Tutuq、Sengün，辽金时之"相温"、"详稳"、"详衮"，元代之"桑昆"、"想昆"，并为中国官号北游返国后之面目。时代不同，故有多种写法。回鹘亦有"宰相"，且分内外，见《唐书》及《九姓回鹘可汗碑》。唯黠戛斯官号，多借自中国，其因袭北方民族者亦不少。"职使"黠戛斯碑文作 Chigshi，实即刺史之译音，"长史"碑文作 Changshi，契丹人音译作敞史。

　　外蒙突厥文碑中有若干官号，今尚不能于唐代史籍中得其对音。若 Alpaghu 或 Yilpaghu、Eltebir 等是也。其可得考者，尚有"裴罗"（Boila）一官号。王国维著《西辽都城考》，曾搜集不少裴罗人名，以为巴剌沙衮（Balasagun）即"裴罗将军"，伯希和氏已指出其误。

　　《玄奘传》载突厥有"答摩支"一官，伯希和以为即辽之"挞马"、元之"探马赤"（Tamachi）所从出。此字在他种书籍亦可得其踪迹。《唐会要》卷 96 薛延陀之"咄摩支"、《新唐书·突厥传》之"都摩支"（《旧唐书》"支"作"度"，误），皆其异译也。

　　《隋书·西突厥传》："官有阎洪达以评议国政。"据此知其职司在议政。《唐会要》卷 72"诸蕃马印"条"阎洪达井"凡两见，盖以官名名井，若"特勤寺"、"莫贺城"之例也。

　　　　（原载华西大学《中国文化研究所集刊》1940 年第 1 卷第 1 期）

---

　　〔1〕《新唐书》只列举北突厥官制，于《西突厥传》则略而未言。唯吾人苟就《新唐书》之文加以分析，将见其《北突厥传》中所举之官名，实合《旧唐书》北、西两突厥传官号而为一也。所多者"达干"一号而已。"俟利发"、"颉利发"二号，乃同名异译。《新唐书》重出，似当时已莫能分辨。

12　元代的吉利吉思
及其邻近诸部

清朝嘉庆、道光以后,西北舆地之学大盛。学者对于元代西北政治经济重地——吉利吉思及其邻近诸部的辨方定位研究,至今已有150多年的历史了。欲了解元朝中央政府与西北叛王的斗争形势,必须判明各族分布状况和地理方望,不然就坠入五里雾中,不得要领,可惜他们为时代所限,或缺乏详密地图和域外材料,或对民族语言文字有所隔阂,研究进展始终不够理想。

元代有关吉利吉思及其邻近诸部的材料十分分散,其名称并列齐举比较集中之处有三:(1)《元朝秘史》第239节(《圣武亲征录》戊寅年太略);(2)《元史·地理志·西北地附录》;(3)波斯拉施都丁《史集·部族志》,这一部分材料,直到清末洪钧才接触到。

第一个研究《西北地附录》的大约是徐松。据魏源《海国图志》卷3《元代疆域图·序》,徐松著有《元代西北地附录注》,可惜"未卒业"。嘉庆十七年(1812年)徐松因事遣戍伊犁七年,"出关,置开方小册,随所至图其山川曲折",对新疆地理有亲身勘查测绘的实践经验,所以他的《西域水道记》等书至今尤为学者所重视,成为西北舆地之学的划时代人物。不过叶尼塞河流域他没到过,受了《水道提纲》的影响,除昂可剌河外,对阿浦、玉须诸水的勘同,都是错误的。

魏源在他的《海国图志》中收入他有关元代西北地理研究的一图、四考。其图名《元代西北疆域沿革图》,收入卷3;四考是《图志》卷32的"元代征西域考"上、下两篇,及卷56的"元代北方疆域考"上、下两篇。魏源说:"谦河……贯诸部以入北海","谦河明而岭北五部舆地纲领得矣",可是由于他以今日地图上的安加拉河上游当元代的谦河,他所位置的诸部方位差不多完全错误了。

何秋涛著《朔方备乘》。他认为魏源《元代北方疆域考》尚有未赅之处,把他收入《朔方备乘》卷54,补入自己的批评意见。他见过比较详细的西国舆地全图,对于吉利吉思等部的方望多少有所突破,如他说"诸家都以伊聂塞河为古谦河"(卷54页8),"谦河当即叶尼塞河"(卷首9页6)。谦河的方望既正确,其所流经的各族位置就容易确定,不会像魏源在东西伯利亚斡难河南找撼合纳部了。

李文田著有《元秘史注》,在何秋涛《校正元圣武亲征录》上注有校语,对于吉利吉思诸部方位未发表意见,只引用《元史·地理志》之文,互相比附而已。

洪钧《元史译文证补》卷28为《部族考》,必是将《史集·部族志》译为汉文,加以考释,可惜有目无书。卷4《术赤传》页1注解云:西域书"谓谦河之源有八河,卫喇特居其左近,其东有乌拉速特,帖楞郭特,客失的迷三族,居拜喀勒湖西,与卫喇特、乞尔吉思为邻",这是他根据《史集·部族志》兀儿速等部及斡亦剌部两节写成的。自从他介绍了《史集》这点记载以后,那珂通世的《校正增注元亲征录》(页101,收入《那珂通世遗书》)、丁谦的《元秘史考证》(卷12页1至2)、屠寄《蒙兀儿史记》卷3(成吉思汗二年)均采纳其说。可是洪钧以为帖良兀及客思的迷在斡亦剌之东,显然是错误的。洪钧所具备的条件远远超过前人,所以他在西北舆地之学的领域中,对于吉利吉思的研究能向前推进了一大步。

丁谦继施世杰(著有《元秘史山川地名考》)、洪钧、李文田之后,既具备他认为必不可缺的"详密之舆图",又有"重译之国史",应该有很好的成绩,读他的《元秘史考证》第293节注释,亦仍是袭用洪钧旧文,无所发明。

屠寄《蒙兀儿史记》卷3记述术赤征林木中百姓,以及卷160关于《元史·地理志·西北地附录》的解说,几乎完全因袭洪钧的意见,洪钧错误之处,他不仅更加扩大,而且还师心自用,任意更改《元史》的文字。《元史·地理志》谦河"注于昂可剌河",他竟认为是"旧志倒误",改为昂可剌河"会于谦",以求"与今图密合",真令人吃惊!《禹贡》

"岷山导江,东别为沱",难道今日注解《禹贡》的人,可以根据今日的地理知识,改为"唐古拉山导江"吗?

前辈为时代所限,成就大小虽有不同,但筚路蓝缕之功是令人敬佩的。没有他们披荆斩棘的辛勤劳动,他们所走的弯路,后人就难免不再走了。

日本的早期元史专家,如那珂通世的《成吉思汗实录》、《校正增注元亲征录》,箭内亘的《兀良哈三卫名称考》,都已注意到吉利吉思的问题,这些研究是国人所熟悉的,兹不赘。

关于西伯利亚古史,从十七八世纪荷兰学者 Nicholas Witsen 的《鞑靼地区的北部和东部》(1692 年)和被俘的瑞典人 P. J. Strahlenberg 的《欧亚的北方和东方》(1730 年)起,就引起西方学者的十分注意。以后俄国学者也不断有所记述。第二次世界大战后,在哈卡斯—米努辛盆地、阿尔泰及图瓦地区,苏联人从事大规模的调查和发掘,可惜他们的著作我们很不容易见到。至于西方的东方学家对于元代吉利吉思等部的研究,我们囿于见闻,所见亦甚少,我们手头所能接触的,主要有法国伯希和的遗著《金帐汗国史评注》(1950 年),《圣武亲征录译注》(1951 年),《额鲁特史评注》(1960 年)等书。《元朝秘史》第 239 节列举术赤征服的林木中百姓吉利吉思东西两方各部名称,伯希和在其《额鲁特史评注》页 5 有法文译文,页 56 至 64(即脚注 34 至 60),有详细注释。他的同僚韩伯诗著有《谦河注》(《亚洲学报》1956 年,页 281至 300)及《Kasdim 及 Ges-dum》(同上,1958 年,页 313 至 327),两文亦是研究吉利吉思等部的文章。他们在语言学上对于这些部族名称的诠释,以及他们的繁征博引、详细考订,给读者很多启发。不过他们的原书俱在,可资参考,如无必要,他们讲过的,本文就不重复了。

新中国成立后我国重印的古籍不少,部分的且加标点符号,对于史学工作者颇为便利。但为古书作索引者则不多见,学者如欲在某书中寻找某种材料,必须通读全书,始能一一检出。现在先进的图书馆已使用电子计算机搜集材料了,我们认为在此种设备尚未普及之时,应该为二十四史、《通鉴》等重要古籍,每书作一部带有简单扼要原文的分类索引以节省学者查阅、搜寻的时间。日本学术界为辽、金、元等史所作带有简要原文的索引,中外学者在搜集辽、金、元史中所需材料时,无不利用它。本文所引用的《元史》中吉利吉思、谦谦州的材料,我国西北舆地学家著作中固然差不多都接触到了,可是《元史语汇集成》把这些材料一一列举于吉、乞、谦、欠等字之下,其他周围各部材料也是一样,展卷即得,这就节省了大量翻检剔选的辛劳。

12.1   吉利吉思诸部的方位

《元朝秘史》第 239 节:"兔儿年(1207 年),成吉思汗命拙赤领右手军去征林中的百姓。令不合引路。斡亦剌种的忽都合别乞,比万斡亦剌先来归附。就引拙赤去征万斡亦剌。入至失黑失惕地面,斡亦剌惕、不里牙惕、巴尔浑、兀儿速惕、合卜合纳思、康合思、秃巴思诸种都投降了。至万乞儿吉思种处,其官人也迪亦纳勒、阿勒迪额儿、斡列别克的斤也归附了。……自失必儿、客思的音、巴亦惕、秃合思、田列克、脱额列思、塔思、巴只吉等种以南林木中百姓,拙赤都收捕了。"

根据这节记载,若以乞儿吉思为中心,林木中百姓可分东西两部分。他们的住地,我们虽不能全部知道,但其中大部分部族的方位,是可以确切或大体指出的。

12.1.1   斡亦剌部

1953 年,蒙古人民共和国科学委员会考古队在库苏古勒省阿尔布拉克(Arbulagh)县第三巴格地方,色楞格河支流德勒格尔河北岸,发现元宪宗"丁巳夏"(1257 年)外剌驸马八立托及公主一悉叶建立的"释迦院碑"。碑记是汉、蒙两种文字写的。这个地方应是外剌的夏营,是他的政治活动中心之一。[1]

溯德勒格尔河西北行,越过唐努山脉东端的分水岭,即达华克木河上源锡什锡德河(Shishkhid-ghool)。伯希和认为 Shishkhid(shishqit)是

---

〔1〕丕尔勒:《关于蒙古古城及居民点史》,附有影印释迦院碑图片。(《苏联考古学》,1957年第 3 期,第 43 - 53 页)

shikhshid 一字中间的两个辅音(q、sh)换位所致,似乎是可信的。[1] 斡亦剌、秃巴思诸部向术赤投降的地面,就是在这条河的流域。

拉施都丁《史集·部族志》"斡亦剌"条:"斡亦剌的帐幕及住地,在八河流域……诸水从此地流出,汇为一水,曰谦河。谦河流入昂哥剌河。"谦河上源华克木河支流甚多,所谓八水,应是此水支流的一部分,也就是说斡亦剌部的主要部分,住在德勒格尔河及华克木河流域。

H. H. 霍渥思(《蒙古人史》第 1 卷,1876 年,页 682)根据阿布勒哈齐《突厥世系》节录拉施都丁《史集·部族志》斡亦剌部之文,对这八条河流曾进行过勘同工作。不管阿布勒哈齐书中这八条河名的写法是否正确,他在昂哥剌河支流中寻求这八条河流,未免南辕北辙了。关于昂哥剌河与谦河的关系,《元史·地理志·西北地附录》及《史集》"吉利吉思"条都说谦河注于昂哥剌河。这是元代的地理概念。据我们在南京所能接触的材料——《史集》贝勒津刊本页 101、《史集》1958 年俄文新译本(第 1 卷第 1 分册页 112)及霍渥思引用的《突厥世系》,这三种本子关于八水的名称,除以颜色命名的三水外,其余五水的写法都不相同。根据这些不能肯定的写法进行对音勘同恐怕是危险的。韩伯诗所著《谦河注》一文,曾试图在贝克木及华克木两河的支流中寻求八水,可是他的勘同工作,仍未能令人满意。(《亚洲学报》1956 年,页 285 至 286)

12.1.2　不里牙惕

今贝加尔湖东面的布里雅特人。《史集》未著录。

12.1.3　巴尔浑

《史集》作 Barqūt,这个部族住在贝加尔湖东巴尔古津河流域。我国黑龙江省有新旧巴尔虎人,所以我国学者早已用巴尔忽歹和它比拟了。

12.1.4　兀儿速惕

《史集》作 Ūrāsūt;《元史·英宗纪》作兀儿速;《地理志》作乌斯。

---

〔1〕伯希和:《额鲁特史评注》,1960 年,第 57 页。

洪钧说:"俄图叶尼塞河上游有乌斯河,东来入之。河滨有二村,曰上乌萨、下乌萨,皆为乌斯之转音,《元史》谓乌斯因水得名,在谦河之北,说合"(《证补》卷 26 下,页 12)。看来,乌斯部居住在萨彦岭北万山之中,道路崎岖,交通困难,可以想像。元朝政府在兀儿速(乌斯)部特别设立两个驿站,是有道理的。[1]

12.1.5　撼合纳

《史集》未著录。《元史·地理志》说,此部在"乌斯之东,谦河之源所以出也"。谦河南源华克木河为斡亦剌部住地,那么形如"布囊"的撼合纳必在北源贝克木河的谷地。洪钧已经指出,这个谷地正在乌斯之东,伯希和把这个名称拟构为 Qapqanas,说突厥语 qap 意为囊。"在巴只吉惕族确有个名为 Qapqa 的氏族,如果要为这个名称找个字义的话,最好用突厥语'捕捉鸟及狐的陷阱'的 Qapqan 字来解释。它以 khabkha 的形态传入蒙古语,而且还传入俄语为 kapkan。"(《额鲁特史评注》页 58)

12.1.6　康合思

不详。《史集》亦未有著录。

12.1.7　秃巴思

Tubas 乃 Tuba 的复数,参阅《社会科学战线》1978 年第 3 期《唐代都波》一文。

12.1.8　乞儿吉思

《史集·部族志》乞儿吉思条:"乞儿吉思和欠欠州两个地区互相毗连、组成一个国家。"塞北可作政治经济中心的地方不多。就地理条件和历史遗迹及出土文物看,只有叶尼塞河上游米奴辛斯克平原及唐努乌梁海盆地可耕可牧,具有政治活动中心的资格。所谓汉代的李陵

---

〔1〕参阅陈得芝:《元岭北行省诸驿道考》,《元史及北方民族史研究集刊》第 1 期,1977 年,第 22 页。

宫〔1〕前汉铜镜〔2〕古墓,〔3〕唐代的突厥文碑碣、〔4〕唐会昌铜钱,〔5〕元朝的城市及生产工具、〔6〕符牌,〔7〕都是在叶尼塞河上游这两个地区发现的。

至于今日的叶尼塞河下游,元代是昂可剌部的居地。洪钧说:"昂可剌既然'炙羊肋熟,东方已曙',其地当在北纬 60 度左右,而谦水注于昂可剌之地在五十八、九度之间"(《证补》页 26),故附庸于吉利吉思之昂可剌部必在两河汇流以后的叶尼塞河的下游。

12.1.9 失必儿

《史集·部族志·吉利吉思部》:"昂哥剌河流到亦必儿·失必儿(Ibir-Sibir)部地区的边界。"这是林木中百姓最北部的部族之一。元代海都叛乱,玉哇失曾与其将八怜等"战于亦必儿·失必儿之地"。(见《元史》卷 132 本传)

这个失必儿之地,14 世纪上半叶 Mesalek-Alabsay 说,此地极寒,遍地积雪。Ibn Arab Shah(卒于 1450 年)言,钦察北邻 Sibir 之地。16 世纪沙俄侵略西伯利亚时,在 Irtish 河上 Tobolsk 上游 16 俄里处有鞑靼 Kucum 汗都城名 Sibir,1581 年为哥萨克头人 Yermak 所夺取,今尚有遗迹可寻。据此,元明时代失必儿的方望可以想像了。

12.1.10 客思的音

《亲征录》作客失的迷。这个部族名称 KshDM,早见于唐努乌梁海克木池克——崖头(Qaya Bashi)唐代突厥文摩崖。摩崖刻辞云:"伊难

---

〔1〕基谢列夫:《南西伯利亚史》,1951 年,第 479 - 484 页。

〔2〕杨连陞:《西伯利亚发现的铭刻铜镜》,《通报》,1953 年,第 330 - 340 页。

〔3〕基谢列夫:《南西伯利亚史》,1951 年,第 479 - 484 页。

〔4〕拉得洛夫:《蒙古古突厥文碑铭》,1895 年,第 1 册"叶尼塞河流域的古突厥碑文"部分。

〔5〕拉得洛夫:《蒙古古突厥文碑铭》,1895 年,第 1 册"叶尼塞河流域的古突厥碑文"部分。

〔6〕基谢列夫:《古代蒙古城市》,1965 年,第 59 - 119 页。

〔7〕"从查库尔平原(欠欠州)至米努辛斯克(吉利吉思),估计三至五日程。"(卡拉塞:《未经勘探的蒙古》,第 110 页)《元史》卷 20,"大德五年"条,"称海至北境十二站大雪"。这个"北境"似应在吉利吉思之境。果尔,吉利吉思就有两条驿道,一通称海,一通外剌。1846 年在米努辛斯克地发现的至元国书牌,(见 E. A. Wallis Budge 英译《中国皇帝忽必烈的僧人》,1928 年,第 62 页,图版五;羽田亨《元朝驿传杂考》卷末影印图版第一之一)在托木斯克地区出土的圆牌(见羽田亨上引书卷末影印图版第四),是元代驿路到达这两地的见证。

珠·俱禄·刺史·旬……在 Keshdim 六族中,我是至尊。"[1]这个摩崖在克木池克河右岸,正对其左岸支流亦失克木河流入克木池克河的入口处。据卡拉塞《未经勘察的蒙古》附图,这个地方正在乌鲁克木河与克木池克河之间的"古道"西端。

伯希和及韩伯诗对这个部族的名称都有过较详细的研究。伯希和说:"在汉文史料中 Keshdim 的名称,我可以追溯到一个 652 年的记载。"[2]他从敦煌拿走的古藏文抄本 1283 号卷子背面,有一个 8 世纪时回鹘的 5 人使团受命侦察北方国王之后向回鹘国王所作的报告。使团行程中提到 35 个部族。抄件第 63 行。在拔悉密境内有一个 Ges-dum 部族。伯希和认为它就是 Keshdim。但研究结果未及发表,他就去世了。[3]后来韩伯诗撰写《Keshdim 及 Ges-dum》一文进行解释,认为即《通典》卷 200《鬼国》条唐永徽中(652 年)遣使朝贡的可史襜。这个部族在唐代居于克木池克河流域。英译本《世界境域志》(页 286)说 982 年它居于黠戛斯之西。[4]元代为豁儿赤封地的一部分。其明清间的居地,据巴德雷书复制的 1673 年彩色民族地图,鄂毕河上游北部(43 号)是客思的迷(卷 1 页 CXL),南部(25 号)是帖良兀(卷 1 页 CXXXIX)。近代似在同特勒乌特(Teleut)族杂居的 Ach-Keshdim 族之中。[5]今天在戈尔诺—阿尔泰自治区(参阅《苏联大百科全书》本条)。看来,这个部族的居地千余年来没有多大变动。

12.1.11 巴亦惕

《史集》未著录。科布多有 Bait 人。1912 年符拉基米尔佐夫著有《科布多地区巴亦特人中考察报告》。名称相同,未知是否一族。

12.1.12 秃合思

《史集》亦未著录,不详。

---

[1]拉得洛夫:《蒙古古突厥文碑铭》第 1 册,第 326 页。

[2]伯希和:《金帐汗国史评注》,第 142 页。

[3]巴构(J. Bacot):《第八世纪回鹘五人使团北部亚洲腹地侦察报告》,载《亚洲学报》,1956 年。

[4]载《亚洲学报》,1958 年,第 315 页。

[5]伯希和:《额鲁特史评注》,第 60 页引文。

·欧·亚·历·史·文·化·文·库·

12.1.13　田列克

据诸部名称排列次第,与《亲征录》比较,过去学者都指出田列克即帖良兀,但讲不出道理来。伯希和认为系蒙文 Teleng 一字中,表示 l 的音符错位,成了 Tenleg。[1] 这个意见很可取。Teleng 的多数为 Telengüt(帖良兀惕)。他又说,"从喀昆河诸突厥文碑以来已见此部名称"。[2] 但他没有指出碑名。按夏德在他的《暾欲谷碑跋补正》(页 133)中说:"据施来格尔《回鹘纪念碑》一书第 1 页,'多览葛'的广东音是 Tō-lam-kat,即 Telengut。"施来格尔这本书的 1 至 7 页《回鹘史编年摘要》,是他本人的著作,[3] 亦没有指出 Telengut 一字见于什么碑。所谓喀昆河碑,学术界指的是唐代突厥文阙特勤、毗伽可汗等碑,但诸碑都没有此部名称。

鄂尔浑河突厥文诸碑 1889 年发现,1893 年创通,从 1892 年起俄国鄂尔浑河考察队出版一套《鄂尔浑河考察队报告丛书》和一套《蒙古古物谱》。1900 年 8 月 23 日,法国沙畹的法译《西突厥史料》献给圣彼得堡帝国科学院,1903 年作为《鄂尔浑河考察队报告丛书》第 6 册,出版于俄京。他对于鄂尔浑河诸碑的内容决不会陌生吧。他也用"多览葛"与 Telangoutes 对音。但他却说,"'多览葛'是拉施都丁《史集》记载的居于吉儿乞思和欠欠州的 Telangoutes"(法文《西突厥史料》页 369)。

帖良兀部的居地在今戈尔诺—阿尔泰自治州。1859 年拉德洛夫调查突厥方言,犹到阿尔泰山区 Teleut 部中去。[4]

12.1.14　脱额列思

《史集·部族志》(贝勒津刊本页 108)作 Tūlās,脚注 55 作 Tūālās。伯希和说:"至少在名词上我不大怀疑与喀昆河诸碑上很著名的 Tölös 或 Töles 有关。"[5] 问题是否就这样简单呢? 按喀昆河碑文上只有 Tölis

〔1〕伯希和:《金帐汗国史评注》,第 142 页。
〔2〕伯希和:《额鲁特史评注》,第 73 页。
〔3〕施来格尔:《回鹘纪念碑的中文碑文》,1896 年,第 1 - 7 页。
〔4〕拉得洛夫:《突厥方言词典》序。
〔5〕伯希和:《额鲁特史评注》,第 60 页。

及 Töls 两个形态,[1]自从诸碑发现创通以后,各国学者却有 Tölis、Töles、Tölös、Tölish、Tölesh 等多种读法。其实除 Tölis 外,其他都是按照自己的主观见解译写的。

拉得洛夫读 Tölis 为 Töles,读 Töls 为 Tölös。[2] V. 陶木生最初俱读为 Tölis,[3]后又读为 Tölish。[4] C. E. 马洛夫读 Töls 为 Töles。[5] 伯希和一方面采用 Tölös 或 Töles 的写法,与脱额列思相联系,一方面却又说 Töles 是嗢昆河诸碑 Tölesh(伪的——"Tölös")的名称,因而读为 Tölesh。[6] 他既未说明前后主张不一致的理由,也没有提出这个部族名称在唐代汉文史籍中有无音译。其实,阙特勤碑东面 1 至 30 行与毗伽可汗碑 3 至 23 行内容是相同的。毗伽可汗碑东面第 12 行的 Töls,即阙特勤碑东面 13 行的 Tölis,各种异写我们不知道有什么必要。

Tölis 在唐代汉文典籍中有无音译,拉德洛夫最初似乎没有进行过勘同工作。陶木生认为它是铁勒的对音。[7] 沙畹在读法上采用拉得洛夫的 Tölös,在对音上的主张与陶木生同。[8] 施来格尔认为敕勒或铁勒广东音为 Tit-lik,对于用它和 Tölös 或 Töles 对音,表示怀疑。[9] J. 马可瓦尔特根据突厥碑文及《唐书》,认为设(Shad)是达头(Tardus)的

---

〔1〕据拉得洛夫《蒙古古突厥文碑铭》第 1 卷,阙特勤碑东面第 13 行作 Tölis(第 10 页)。毗伽可汗碑东面第 12 行(前引书第 48 页)、南面第 13 行(据马洛夫《蒙古—吉尔吉思古突厥文碑》,1959 年,第 15 页)、毗伽可汗墓前石柱上刻辞(拉得洛夫前引书第 243 页),以及回鹘磨延啜碑第 1 行(马洛夫前引书第 30 页),均作 Töls。

〔2〕拉得洛夫:《蒙古古突厥文碑铭》第 1 卷,第 1、129、426 页。陶木生在其《嗢昆河诸碑解读》(1896 年,第 146 页)中引用拉得洛夫《来自西伯利亚》一书说:"即使在今天,在阿尔泰山的部族中还有 Töiös 氏族"。这大概是拉得洛夫读 Töls 为 Tölös 的理由。

〔3〕陶木生:《嗢昆河诸碑解读》(Inscriptions de l'Orkhon Déchiffrées),1896 年,第 102 页。阙特勤碑东面第 1 至 30 行与毗伽可汗碑东面 3 – 23 行内容相同。那么,毗伽可汗碑东面第 12 行的 Töls,即阙特勤碑东面第 13 行的 Tölis,当然须读为 Tölis。

〔4〕《蒙古的突厥文碑》,载《德意志东方学会杂志》,1924 年,第 147 页。

〔5〕马洛夫:《古突厥文字纪念碑》,1951 年,第 38 页;《蒙古—吉尔吉思古突厥文碑》,第 18 页。

〔6〕伯希和:《金帐汗国史评注》,1950 年,第 142 页。

〔7〕陶木生前引书,第 61、146 页。

〔8〕沙畹:《西突厥史料》,第 71 页;同氏《暾欲谷碑跋》第 37 页,收入拉得洛夫:《蒙古古突厥文碑铭》第 2 卷,1899 年。

〔9〕施来格尔:《哈剌巴剌哈孙回鹘的汉文碑》,1896 年,第 2 页。

蒙元史与内陆亚洲史研究

统治者,叶护所辖的当然是突利施(Tölis)了。[1] V.陶木生的主张与马可瓦尔特同。碑文与《唐书》的右厢和左厢,应即《唐书》的"南北两部"。陶木生却不同意。他认为居于西方的达头是右厢,突利施是位于东方的左厢。[2] 不过突厥(Türk)与突骑施(Türges)之"突",是收声t的"没"韵字,依唐代译例,对音是Tür,何以突利施之"突"与Tö对音?这还是个疑问。根据以上诸家研究的情况,我们只能主张元代的脱额列思(Tūlās,Tūālās)是从唐代的突利施(Tölis = Töls)演变而来的。

巴儿忽惕,脱额列思及豁里在《史集·部族志》中同列于一节,互相毗邻,是近族。如"阿里不哥有一妾……是巴儿忽支族脱额列思人",[3]他们的居地在巴儿忽津隘。可是脱额列思又是豁儿赤在阿尔泰山地区的一个部族。因此,我们认为它们恐怕和八邻族一样,是跟豁儿赤从东方迁到西方的。

12.1.15 塔思部

未详。《史集》亦未著录。

12.1.16 巴只吉惕

此名又见于《元朝秘史》第262、270两节。普拉诺·迦尔毕尼说,巴只吉惕即大匈牙利,是古匈牙利。[4] 鲁不鲁克说离开亦的勒(伏尔加河)走十二天,遇到名为扎牙黑的大河(乌拉尔河)。它来自北方巴只吉惕地方,流入宽田吉思海。巴只吉惕和匈牙利语言相同。匈人即后代的匈牙利人,来自这个巴只吉惕地面。因此,这个巴只吉惕也称为大匈牙利,[5]居近乌拉尔山。俄国编年史称其地为Ugra或Yugra。匈

---

〔1〕马可瓦尔特:《古突厥碑文年表》,1898年,第52页。突厥阙特勤碑东面第13至14行"组织Tölis(突利施)及Tardas(达头)人民,并任命叶护及设。右边大唐……左边Baz可汗……"《新唐书》卷217下《薛延陀传》:"夷男……胜兵20万,以二子大度设、突利失分将之,号南北二部。"《旧唐书》卷194上《突厥传》:"骨咄禄……自立为可汗,以其弟默啜为设,咄悉匐为叶护。"《唐会要》卷94:"默啜立其弟咄悉匐为左相察,骨咄禄子默矩为右相察,各主兵二万余。"马可瓦尔特是根据以上汉文及突厥文史料作出这个结论的。

〔2〕陶木生:《突厥志》(Turcica),1916年,第98页。

〔3〕《史集·部族志》,俄译本,第122页。

〔4〕《迦尔毕尼行纪》,里施德文译本,第192、230、270页。

〔5〕《鲁不鲁克行纪》,里施德文译本,第131页。

138

牙利人第9世纪始迁到欧洲,[1]留下的巴只吉惕人与突厥人、蒙古人相混合,丧失了自己的语言,最后在民族上产生一个完全新的民族,仍称巴只吉惕。[2]

1206年成吉思汗统一蒙古,建立政权。在论功行赏时对豁儿赤说:"再将三千巴阿里种,又添塔该、阿失黑二人管的阿答儿乞[赤那思、脱斡劣思、帖良古惕]等种百姓凑成一万,你做万户者。顺额儿的失河水林木中百姓地面,从你自在下营,就镇守者。"(《元朝秘史》第207节)1207年术赤才收服林木中百姓。1206年成吉思汗就把额儿的失河流域的一部分林木中百姓帖良古惕、脱斡劣思等部封给豁儿赤。足见这一地带的某些部族在术赤进兵之前早已被成吉思汗征服了。

那么,成吉思汗是何时收服帖良古惕等部的呢?额儿的失河流域当时有哪些部落游牧?豁儿赤封地的方位及版图大体情况又如何?

成吉思汗兴起时,蒙古西部是乃蛮部。当时乃蛮部的情况,《秘史》、《史集》都有比较详细的记述。

《史集·部族志》"乃蛮"条:"乃蛮一部分住在险阻的山区,另一部分住在草原。他们拥有大按台山,窝阔台建造崇高宫殿的哈剌和林平原,阿雷(Alūī)—撒剌思(Sarās)的山及兰也儿的失河;也儿的失木怜即也儿的失河;此河及吉儿吉思地区之间的山岳,他们(乃蛮)版图的边界,与王罕居地蒙兀斯坦互相接壤,而且也和毗连畏兀儿斯坦的沙漠边缘相邻接。"(参阅伯希和《亲征录译注》页299,法文译文及解说)

这是乃蛮鼎盛时代的疆域。成吉思汗统一蒙古地区时,乃蛮已分裂为两部。

《元朝秘史》第158节:"(1202年)那后,成吉思汗与王罕征乃蛮种的古出古敦不亦鲁黑时,不亦鲁黑在兀鲁黑塔黑[3]的地面溪豁黑

---

[1]布来特施乃得:《中世纪研究》第1卷,第327页。

[2]沙斯奇娜:《迦尔毕尼行纪注释》,1957年,第211页。

[3]兀鲁黑塔黑(Ulughtagh)应为高达4374米的奎屯山,亦名友谊峰。它是科布多河支流索果克河与额儿的失河右岸支流布克图尔玛河的分水岭。

·欧·亚·历·史·文·化·文·库·

水。[1] 成吉思汗与王罕到了。不亦鲁黑不能对阵,越过阿勒台山去了。追至忽木升吉儿[2]地面兀泷古河[3]……顺兀泷古河又追至乞湿洳巴失海子,[4]把不亦鲁黑消灭了。"(参阅第 177 节)

根据不亦鲁黑败逃的道路,我们知道不亦鲁黑住在阿尔泰山区,也就是《史集》所谓住在险阻山地的那一部分乃蛮。

1204 年,太阳汗败死于鄂尔浑河东纳忽昆山。其子古出鲁克罕沿塔米河逃走(《元朝秘史》第 195 至 196 节),往依其叔不亦鲁黑。1205年,不亦鲁黑死,古出鲁克罕退至额儿的失河右岸支流的不黑都儿麻(Buqturma)[5]地方整顿军马。成吉思汗远征军至,乃蛮人大败而逃,争渡额儿的失河,多堕水而死。余众路经畏兀儿及合儿鲁兀惕地方(今伊犁地区西),逃至回回地面即垂河的西辽。根据古出鲁克罕败逃的情况和路线来看,他和他父亲的住地在也儿的失河上游的草原。

帖良古惕居地在鄂毕河上游及其支流托木河流域,与额儿的失河上游及其支流不黑都儿麻等地相毗连。帖良古惕被征服之年,当在成吉思汗灭乃蛮之时。故 1206 年成吉思汗能把额儿的失河林木中的百姓及帖良古惕、脱斡劣思等部封给豁儿赤。看来,豁儿赤的封地必有乃蛮故地的一部分。

豁儿赤分地中的八邻部,参加海都之乱。当脱帖木儿拥立昔里吉而为可汗军战败时,在遁逃途中掠八邻部[6]而至额儿的失河滨。大德元年(1297 年),床兀儿率领北征诸军逾金山进攻"八邻之地",[7]这个八邻之地即豁儿赤的分地。豁儿赤是八邻部人,他这个万户的主要组成部分就是他自己所在的八邻部 3000 人。因而元代称豁儿赤所属的

---

〔1〕溆豁黑水,今作索果克河,为科布多河支流。清代在河上设有索果克卡伦。自科布多至索果克卡伦有九个巡查卡伦驿站。

〔2〕忽木升吉儿,《元史》卷 2 作横相乙儿(Qum Sengir),译言沙岬或沙角,应在东经 92°、北纬 46°交切点西布尔根河转弯处。(参阅伯希和:《圣武亲征录注》,第 315 至 316 页)

〔3〕今图作乌伦古河。

〔4〕今图作乌伦古湖,旧图作布伦托海。

〔5〕今 Buqturma 河,发源于阿尔泰山奎屯峰,参见溆豁黑水注。徐松《西域水道记》卷 5 第 27 页译为布克图尔玛河。

〔6〕《史集》第 2 卷,布洛晒刊本,第 439 页,俄译本第 169 页。

〔7〕《元史》卷 128《床兀儿传》。

分地为"八邻之地"。可是由于他的万户内还有赤纳思族,所以这个部落所在之地,当日也称为"赤纳思之地"(见《元文类》卷26,虞集:《句容郡王世绩碑》)。《元史》卷20载成宗大德四年(1300年)五月赐八邻、脱列思所隶户6.5万余锭。这两部都是豁儿赤的属民。

术赤征服林木中百姓后,成吉思汗对他说:"我儿子中你最长。今日初出征去,不曾教人马生受,将他林木中百姓都归附了。我赏与你百姓。"(《元朝秘史》第239节)

关于术赤在也儿的失河的封地,波斯拉施都丁的记载比志费尼(英译本页42)具体:

> 也儿的失河及按台山境内所有地方和人民,周围的驻冬和驻夏牧地,成吉思汗都封给术赤了。……术赤的营地在也儿的失河境,他的政府的首都就设在那里。[1]

耶律大石为黠戛斯人所阻,西行至叶密立,筑一城,突厥诸族归之者达4万众。[2] 后来成了窝阔台分地的都城。阿力麻里及附近 Quyas 为哈剌鲁人 Ozar 或 Buzar 汗的首府。海押立是哈剌鲁阿儿思阑汗(Arslan Qan)的首府。[3] 后来这些城市成了察合台的政治中心。唐代北庭五城之地是元代畏兀族的首都。根据以上情况看,成吉思汗二子、三子的首府都是他征服的大部族的故都。那么,额儿的失河上术赤的都城,也绝不会是个无名之地。从地理方位上看,我认为它原来是蒙古的西方大国乃蛮部长的政治活动中心。

据《史集》忽必烈传,唆鲁禾帖尼的封地后来传给他的幼子阿里不哥。"夏营在按台山,冬营在兀良哈及乞儿乞思,两地相距三日程。"[4] 这个兀良哈,是邻近吉儿乞思部疆界的林木中的兀良哈。看来唆鲁禾帖尼分地的政治中心,可能是吉儿吉思部长的旧营地。

宪宗二年(1252年),迁窝阔台子蔑里于叶儿的石河。世祖至元二

---

〔1〕《史集》第2卷,布洛晒刊本,第131页,俄译本第78页。志费尼:《世界征服者传》,英译本第42页。

〔2〕《世界征服者传》,英译本,第355页。

〔3〕《史集》第2卷,布洛晒刊本,第74、75页。

〔4〕《史集》第2卷,布洛晒刊本,第560、561页,俄译本第201页。

年(1265年)以古称阳翟的钧州(今河南禹县)隶明里(即蔑里)。大德十年(1273年),海山至也儿的失之地受窝阔台四世孙秃满等降。次年封为阳翟王,[1]封地亦在也儿的失河。

根据上述各王分地的地理情况看来,豁儿赤分地是乃蛮故地的西北部,在额儿的失河上游。其西与术赤分地为邻,东北至鄂毕河上游,与唆鲁禾帖尼分地接壤。东不逾金山,西不越额儿的失河。豁儿赤、术赤、秃满等人的分地,是犬牙相错的。

12.2　阿里不哥等叛王的基地

《元史》卷95《食货志·岁赐》:"凡诸王及后妃、公主皆有食采分地。"这种食采分地,诸王、后妃在漠北有,在中原地区也有。阿里不哥漠北的分地是欠欠州吉利吉思,中原的是真定路。《元史·食货志·岁赐》:"太祖第四子睿宗子阿里不哥大王位:岁赐银一百锭,段三百匹,五户丝丙申年(1236年)分拨真定路八万户。"蒙古俗,幼子守产,真定分地是继承他父母的,他父母的影堂就在那里。[2]

阿里不哥漠北的欠欠州吉利吉思的分地,也是继承他母亲的。1252年,他母亲唆鲁禾帖尼死。拉施德说:"唆鲁禾帖尼的分地传给阿里不哥。"[3]在阿里不哥失败以后,他首途去他兄长忽必烈处恳求宽恕时,"他同他所有的妻子偕行,而把他的四个儿子(名字从略)留在他自己的分地"。"他的夏营在 Uliās tū,而冬营在兀良哈惕和吉利吉思,两地相距三日程。"[4]俄译所据本,夏营在 Altae,显然是 Altai 之误。夏

〔1〕参阅《蒙兀儿史记》卷148,第54页。
〔2〕《元史》卷2《太宗纪》,八年丙申(1236年)秋七月,"诏以真定民户奉太后汤沐"。这个太后是成吉思汗的皇后孛儿台旭真。按照蒙古幼子守产的旧俗,孛儿台死后,分地应由她的幼子拖雷继承。所以孛术鲁翀《真定路宣圣庙碑》云:"初,镇州置真定路,以中山、冀、晋、赵、深、蠡府一州五土地人民奉我睿宗仁圣景襄皇帝(拖雷)显懿庄圣皇后汤沐。"(《元文类》卷20)1251年蒙哥夺得可汗宝座时,他就"命取真定金银……以赏推戴之功"了。(《元史》卷125《布鲁海牙传》)唆鲁禾帖尼死,分地当然由她的幼子阿里不哥继承。拖雷及唆鲁禾帖尼的神御殿(即影堂)就在忽必烈在真定建立的玉华宫孝思殿,"以忌日享祀太上皇(拖雷)、皇太后御容"。
〔3〕《史集》第2卷,布洛晒刊本,第566页,俄译本第202页。
〔4〕《史集》第2卷,布洛晒刊本,第560－561页,俄译本第201页。

营例在山上,冬营例在草原。Ulīās tū 的写法,不可取。

1254 年(鱼年,即龙年),蒙哥在其即位的驻夏之地,决定进击南宋赵扩。"他命他的幼弟阿里不哥管理留下的蒙古军队及诸斡鲁朵,把兀鲁思(Ulus)委托给他。"[1]蒙哥率兵入四川,忽必烈入湖北。据郝经《班师议》,1259 年阴历七月十二日,忽必烈行至汝南淮河之滨,[2]已得到蒙哥死于合州的消息。

按蒙古旧制,蒙哥死后,忽必烈和阿里不哥以及蒙哥的儿子都有继承汗位的资格。就当日蒙古政治形势讲,阿里不哥既据有蒙古根本之地,蒙哥合罕又"独以大兀鲁思(Ulus)委托给他",[3]政治地位最为优越。所以他就在蒙哥驻夏之地和林城西按坦河畔召集大会即位了。[4]

忽必烈与阿里不哥争位的物质基础,主要在中原(汉地)。阿里不哥的基地,主要在漠北。力量对比,相差悬殊,但是,阿里不哥和忽必烈一样,亦采取蒙汉联合战线,极力利用中原的人力物力争夺帝位。1259年 11 月,命脱里赤括兵于漠南诸州,闰十一月又命其行省事于燕都(今北京),搜刮民兵。[5]另外使"阿兰答儿、浑都海图据关陇",[6]刘太平、霍鲁海办集粮饷,图谋秦蜀[7]。根据当时形势,阿里不哥一派是准备先夺取中原的西北地区作为争位的基地。阿里不哥争取的汉族大将,见于记载的,似乎只有刘太平一人,替他组织武力,根本不能和忽必烈相比。他也想利用蒙汉两族知识分子给他出谋划策。但他母亲唆鲁禾帖尼为他选择的老师真定名士李槃[8]及真定分地内的知识分子张础[9],都看清他的物质基础太弱,不能和忽必烈抗衡,坚决不肯依附

〔1〕《史集》第 2 卷,布洛晒刊本,第 319 页,俄译本第 145 页。
〔2〕《元文类》卷 13,郝经:《班师议》。《史集》第 2 卷,布洛晒刊本,第 380 页,谓行至"淮河之滨"得蒙哥死讯。《元史》谓蒙哥死于七月癸亥(二十一日),恐不可信。屠寄说死于癸未,亦误。
〔3〕《史集》第 2 卷,布洛晒刊本,第 425 页,俄译本第 166 页。
〔4〕《元文类》卷 70,欧阳圭:《高昌偰氏家传》。《元史》卷 4《世祖纪》。
〔5〕《元史》卷 4《世祖纪》。
〔6〕《元史》卷 121《按竺迩传》。
〔7〕《元史》卷 126《廉希宪传》。
〔8〕《元史》卷 126《廉希宪传》。
〔9〕《元史》卷 167《张础传》。

他。只有封地也在真定束鹿的蒙古文臣孛鲁欢支持他的夺权活动。[1]

蒙哥攻打合州死于钓鱼山之后,跟他进攻南宋的大军,由他的儿子阿速台(Asutai)率领,向北移动。这时,阿里不哥打算据有关陇,他的军队驻在河西走廊及六盘山一带。阿里不哥即命部将阿兰答儿为阿速台所率这支军队的主帅。不久,阿兰答儿在删丹为忽必烈部将所败,这支曾进攻四川的残军,遂溃逃到吉利吉思——阿里不哥的根据地。[2]

阿里不哥虽据有蒙古国都和林,政治上占优越地位,终因物质力量太差,为忽必烈将移相哥所败,退回乞儿吉思。[3]

以后,忽必烈驻兵汪吉,切断蒙古粮道。阿里不哥要求中亚察哈台后王的接济,亦归失败,遂挥师东进,期与东道诸王相呼应。可是他一败再败,只好逃回吉利吉思,率饥饿疲惫之兵屯驻欠欠州之地答速河之滨了。[4] 阿里不哥困居边远地区,丧失中原人力物力的支援,束手无策,遂向其兄忽必烈投降求宥了。

1264年阿里不哥降。1268年海都又叛。1270年忽必烈遣保定路完州刘好礼任吉利吉思、撼合纳、谦州、益兰州等五部之地断事官。迁去中原地区的农民、军人,进行军垦、民屯,设立人匠局组织管理迁去的各种手工业者,并设立传舍,改进道路交通,希图把吉利吉思、欠欠州建设成防御西北叛王的根据地。西北叛王在短时期内一度占据欠欠州。所以,1279年刘好礼被叛王召至欠欠州。次年,刘好礼只好贿赂叛将逃回大都了。

1276年,忽必烈汗弟岁都哥之子脱黑帖木儿唆使蒙哥子昔里吉叛。昔里吉等败逃也儿的失河,脱黑帖木儿由此进袭吉利吉思。[5]

至元三十年(1293年)忽必烈派遣土土哈平定叛王,师次欠河,尽收五部之众。[6] 以后,成宗末年(1307年)派人往征乞儿吉思部秃鲁

〔1〕《史集》第2卷,布洛晒刊本,第425页,俄译本第166-167页。
〔2〕《史集》第2卷,布洛晒刊本,第394-397页,俄译本第161页。
〔3〕《史集》第2卷,布洛晒刊本,第393页,俄译本第161页。
〔4〕《史集》第2卷,布洛晒刊本,第397页,俄译本第161页。
〔5〕《史集》第2卷,布洛晒刊本,第439页,俄译本第169页。
〔6〕《元史》卷128《土土哈传》。

花（Turqaq 译言"质子"）骟马鹰鹞。[1] 英宗初（1320—1321 年），乞儿吉思水灾，"兀儿速、憨哈纳思等部贫乏，户给牝马二匹"。[2] 足证有元一代，乞儿吉思在中央政府管理之下，征收其地实物税和赈济其地灾民，同内地人民一般无二。

杨瑀《山居新话》一书，写成于元朝覆亡前八年。那时朱元璋攻入南京已五年，陈友谅已在当涂称帝。杨书犹记述他的两位朋友从乞儿吉思赠送他矿盐。[3] 足证元朝末年乞儿吉思犹是大元版图的一部分。

12.3　五部断事官的设立

元代吉利吉思是西北叛王阿里不哥等的根据地，阿里不哥失败后，元朝政府为了发展这一广大地区的经济，巩固其西北的统治，从中原地区迁移来大批军人、匠户与农民，设置各种行政机构，以增强其在这个地方的政治军事力量。

至元七年（1270 年）元朝政府任命保定路完州刘好礼为吉利吉思等五部断事官，治益兰州。[4] 根据考古发掘，断事官的治所，也就是所谓"大营盘"，[5] 在今日乌鲁克木河左岸之厄列格斯河下游。[6]

据《元史·地理志》，刘好礼所管辖的五部，是吉利吉思、撼合纳、谦州、益兰州和乌斯。五部之外尚有昂哥剌部，由于它附属于吉利吉思，不是独立部落，在名义上举吉利吉思也就包括昂哥剌部了。所以至元三十年（1294 年）土土哈平定海都叛乱进取吉利吉思时，也是说他"收五部之众"。[7]

这 5 个部落的方位，参见南京大学《元史及北方民族史研究集刊》

---

〔1〕《元史》卷 22《武宗纪》。

〔2〕《元史》卷 27《英宗纪》。

〔3〕杨瑀：《山居新话》。

〔4〕《元史》卷 167《刘好礼传》；同书卷 63《地理志·西北地附录》。

〔5〕杨瑀：《山居新话》。

〔6〕克兹拉索夫：《图瓦之中世纪城市》，载《苏联考古学》，1955 年第 3 期；同氏：《准一帖列克古城》，见基谢列夫编：《古代蒙古城市》，1965 年莫斯科版，第 60、117 页。

〔7〕《元史》卷 128《土土哈传》。

第 1 期陈得芝：《元岭北行省诸驿道考》"四，乞里吉思至外剌站道"。文中指出：乞里吉思在今叶尼塞河上游，憨合纳思在今贝克木河流域，乌儿速（即乌斯）在今贝克木河支流乌斯河地区，兹不赘。"谦州以河为名，在吉利吉思东南，谦河西南，唐麓岭之北。"[1]据此，谦州即今克木池克河流域。《史集·部族志》"吉利吉思"条："吉利吉思和欠欠州是两个互相毗邻的地方，它们两地组成一块领土"，[2]所以欠欠州和吉利吉思常常连在一起讲。

吉利吉思的属部昂哥剌，幅员广大，不仅限于今日安哥拉河流域。依现在的地理观念，昂哥剌河流入叶尼塞河，下游仍名叶尼塞河。元代昂哥剌河的意义却与今不同，《元史·地理志》说谦河"注于昂哥剌河，北入于海"，[3]是两河汇流后，下游称昂哥剌河，不称谦河。《史集》吉利吉思部亦说"昂哥剌河直流到亦必儿·失必儿之地"。[4]失必儿是林木中百姓最北的部落，那么昂哥剌部的版图包括今日叶尼塞河下游直达北冰洋了。也就是说现代叶尼塞河流域全部在五部断事官刘好礼的管辖之下，所以刘好礼曾亲到昂哥剌去调查"盏吉剌日不落，只一道黑气遮日"的北极景色。[5]

吉利吉思等五部之地，是元朝政府防御西北叛王的根据地，由于这一地区的经济落后，粮食及日常用品等一切生活资料极端缺乏，在当日交通运输条件下，从中原地区送去大量物资是万分艰难的。所以成吉思汗在征服林木中百姓之后，西征之前，便把中原的工人和农民向漠北、吉利吉思、欠欠州等地大量迁移，[6]从事工农业生产，来解决驻军的给养问题。迁去的匠户、农民、军人既多，就不能不分门别类设立各种行政机关负责管理工农业的生产。大体说来，这里管理手工业的人

---

[1]《元史》卷63《地理志》。

[2]《史集》第1卷《部族志》，贝勒津刊本，《丛刊》第7册，第168页；赫达古洛夫俄译本，第150页。

[3]《元史》卷63《地理志》。

[4]《史集》第1卷《部族志》，贝勒津刊本，《丛刊》第7册，第168页；赫达古洛夫俄译本，第168页。

[5]盛如梓：《庶斋老学丛谈》卷上。

[6]《元史》卷147《史秉直传》。李志常：《长春真人西游记》，国学文库本，第99—100页。

匠局可分军用和民用两种，主要设立在欠州：

(1)“欠州武器局，秩正五品。大使、副使各一员。”[1]公元1219年，成吉思汗准备西征的时候，冀州贾塔剌浑已受命率炮军进驻谦州。[2] 忽必烈初年(1270年)“徙谦州甲匠于松山”。[3] 谦州这个西北军事重地，设置制造、修理和管理武器的机构，是必然的。

(2)这里的居民不会制作杯皿；过河使用独木船，不会制造舟楫；地沃衍宜稼，产好铁，但不会铸作农器。刘好礼向大都朝廷报告这些落后的情况，政府便派遣工匠，教导当地居民学习抟埴、冶炼、制造舟楫等技术，来提高五部居民的生活水平。[4]

在成吉思汗西征的时候，俭俭州已有汉匠千百人从事织绫罗锦绮。[5] 这里各军种的衣裘等物当然都是这些汉匠承担制造的。1269年“赈欠州人匠贫乏者米5999石”，足证这一地区工人的众多了。[6]

阿巴干盆地和都波盆地盛产鱼类。例如贝克木河各支流及湖泊就有十种左右的品种，所以这里也迁来专门制造渔具的工人。[7]

《元史·地理志》欠州“地沃衍宜稼，夏种秋成，不烦耘耔”。[8] 元朝在这里既驻大军，又迁来大量人匠，依靠当地居民生产的粮食供应，是不可能的，所以元朝政府利用当地有利条件，从事屯垦。屯田有两种：一为军屯，一为民屯。屯田军人的衣裘、农具、渔具等物都须由元朝政府供给，[9] 所以主要是民屯。

阿巴干平原及都波盆地中部气候和土壤都是比较适宜于人类生活的地方，在靠近河流能取水灌溉的台地，就有农田可以种植麦子、黍子和其他农作物，如查丹河谷中部就是好例。现在伊利克木河和帖米尔

---

[1]《元史》卷90《百官志》。

[2]《元史》卷151《贾塔剌浑传》。

[3]《元史》卷7《世祖纪》。

[4]《元史》卷63《地理志》。卡拉塞：《未经勘察的蒙古》，伦敦，1914年，页76，“秋季用独木船，冬季用雪橇”。

[5]《长春真人西游记》，第100页。

[6]《元史》卷6《世祖纪》。

[7]《元史》卷11《世祖纪》。

[8]《元史》卷63《地理志》。

[9]《元史》卷11《世祖纪》。

苏格河沿岸有复杂的水利工程遗迹,乌由克河及图兰河流域为灌溉而修筑的拦河坝遗迹也宛然俱在,[1]都证明往昔某个时期这里工程技术的水平是很高的。这些水利工程遗迹是什么时代遗留下来的?是什么人的手泽?当地人民的答案很简单:是成吉思汗教导的。

在乌梁海人中间,"成吉思汗至今犹被崇拜为神明,一切好事都归功于这个蒙古伟大首领,他们说,他教他们播种小麦和修筑灌溉沟渠"。[2]这种传说只能说明成吉思汗在北方民族中的历史地位,与农作物种植和水利工程的建设,是风马牛不相及的,成吉思汗是弯弓射大雕的能手,拿锄头种田地,却是外行。

《元史·世祖纪》至元九年(1272年),"减乞里吉思屯田所入租,仍遣南人百名给牛具以往"。[3]元朝建都北京,不就近派遣北方"汉儿"而派遣淮河以南的"南人"百名去叶尼塞河流域屯田,必有原因。北方几乎全是旱地,水利很不发达;南方种水稻,农民对于如何修渠灌溉是内行,因此我们认为欠欠州各地水利工程遗迹,必是元代迁去的"南人"农民修建的。

手工业方面的衣服、农具、渔具、陶器等等要贮存,农业方面收获的小麦、大麦各种农作物也需要仓库收藏,刘好礼遂建立"库廪",来解决贮存保管的问题。

欠欠州产矿盐和海盐,盐有红色及青黑色两种。我国江南地区多食海盐,所以从欠欠州南归的人,往往把这种"或方而坚、或碎而松、或大块可旋成盘者"的欠州食盐携回,分赠亲友。当时欠州的"大营盘处亦以此为课程抽分",所谓大营盘当即五部断事官的机关,此种税收在刘好礼任断事官时曾一度蠲免。[4]

忽必烈平定阿里不哥后,把欠欠州吉利吉思等部地——他母亲的分地,作为镇压西北叛王的基地。无论是迁移中原地区的工人和农民,或是派遣军队到那里,都必须把交通运输条件加以改进,断事官刘好礼

---

〔1〕P. 卡包:《图瓦历史与经济概述》,第2章。

〔2〕卡拉塞:《未经勘察的蒙古》,第204页。

〔3〕《元史》卷7《世祖纪》。

〔4〕《山居新话》;《元史》卷167《刘好礼传》。

至元七年(1270年)到达后,就开始设置"传舍",以利行旅。到至元廿八年(1291年)元朝政府更进一步正式组织吉利吉思到外剌的6处驿站(从略)。兹仅将这一地区的南北交通情况略作说明。

蒙古时代传说昂哥剌河流到与海为邻的地方,那里到处是白银,居民的一切用具器皿都是白银制造的。忽必烈母亲唆鲁禾帖尼的漠北分地是吉利吉思和欠州,距"北海"不远,传说她曾派3位异密(长官)率领1000人乘船去这个到处是白银的地方,后来当然失败而返。[1]

成吉思汗建国以后,蒙古北方已无敌人,为了摸清极北的情况,他的儿子窝阔台派遣和端等人深入"北海"进行调查。他们往返数年,远达北极圈,"得日不落之山"。[2] 和端等"北海"调查团所走的道路,应是从和林到欠州,再由欠州遵三异密经行的那条沿谦河昂哥剌河而达"北海"的路。

"西起阿尔泰山东至贝加尔湖,沿中俄边界的全部地带,是深林密菁,人口稀疏,蹊径稀少的山地",[3] 若从和林到北极去,就当日情形看,只有通过欠欠州最为方便。益兰州所在地是谦谦州盆地的中心,从这里越过较易通行的沙宾达巴或库尔吐石山口,不过三天至五天,[4] 就可到达唆鲁禾帖尼驻冬之地吉利吉思(阿巴干草原)。再从此出发,利用三异密所行之路,便可到达北极。所以欠欠州盆地的道路是连接蒙古和西伯利亚最重要的交通大道,是长途旅行的补给站。

"在查库尔河谷和克木池克河之间,有一条建筑得很好的古路,宽六码,高出周围草原的地平面之上,路两边都有壕沟。路面和英国的公路一样平,也像英国用碎石筑的公路一样好。……这里所说的两个地点之间道路笔直,相距约50英里。我们不能相信任何规模的商业需要建筑这样惊人的道路。它的目的依然是费解的。道路经过的地方不须筑路就能通行运输。这里土地是坚硬平坦的草原,适宜于任何交通运输;所以筑路似乎是一种浪费劳力的蠢事。……从它的现状我们所能

<hr>

〔1〕《史集·部族志》,赫达古洛夫俄译本,第102页,贝勒津刊本此段无传说。
〔2〕耶律铸:《双溪醉隐集》卷5《丁零诗注》。
〔3〕卡拉塞:《未经勘察的蒙古》,第73页。
〔4〕卡拉塞:《未经勘察的蒙古》,第110、113页。

推测的是这个地区必定曾一度非常重要,有更多的旅行队习惯使用这条大道,在蒙古和西伯利亚之间,存在一种更大的交通量……古道的大部分能适用于车辆运输。"[1]

D.卡拉塞的猜想是正确的。欠欠州这个地方在元朝确实非常重要。管理吉利吉思等五部的断事官治所益兰州,不仅是元代欠欠州吉利吉思广大地域的政治中心,工人农民众多,往来频繁,而且是军事要地,军队给养的运输尤其重要。元军大将玉哇失曾与叛王海都军战于亦必儿·失必儿,[2]土土哈"师次欠河,尽收吉利吉思等五部之众,屯兵守之"。[3] 没有宽广坚固的大道负担这样庞大的运输量,如何能完成平叛的任务?查库尔与克木池克之间残存的150里古道,只能是元朝欠欠州断事官或通政院、兵部奉中书省命令修筑的驿路遗迹。卡拉塞不读中文史料,根据霍渥思《蒙古人史》怀疑这条古道是清初(1657年)蒙古西北阿尔泰诸汗中的一个头目修筑的蒙古通往西伯利亚蜿蜒曲折道路的一部分,[4]是完全错误的。

元代天文学家郭守敬最重实地测验,至元十六年(1279年)元朝统一全国,版图辽阔,他自南向北从"南海"北极出地15度起,每隔10度设立一个测景所,最北的一个设在"北海",北极出地65度。每所由正副两位监侯官领导着十位星历生,携带着"为四方行测者所用"的天文仪器,进行野外观测,[5]这样一个规模可观的科学测量队伍,没有一条供应无匮乏之虞的交通线是不堪设想的。根据当日交通情况,他们只有从大都经和林到五部断事官治所益兰州,越过萨彦岭山口到吉利吉思,再从那里遵循唆鲁禾帖尼派人寻找白银的道路北上最为方便合理了。

至元二十四年(1287年)复置尚书省,以畏兀儿人桑哥为平章政

---

〔1〕卡拉塞:《未经勘察的蒙古》,第114-115页。据本书卷末附图,这条古道东起查库尔河与乌鲁克木河合流处,西达查丹河与克木池克河合流处。

〔2〕《元史》卷132《玉哇失传》。

〔3〕《元史》卷128《土土哈传》。

〔4〕卡拉塞:《未经勘察的蒙古》,第114页。

〔5〕《元史》卷48《天文志·四海测验》;《元文类》卷50《知太史院事郭公行状》。

事。在桑哥专政期间(至元二十四至二十八年),"许多回回商人从火里、巴尔忽及吉利吉思来到可汗的都城"(北京)。[1] 二十八年(1291年)设吉利吉思至外剌驿站。这些在吉利吉思逐利的商人这年赴大都,必然是利用这条新修的驿路。

1280年刘好礼回大都,不久任吏部尚书。1283年"刘好礼以吉利吉思风俗事宜来上",[2]可惜这些资料没传下来。元朝既在欠欠州吉利吉思各地进行工农业建设,当然就出现许多居民点和城镇。根据近年考古家在厄列格斯河流域和沙戈纳尔等地的发掘,就有准—帖列克、奥依玛克等遗址。[3]

10世纪的《世界境域志》(Hudūd al-ʿĀlam)说黠戛斯只有一个城,名欠州(Kemidjkat),他们的可汗居其中,无其他城市或村庄而只有帐幕。11世纪葛尔底西(Gardizi)说黠戛斯可汗的都城在那些山(贪漫山Kūkmān,Kögmen)北七日程。[4]

14世纪初波斯拉施都丁说在这个地方有许多城市和村庄,并指出Qīqās城临昂哥剌河。[5]

《世界境域志》及葛尔底西的地理知识是否完全正确,姑不论,即使各有所本,时代不同,定居的人数有差异,居民点的多寡自然也就有别了。黠戛斯在10—11世纪间(辽代)只有一个都城无其他城市是可以理解的。拉施都丁著书于14世纪初,当时五部之地有军屯民屯、诸色匠户、人匠局、驻军、仓库、传舍以及各种行政机构和各种官吏,[6]和中原地区差不多,拉施都丁说那里有许多城市和村庄,当然是必然的现象。

---

〔1〕《史集》第2卷,布洛晒刊本,第521页,俄译本第190页。

〔2〕《元史》卷20《世祖纪》。

〔3〕克兹拉索夫:《图瓦之中世纪城市》,载《苏联考古学》,1955年第3期;同氏:《准—帖列克古城》,见基谢列夫编:《古代蒙古城市》,第60、117页。

〔4〕《伊斯兰百科全书》,第2卷,英文版,第1025页。

〔5〕《史集·部族志》,贝勒津刊本,《丛刊》第7册,第168页,俄译本第102页。

〔6〕《山居新话》。

12.4　吉利吉思诸部的东迁

元代从中原地区迁移大批手工业者和农民到吉利吉思、欠欠州进行工农业生产建设,也有不少吉利吉思等部人迁到东方来。

"成吉思汗时代有一位出自林木中兀良哈部的左手军千户长名 Ūdāchi。成吉思汗时代以后,Ūdāchi 的儿子们率领自己的军队在名为不儿罕合勒敦地方守护禁区(Ghurūq)的成吉思汗伟大遗骸(Iūsūn),他们不参加战争,直到现在仍被派来守护这些遗骸。"[1]

"这个部落和这个 Ūdāchī 的子孙率领其千户依法(Iāsa)和习惯(Iūsūn)守护位于不儿罕哈勒敦地方的伟大禁区。"[2]

忽必烈母亲分地的冬营在兀良哈和吉儿乞思,距其阿尔泰山的夏营只有 3 天路程(见前),这个与吉儿乞思和阿尔泰山相毗连的兀良哈和其他邻近吉儿乞思的诸族一样,也是林木中百姓。所以《史集·部族志》把林木中兀良哈一节,排列在紧接乌思、帖良兀、客思的迷之后,这个部族分布甚广,最东的部分,与住在巴儿忽津地区的斡亦剌、不剌合臣、客列木臣等部疆界相邻近(《史集·部族志》"巴儿忽部"条)。

Ūdāchī 所守卫的禁区,汉文史料称之为起辇谷,是成吉思汗以后元朝历代皇帝埋骨之地。《元朝秘史》在 1240 年写成,上距成吉思汗逝世(1227 年)才 13 年,编写的地方又在克鲁伦河的荒岛上。作者在第 89 节叙述成吉思汗一家曾在"不儿罕·合勒敦山前古连勒古山中桑沽儿小河……下营"。桑沽儿河是克鲁伦河左岸支流,于东经 109 度稍东,自北向南汇入克鲁伦河。那么,广大肯特山中的不儿罕合勒敦距桑沽儿河当不甚远。林木中兀良哈人守护的禁地,突厥文为 Ghurūq 或 Qurūq;Brockelmann《中古突厥语词汇》Qoriq,译言"禁区",Qorughchī 译言"守卫人"(页 160 – 161);柯瓦勒夫斯基(J. E. Kowalevski)《蒙俄法字典》页 955 动词 qariqu 译言"关闭"、"禁止",页 963qorugha 译言"封

---

[1]《史集·部族志》,贝勒津刊本,《丛刊》第 7 册,第 117、191 – 192 页,俄文新译本第 125、158 – 159 页。Iūsūn 系 Yasun 之讹。

[2]《史集》第 1 卷《成吉思汗传》,斯米尔诺娃俄译本,第 273 页。

锁地"。《黑鞑事略》称"忒没真之墓则插矢以为垣,逻骑以为卫";《草木子》说元朝皇帝的棺椁"送至其直北园寝之地深埋之,则用万马蹴平,俟草青方解严"。中外文字记载虽不尽同,但成吉思汗陵寝之为禁地,则是一致的。观于明初在南京紫金山麓特设孝陵卫以守护朱元璋陵墓方圆数十里的禁地,也就可以想像起辇谷的情况了。

《蒙古源流》[1]和《黄金史》[2]都说埋葬成吉思汗时建立"八白室",以为祈祷祭祀之所。元代蒙文、汉文、波斯文等中外各种史料都没有这种记载。阿不勒哈齐说成吉思汗宣称大汗于"八个圈子"[3],也是明代的传说。《元史》卷74《祭祀志·宗庙上》:"至元元年,太庙定为八室:也速该、成吉思汗、窝阔台、术赤、察合带、拖雷、贵由、蒙哥各一室。"大约蒙古统治者在中原丧失政权退回漠北时,大都太庙无法搬去,所谓"八白室"(Nayiman Chaghan Ger,译言"八个白色帐幕")必是元朝太庙八室在漠北的模拟品,或者是 15 世纪末期达延汗统一蒙古后移置或又新建置于鄂尔多斯的。所以达延汗、达赖逊等都在八白室前即位,以表示昭告祖宗,继承大元皇帝的统绪。[4]《源流》等书以讹传讹,非史实。唯谓禁区的守卫者有乌梁海人,[5]尚保存旧说,未有改变。不过说乌梁海人所守护的是"君主的金仓库",[6]就不可信了。鄂尔多斯的郡王旗今改名伊金霍洛旗,田清波说伊金霍洛译言"君主的

---

〔1〕《蒙古源流》卷4,施密德注释本,第109页。

〔2〕《黄金史》,包敦(C. R. Bawden)英文译本,第145页。又,中华书局本《蒙古秘史》,第267页引《黄金史》。

〔3〕《蒙古源流》,施密德注释本,第389页。

〔4〕《蒙古源流》卷6,施密德注释本,第193、199页。

〔5〕田清波:《鄂尔多斯志》(Ordosica)(《辅仁英文学志》第9期,1934年)第38页:"今负责守陵寝者为 Darxat(达尔哈特人),这个名词是 Darxan 的复数形态,原来不是氏族名称,而是对免除赋税者的称呼。在鄂尔多斯也用这个名词称呼负责看守'八白室'的蒙古人,虽说他们原来似乎隶属于许多不同的氏族。"按这种负责守"八白室"之达尔哈特人,可能仍是原来林木中兀良哈人的后裔。据张相文《南园丛稿》卷3(第4页上),这种"所谓八白室者,今已无存","陵户五百余家,……对于蒙旗有特权,一切徭役皆弗与。又以时持册出募,若游方僧道然者,而所至蒙旗者,必以牛羊布施之,不敢吝也。然必轮番而出,常以七、八十户居守。居无室庐,或韦帐,或柳圈中。"

〔6〕《蒙古源流》卷6,德译本,第191页。

圈子",是"用木垣围着的帐幕"[1],他用蒙文 Qoriya(圈子)与霍洛比附,看来这个"霍洛"应该是从当年林木中兀良哈人守护的 Qurūq(禁地)蜕变出来的。

成吉思汗幼弟帖木格斡赤斤封地在蒙古东北最远的地方,远至今松花江上游及嫩江流域。至元二十四年(1287 年)斡赤斤玄孙乃颜叛,不到三个月就被擒了。二十八年(1291 年)乃颜余党窜女真之地,混同江南北的女真、水达达与之联结。三十年(1293 年)元朝政府遂于乃颜故地立肇州以镇之。《元史》卷 169《刘哈剌八都鲁传》,世祖谕哈剌八都鲁曰:"乃颜故地阿八剌忽者产鱼,吾今立城而以兀速、憨哈纳思、乞里吉思三部人居之,名其城曰肇州,汝往为宣慰使。"

元代肇州,有人说在吉林双城界的珠尔山,有人说在拉林河入松花江处。吉林博物馆在大安城东南 10 公里北上台子村发掘的他虎城,[2]就其地理方位看,即元、明两代驿路上的肇州(赵州)。[3] 迁到这个地区的乞里吉思等三部人,和明初在东北设立的兀良哈三卫应有密切的关系。

吉利吉思等三部的东迁,何秋涛、李文田、洪钧等人都曾研究过,日人箭内亘著《兀良哈三卫名称考》,在结论中对于三卫汉文名称与蒙文名称互不相同,则未言及。《明太祖实录》洪武二十二年(1389 年)"五月辛卯置泰宁、朵颜、福余三卫指挥使司于兀良哈之地……以脱鲁忽察儿为朵颜卫指挥同知"。三卫的名称汉文与蒙文是不同的;《武备录》和《登坛必究》译语部分都在汉文名称下注出蒙文的音译:泰宁——往流,福余——我着,朵颜——五两案。我们把蒙、汉两种名称互相对照,不难看出三卫的汉文名称都是地名,三卫的蒙古名称都是部族名。

泰宁——往流。泰宁据元、明两代驿路,元泰州(明台州)在塔鲁(明洮儿)北 140 里,往年泰来西北 80 里塔子城发现泰州碑(藏黑龙江省博物馆),明泰宁卫似即设于此地。[4]

---

〔1〕《鄂尔多斯志》,《辅仁英文学志》第 9 期,第 49 页。
〔2〕《文物》,1964 年,第 46–48 页。
〔3〕《永乐大典》卷 19422,页 12;又卷 19426,页 2;《辽东志》卷 9"外志"海西西陆路站。
〔4〕《永乐大典》卷 19426《驿站》2,页 2;《辽东志》卷 9"外志"海西西陆路站。

往流,《续文献通考》作罔留,都是《黄金史》Onglighut 的对音,[1]意为属于"王的人民"。这个字的构造和 Tutuqlighut（都督的人民）相同。Onglighut 明代常写为 Ongnighut,今内蒙翁牛特旗的名称就是这个字的音译。这个王是什么人呢?《元史》卷21 成宗大德九年（1305 年）7 月"给脱脱所部乞而吉思民粮五月",斡赤斤玄孙脱脱封辽王,这一部分乞而吉思人当然就是他的属民。

福余——我着。金代蒲与路在今黑龙江省乌裕尔河流域;明初福余卫应该就在这里。辽金时代东北有个著名部落名兀惹（乌惹）,元代称吾者,我着应即兀惹、吾者,时代不同,音译自不能相同。金毓黻《东北通史》(页 329)据《文献通考》宋太宗"赐乌舍城浮渝府渤海琰府王诏"之文,认为乌舍即兀惹,浮渝即扶余,那么明代的福余卫从辽代起已是我着部的居地了。

朵颜——五两案。《华夷译语》载有朵颜卫指挥使司同知《脱儿豁察儿书》,译文不甚明晰。中华书局标点本《元史》卷 88 校勘记将蒙文原书译为现代汉语:"吾兀良罕林木百姓,自国主成吉思汗之世以降,至今未离多延温都儿,搠河之地。"多延温都儿,学者多认为即索岳尔济山,搠河为今绰尔河。明代海西西陆站的终点兀良河即在这里,兀良河即兀良哈。我认为这一部分"兀良罕林木百姓",不是成吉思汗陵墓的守护者便是至元三十年（1293 年）来到东方的吉儿乞思等三部后人。明初设置朵颜、泰宁、福余三卫于兀良哈之地,因而称为乌良哈三卫。由此可以推知,元明之际兀良哈这个名称的使用范围已扩大,成了吉儿吉思及其邻近诸部的共名了。

此外乞里吉思、欠欠州等部人民东迁的地方尚多,忽必烈末年（1293 年）"乞里吉思 700 户屯田合思合之地",合思合亦译为哈思罕,辽东半岛辽阳以南地方,辽金时代称曷苏馆。合思合当即其地。

《元史》卷 88《百官志》:"海西、辽东、哈思罕等处鹰房诸色人匠,怯怜口万户府管领哈思罕、肇州、朵因温都儿［兀良哈］诸色人匠 4000 户",这几处都有乞儿吉思等部人徙居其地。

---

〔1〕田清波:《鄂尔多斯志》,载《辅仁英文学志》,1934 年,第 9 期,第 34 页。

　　元贞元年(1295年)徙缙山(今北京市延庆)所居乞里乞思等民于山东,以田与牛、种给之;元末杨瑀《山居新话》说:"缣州即今南城缣州营,是其子孙也。"这样看来,现在中原汉人中,必然也有他们的苗裔。乞儿吉思、欠欠州是极端缺乏手工业工人的,所以成吉思汗收服这个地区后立即从中原迁去大批手工业工人。至元二年(1265年)徙谦谦州诸户于中都(今北京,至元元年改中都,九年改大都),七年徙谦州甲匠于松山(今赤峰县南),这可能是把谦州的汉族工匠再送回中原,似乎不会是把绝无仅有的乞儿吉思手工业者迁到内地来。

1978年3月于南京大学

(原载《中国史研究》1979年第1期)

附录:吉利吉思大事年表

1199	铁木真与客烈部长王罕共攻乃蛮。乃蛮败于乞湿勒巴失。其罕杯禄逃欠欠州。拉施都丁:《史集》,俄译本,第Ⅰ卷第2分册,斯米尔诺娃,莫斯科,1952年,页112。
1200	札绀孛疑其兄王罕害己,奔乃蛮。《史集》Ⅰ,2,页118。
1202	铁木真败乃蛮于阙亦田。斡亦剌部长忽都花别乞助乃蛮。《史集》Ⅰ,2,页121－122,《圣武亲征录》记事系年自此始;《元朝秘史》143节系之鸡年(1201年)。
1203	王罕袭铁木真,铁木真败于合兰真沙陀,饮班朱尼水。《史集》Ⅰ,2,页125－126。铁木真遣使责王罕。同上引,页127－129。王罕败,走乃蛮,见杀。同上引,页132－134。参阅《亲征录》;《秘史》170、176、185、188诸节;《元史》卷1《太祖纪》。
1204	铁木真征乃蛮。太阳汗败死纳忽昆山。子曲出律

逃依其叔杯禄罕。斡亦剌部酋忽都花别乞参与乃蛮、篾儿乞等部联军。《史集》Ⅰ,2,页147-148;《秘史》193-196节;《亲征录》;《元史》卷1《太祖纪》(《元史》著录同于《亲征录》者,以下不再注出)。

太祖元年
(1206)

铁木真称成吉思汗。

《史集》Ⅰ,2,页150;《秘史》202节;《亲征录》。汗以巴阿邻、赤那思、脱斡劣思、帖良古惕、乃蛮诸族百姓一万赐豁儿赤,命沿额儿的失河镇守林木中百姓。《秘史》207节。出兵征杯禄罕,于兀鲁黑塔黑山之莎合水上杀之。曲出律及篾儿乞酋长脱脱遁走也儿的石河。《史集》Ⅰ,2,页150-151;《亲征录》;《秘史》系于狗年(1202年)后,见158节。

太祖二年
(1207)

遣按弹、不兀剌使吉利吉思。《史集》Ⅰ,2,页151;《亲征录》。术赤降服诸部林木中百姓。《秘史》239节。参见《史集》Ⅰ,2,页253。

太祖三年
(1208)

冬,斡亦剌部长忽都花别乞降,以之为前锋,征脱脱及曲出律至也儿的石河的不黑都儿麻地方,脱脱战死,曲出律奔哈剌契丹。《史集》Ⅰ,2,页151-152;《亲征录》。《秘史》系此事于鼠年(1205年),见198节。

太祖四年
(1209)

畏吾儿归附。《史集》Ⅰ,2,页152;《亲征录》;《元史》卷122《巴而术阿而忒的斤传》;志费尼:《世界征服者史》,波义耳英译本,1958年,曼彻斯特,页44。

太祖六年
(1211)

哈剌鲁归附。《史集》Ⅰ,2,页153-154、163;《亲征录》。

太祖八年
(1213)

永清豪强史秉直降蒙古,率屯聚霸州降人十余万家迁漠北。《元史》卷147《史天倪传》。

太祖十二年
(1217)

遣兵再征秃马惕部。《史集》Ⅰ,2,页178;《亲征录》。《秘史》系此事于兔年(1207年),见240节。

太祖十三年 （1218）	贾塔剌浑率炮军驻谦谦州。《元史》卷 151《贾塔剌浑传》。
	乞儿乞思叛，命术赤往讨之，遂克乌思、憾哈纳思等部。《史集》Ⅰ,2,页 256;《亲征录》。
太祖十四年 （1219）	成吉思汗议征西域。《史集》Ⅰ,2,页 197。
太祖十六年 （1221）	长春真人丘处机奉诏自宣德西行。《长春真人西游记》卷上;《元史》卷 202《丘处机传》。
太祖十八年 （1223）	丘处机归至镇海城附近的栖霞观,闻俭俭州有徙去的汉人工匠。《西游记》下。
太祖二十二年 （1227）	成吉思汗卒。林木中兀良哈部的 Ūdāchī 守卫埋葬成吉思汗的禁区。《史集》Ⅰ,2,页 234 – 235,273。
太宗十三年 （1241）	窝阔台卒。他曾遣和端等人深入“北海”进行调查,往返数年,远达北极圈附近,“得日不落之山”。耶律铸:《丁零二首》注,《双溪醉隐集》卷 5。
定宗三年 （1248）	忽必烈在潜邸召张德辉至漠北后,德辉荐忽必烈母后唆鲁禾帖尼封地真定李槃等。槃奉太后命侍阿里不哥讲读。《元史》卷 163《张德辉传》;卷 126《廉希宪传》。
庚戌 （1250）	时以真定藁城为拖雷妃唆鲁禾帖尼汤沐邑。唆鲁禾帖尼命择邑中子弟至和林。《元史》卷 148《董文用传》。
宪宗元年 （1251）	遣末哥官人率军两万赴吉利吉思及欠欠州。《史集》Ⅱ,波义耳英译本,1971 年,纽约,页 214。
	分迁诸王于各所。迁太宗孙海都于海押立。篯里于也儿的石河。《元史》卷 3《宪宗纪》。
	宪宗母唆鲁禾帖尼卒。吉利吉思和欠欠州为其分地。她曾派三异密率千人,乘船寻找传说中位于昂哥剌河与海为邻处某个到处是白银的地方,失败而归。

	巴托尔德:《中亚突厥史十二讲》,1935 年,柏林,页 186,引述阿布勒哈齐书。
宪宗六年 (1256)	石天麟使窝阔台后王海都所,被拘留。《元史》卷 153《石天麟传》。
	廉希宪以阿里不哥分地真定儒者张础荐于忽必烈潜邸。阿里不哥以张础不肯附己,衔之。《元史》卷 167《张础传》。
宪宗七年 (1257)	宪宗留幼弟阿里不哥镇蒙古,驻和林,自将大军攻宋。《元史》卷 3《宪宗纪》;《史集》Ⅱ,页 224,系于兔年。
世祖中统元年 (1260)	阿里不哥据和林与忽必烈争夺汗位,为忽必烈将移相哥败,退至吉利吉思。《史集》Ⅱ,页 253。
	阿里不哥部将阿兰答儿、浑都海败死于凉州,残卒逃至吉利吉思阿里不哥所。《元史》卷 4《世祖纪一》;《史集》Ⅱ,页 254。
中统二年 (1261)	阿里不哥袭攻移相哥,败之。忽必烈亲征,败阿里不哥于昔木土脑儿之地。《史集》Ⅱ,页 256 – 257;《元史》卷 4《世祖纪一》。寻又于额利惕之地败其右翼。阿里不哥北遁。《史集》Ⅱ,页 257;《元史》卷 4《世祖纪一》。
中统三年 (1262)	阿里不哥进讨察合台后王阿鲁忽,败之。驻冬阿力麻里。《史集》Ⅱ,页 259。
至元元年 (1264)	阿里不哥降忽必烈。《史集》Ⅱ,页 261;《元史》卷 5《世祖纪二》。
	忽必烈势力到达欠欠州。他命伯八领诸部军马屯守欠欠州,当在是年。《元史》卷 193《伯八传》。
至元二年 (1265)	敕徙镇海、百八里、谦谦州诸色匠户于中都,给银万五千两为行费。《元史》卷 6《世祖纪三》。
至元五年	海都举兵南下,元军逆败之于北庭。《元史》卷 63

（1268）	《地理志六·西北地附录》。
至元六年 （1269）	赈欠州人匠贫乏者米 5999 石。《元史》卷 6《世祖纪三》。
至元七年 （1270）	刘好礼为益兰、吉利吉思等五部断事官。《元史》卷 167《刘好礼传》，卷 63《地理志六·西北地附录》。
至元八年 （1271）	徙谦州甲匠于松山，给牛具。《元史》卷 7《世祖纪四》。那木罕建行营于阿力麻里。《元史》卷 13《世祖纪十》。
至元九年 （1272）	减乞里吉思屯田所入租，仍遣南人百名给牛具以往。《元史》卷 7《世祖纪四》。
至元十二年 （1275）	命木华黎四世孙安童佐北平王那木罕出镇阿力麻里。《元史》卷 126《安童传》。
至元十三年 （1276）	宗王昔里吉、脱铁木儿叛，袭杀伯八，械系那木罕、安童。《元史》卷 9《世祖纪六》；参见《史集》Ⅱ，页 266。
至元十四年 （1277）	伯颜破昔里吉于斡鲁欢河。《元史》卷 127《伯颜传》。昔里吉遁也儿的石。脱铁木儿进袭乞儿吉思之地，后又奉撒里蛮为主。《史集》Ⅱ，页 267。
至元十六年 （1279）	北方诸王叛时，曾执刘好礼，旋释之。至是时，又召刘好礼至欠欠州。《元史》卷 167《刘好礼传》。
至元十七年 （1280）	刘好礼逃归大都。同上引。元代曾在昂哥剌河与谦河合流处立一城，名黠戛斯（Qīqās），应为五部断事官刘好礼所建。《史集》俄译本，第Ⅰ卷第 1 分册，赫达格罗夫译，页 102。 郭守敬为制新历，在元政府支持下设北海测景所于北极出地 65 度之地。《元史》卷 164《郭守敬传》。
至元十八年 （1281）	谦州织工百四十二户贫甚，以粟给之；其所鬻妻子，官与赎还。《元史》卷 11《世祖纪八》。 赐谦州屯田军人钞币、衣裘等物，及给农具渔具。

同上引。

至元二十年 （1283）	吏部尚书刘好礼以吉利吉思风俗事宜来上。《元史》卷12《世祖纪九》。
	贷牛600头，给乞里吉思之贫乏者。同上引。
至元二十一年 （1284）	宗王牙忽都败海都。《元史》卷17《牙忽都传》。
	那木罕、安童相继归。《元史》卷126《安童传》。
至元二十二年 （1285）	海都所立的察合台兀鲁思汗都哇围畏兀儿都城。《元史》卷122《巴而术阿而忒的斤传》系于至元十二年。此据屠寄考证。见《蒙兀儿史纪》卷36《巴而术巴而忒的斤传》。
至元二十三年 （1286）	海都犯金山，土土哈、朵儿朵怀共御之。《元史》卷128《土土哈传》。
	赐欠州诸局工匠钞56139锭12两。《元史》卷14《世祖纪十一》。
至元二十四年 （1287）	铁穆耳以皇孙抚军北边，以土土哈等从之。《元史》卷128《土土哈传》。
至元二十五年 （1288）	海都、都哇犯边。《元史》卷15《世祖纪十二》。
	玉哇失败海都将八怜等于亦必儿失必儿之地，当在是年。《元史》卷132《玉哇失传》。
至元二十六年 （1289）	乞儿吉思户居和林，验其贫者赈之。《元史》卷15《世祖纪十二》。
	发和林所屯乞里吉思等军北征。同上引。
	晋王甘麻剌征海都，抵杭海岭。土土哈从征。《元史》卷128《土土哈传》。
	命伯颜镇和林。海都犯和林，世祖亲征。
至元二十八年 （1291）	立吉利吉思至外剌等六驿。《元史》卷16《世祖纪十三》。
至元二十九年 （1292）	明里铁木儿挟海都以叛，伯颜败之于阿撒忽秃岭。《元史》卷127《伯颜传》。

	诏土土哈进取乞里吉思。《元史》128《土土哈传》。
至元三十年 (1293)	土土哈师次欠河,尽收五部之众。海都引兵至欠河。复败之。同上引。
	徙乌速、憨合纳思、乞里吉思三部人于乃颜故地,立肇州城。《元史》卷169《刘哈剌八都传》。
	冬12月,伯颜自北边回至大同,由玉昔帖木儿代之领兵漠北。《元史》卷127《伯颜传》。
	以只儿忽所汰乞儿吉思户七百,屯田合思合之地。《元史》卷17《世祖纪十四》。
成宗元贞元年 (1295)	徙缙山所居乞里吉思等民于山东,以田与牛、种给之。《元史》卷18《成宗纪一》。
大德元年 (1297)	土土哈子床兀儿败海都于八邻南答鲁忽河。又败其将孛伯于阿雷河。《元史》卷128《床兀儿传》。
大德二年 (1298)	床兀儿败都哇、彻彻秃等进袭火儿哈赤之潜师。同上引。
大德三年 (1299)	命皇弟之子海山代宁远王阔阔出总兵,镇漠北。《元史》卷22《武宗纪一》。
大德四年 (1300)	海山与海都军战于阔别列之地,败之。同上引。
	床兀儿击叛王秃麦、斡鲁思于阔客之地。《元史》卷128《床兀儿传》。
大德五年 (1301)	海都、笃哇入犯,海山破之。海都旋卒。《元史》卷22《武宗纪一》。海都子察八儿嗣领其众。《元史》卷119《博安忽传》。
大德七年 (1303)	察合台后王笃哇、海都子察八儿、明里铁木而请降。《元史》卷21《成宗纪四》。
大德九年 (1305)	给辽王脱脱所部乞而吉思民粮五月。同上引。
大德十年	海山至也里的失之地受秃满、明里铁木儿、阿鲁灰

（1306）	诸王降。察八儿逃于都瓦部,俘获其家属营帐。《元史》卷 22《武宗纪一》。
大德十一年 （1307）	使完泽偕乞儿吉带亦难往征乞儿吉思部秃鲁花骒马马、鹰鹞。同上引。
武宗至大元年 （1308）	封秃满为阳翟王。《元史》卷 22《武宗纪一》。
英宗至治元年 （1321）	乞儿吉思水。《元史》卷 27《英宗纪一》。
	兀儿速、憨哈纳思等部贫乏,户给牝马二匹。同上引。
顺帝至正二十 年（1360）	杨瑀写《山居新话后序》。书中记其友人曾以谦谦州所出黑色石盐遗之。杨瑀:《山居新话》页 3。

（原载《南京大学学报》专辑《元史及北方民族史研究集刊》第 5 期,1981 年 8 月）

13　中国西北民族纪年杂谈

　　清代赵翼《陔余丛考》卷34收录"十二相属"及"十二相属起于后汉"二文,认为十二相属"本起于北俗,至汉〔宣帝甘露二年(前52年)〕时呼韩邪款塞,入居五原,与齐民相杂,遂流入中国耳"。十二相属究竟起于何族,是个需要进一步研究的问题,但中国古代西北诸族如突厥、吐蕃、蒙古俱用十二相属纪年,则为人所共知。今将三族纪年之演变及其与公历之互算略述于后,尚望读者指教。

13.1　突厥

　　《周书》卷50《突厥传》:"其书类胡,不知年历,唯以草青为记。"《太平寰宇记》卷199"黠戛斯"条:"以十二属纪年。假如岁在子则谓之鼠年,在戌则谓之狗年,与回鹘同也。"《新唐书》卷217下《黠戛斯传》:"以十二物纪年。如岁在寅则曰虎年。"

　　据上述史文,可知突厥、回鹘,黠戛斯都是以十二属纪年的。突厥族西与波斯接,故波斯古史亦有用十二属纪年者,名之曰突厥历(Sanavāt i Turkī)。[1]

　　突厥纪年之首见于汉文史籍,应为隋开皇四年甲辰(584年)。时突厥可汗沙钵略遣使致书,有"辰年九月十四日……致书大隋皇帝"之语。[2] 此处辰年在沙钵略原信中必定写作龙年。因为突厥人是用十二相属纪年的,不用汉族的十二支。

　　汉文记载以外,其见于突厥文碑文者为翁金河碑。此碑可能是突

---

〔1〕W. St. Clair-Tisdall:《现代波斯语会话语法》,海德堡,1923,第218页。
〔2〕《隋书》卷84《突厥传》。

厥人最早用十二属纪年的遗物之一。碑文言墓主"卒于……龙年"。依拉德洛夫的意见,当为692年壬辰。[1] 其他见于突厥文碑铭的十二属纪年尚有:

突厥文《阙特勤碑》北面与东面之间的棱角:阙特勤卒于羊年(唐玄宗开元十九年辛未,(731年),碑立于猴年(732年)。[2] 突厥文《苾伽可汗碑》南面第10行:苾伽可汗卒于狗年(开元二十年甲戌),葬于猪年(735年)。[3]

至8世纪中叶回鹘强大,推翻突厥族的政权,南迁其故地,建牙乌德鞬山,继突厥后雄长漠北。其风俗制度多承突厥之旧,故纪年亦与突厥同,即简单地用十二属纪年。如回鹘文《英武威远毗伽可汗碑》叙述唐玄宗天宝二年(743年)至肃宗至德二年(757年)14年间可汗事迹,标出7个纪年,即羊年(743年)、鸡年(745年)、猪年(747年)、虎年(750年)、兔年(751年)、羊年(755年)、鸡年(757年),皆以十二属纪年。[4]

公元841年回鹘政权为黠戛斯推翻,人民逃散。其西迁至吐鲁番而建国者,史称高昌回鹘。高昌回鹘的纪年方式就比较多样化了。其中有依漠北旧制,仍用十二属纪年的。例如吐鲁番出土的回鹘文民间契约文书:

　　　　狗年二月七日,我,Surijaschiri,急需油。从 Kajumtu-Bakschi 处借到一桶油。秋初,我归还两桶。如在交还之前我死了,那么我交付民间流行的[在此之前的]利息。证人 Kuld-kaya,证人 Jalak-tschi。这个手印是我 Surijaschiri 的。[5]

我们手头没有吐鲁番出土的汉文文书资料。但如果与敦煌汉文文书相比校,亦可知这一类回鹘文契约的格式显然是从同类的汉文契约

〔1〕拉德洛夫:《蒙古的古突厥文碑铭》,第1册,圣彼得堡,1895年,第247页。
〔2〕《古代突厥文献选读》,第1分册,中央民族学院少数民族语文系编,1977年,第144页。
〔3〕上引书,第145页。
〔4〕见《北蒙古卢尼字体回鹘语碑铭二通》,此文乃《Sine 水古墓碑铭》之一章,刊于《芬兰—乌戈尔学会会刊》第30卷第3分册。
〔5〕拉德洛夫:《回鹘文书》,列宁格勒(今彼得格勒),1928年,第26-27页。

文书因袭而来的。[1] 所不同的,仅仅是纪年方式。从《敦煌资料》一书中所收有关买卖、典租、雇佣、借贷等事的汉文契约文书来看,当地汉族居民使用的纪年方式有用封建王朝年号的,有用干支的,有只用十二支的。十二支纪年在汉地是民间的习惯。这种习惯,依赵翼之说,可能起源于"太岁在子"、"太岁在丑"的古制。[2] 至于十二属纪年,在汉地至今仍很流行,可惜见于文字者极少。

除用十二相属而外,回鹘人还有用其他方式纪年的。根据缪勒所引述的文献资料,可以将它们归纳为以下几类:[3]

以五行与十二属相配者,如"土兔年"。

以"幸福 ki"加五行与十二属相配者,如"幸福 ki 火羊年"。[4]

以第若干甲 ki 十干再加五行与十二属相配者,如"第二甲 ki 十干的土牛年"。第二甲,回鹘文原作 ikinti(译言第二)bagh,bagh 译言"捆、束"。ikinti bagh 是指六甲(详下文)中的第二甲。"十干"回鹘文原作 sipqan。十在《广韵》中属于入声缉韵,是 -p 尾韵母字。缪勒释 sipqan 为汉字"十干"的音译,是完全正确的。元代回鹘文《亦都护高昌王世勋碑》中也有 sipqan 一词。[5] 入声字的 -k、-t、-p 收尾在元代已经消失。元人用八思巴字母拼"十"字为 ci。元碑中出现 sipqan 一词,不过是当时的畏兀儿人沿用其前代借用汉字读音的转写而已。

吐鲁番出土文献中有 Karunadaz Sidu 在大都白塔寺翻译的佛经跋文残片,是用头韵诗体写成的。跋文末尾标注的年月是 Shim Shipqan-ligh bars yil yitinch ay -ta。齐穆(Zieme)将它译为"在与十干的 sing 相

---

〔1〕参见中国科学院历史所编:《敦煌资料》,第一辑,1961。兹举页 356 所录借贷文书为例,以资比较:"未年四月五日张国清遂于□□处便麦叁蕃升。其麦并息至秋八月末还。如不还,其麦请陪,仍擎夺〔家资〕。如中间身不在,一仰保人代还。恐人无信,故立私契。两共平章,画指为记。麦主,便麦人张国清册 3,保人罗抱玉年五十五,见人李胜,见人高子丰,见人画允振。报息窑内分付。四月五日记。"

〔2〕赵翼:《陔余丛考》卷 34"干支"。

〔3〕缪勒:《吐鲁番出土的两个杵的铭文》,柏林,1915,第 24 页。

〔4〕这个 ki,缪勒认为系汉文"气"字之音译,参见上引书第 25 页。按此处"幸福 ki"也许是"吉日良辰"之意,然则 ki 应为汉文"期"字之音译。

〔5〕参见耿世民:《回鹘文亦都护高昌王世勋碑研究》,《文物》1980 年第 4 期。

当的虎年第七月"。[1]　他把 shim 转写为 sing，shipqan 转写为 shingan，都是错误的。按"壬"字在《广韵》中属平声侵韵，是 -m 尾韵母字，元代八思巴字转写为 shim。上引纪年中的 shim 正是"壬"字的音译。这个年代应译为"十干的壬马年七月"。其纪年方式，与上述第三类十分相似。

此外，德国探险队在吐鲁番发现了一份历书残简，上面的纪日方式甚为复杂。即每日先列出粟特语七曜日之名称，次译汉语甲、乙、丙、丁等十干之音，再以粟特文之鼠、牛、虎、兔等兽名配成十二支，最后，又于每二日之上用粟特语译中国的木、火、土、金、水五行之名而以红字纪之。这本历书，应成于 9 世纪下半期回鹘人移居高昌之后。[2]

高昌残历之足以引起我们注意者，有以下几点：

（1）中亚粟特人的七曜之名，即密（日曜日）、莫（月曜日）、云汉（火曜日）、咥（水曜日）、温没司（木曜日）、那颉（金曜日）、鸡缓（土曜日），此时已由摩尼教徒传入中国，并应用于历书。

（2）回鹘人不止用十二兽纪年，且用以纪日。今日西南少数民族如彝族亦仍用十二兽纪日。云南的牛街、羊街之类，就是由附近农民在牛日或羊日到此赶集而得名。

（3）十干的采用，已见前述，此不赘。

（4）隔日纪汉族五行之名，其五行次第与七曜日中之五星次第不同。关于这一点，俟叙述西藏纪年时再谈。

回鹘人原来信奉摩尼教。徙至高昌后，佛教又甚为盛行。以后有许多突厥人又信从回教。据波斯史家伊本·阿昔尔记载，10 世纪后半期，在建都于喀什噶尔的突厥族黑汗王朝，有 20 万帐突厥人皈依回教。[3]　但由于佛教势力未衰，直到 15 世纪，新疆地区的居民方才全部皈依回教。

突厥皈依回教后即使用回历。以穆罕默德从麦加逃往麦地那之明

---

〔1〕齐穆：《关于回鹘文佛教头韵诗》，Acta Orientalia，1975 年，第 199 页。
〔2〕羽田亨：《西域文明史概论》，参见郑元芳汉译本，1934 年，第 82－83 页。
〔3〕巴托尔德：《蒙古侵略时代的突厥斯坦》，英文版，1928 年，第 255 页。

日为元年元日,唐武德五年壬午六月初三日(622 年 7 月 16 日)。

公历一年为 365 日 5 时 48 分 46 秒;回历一年为 354 日 8 时 48 分。其单月为 30 日、双月 29 日,每隔二、三年置一闰日于 12 月末。回历较公历每年少 10 日 21 时 1 分,积二、三年差一个月,积三十二、三年差一年。因此,以回历年(H)换算为公历年(G)的公式为:

$$G = 622 + H - \frac{H}{32};$$

以公历年(G)换算为回历年(H)的公式为:

$$H = G - 622 + \frac{G - 622}{32}。$$

如元太祖卒年回历为 624 年,其公历为 $622 + 624 - \frac{624}{32}$ 即 1227 年;

太祖即位于 1206 年,合回历 $1206 - 622 + \frac{1206 - 622}{32}$ 即 602 年。

13.2 吐蕃

唐穆宗长庆二年(822 年),唐朝与吐蕃会盟。当时吐蕃赞普为可黎可足,"策署彝泰七年"。[1] 吐蕃年号只此一见。很可能吐蕃赞普本无年号,这只是偶然仿效汉制而已。

依西藏典籍传说,"时轮学说(Kālacakra)发展于北方苫婆罗国(Chambhala)。10 世纪下半叶从此地输入中天竺,以后又经加湿蜜罗传来吐蕃,1027 年在吐蕃引起六十年一轮的年历输入"。[2]

苫婆罗国内有徙多河(Sita)。[3] 据《大唐西域记》,此河即今塔里木河。这就不能不令人联想到粟特文历书残片出土之地——高昌了。

汉历六十年一轮,称为一个甲子,因为是从甲子年开始的。藏历亦以六十年为一轮。印度人称六十年一轮的第一年为 Prabhava,藏文与之相应的字为 Rab - ʼbyun,译言胜生。故藏人用胜生称呼一个六十年

---

〔1〕《新唐书》卷 216 下《吐蕃传》。
〔2〕伯希和:《汉文资料中与苫婆罗有联系的若干音译》,载《通报》1921 年,第 73 页。
〔3〕伯希和:《汉文资料中与苫婆罗有联系的若干音译》,载《通报》1921 年,第 73 页。

轮。汉历十干与十二支相配为一轮,藏历则以五行与十二属相配为一胜生,每个胜生的第一年是火兔年。藏历十二属的次第与突厥、蒙古两族相同。藏历之前,以五行与十二属相配,就目前所知,似乎只见于高昌残历。

五行之说首见于《尚书·洪范》,自汉朝以来即在中国人思想中占着很重要的地位。五行之次序,在《尚书·洪范》中是水、火、木、金、土。这与两汉之际为谶纬神学所采取的五行次第是不同的。《淮南子》卷3《天文训》:"何谓五星?东方木也,……其兽苍龙,……其日甲乙;南方火也,……其兽朱鸟,……其日丙丁;中央土也,……其兽黄龙,……其日戊己;西方金也,……其兽白虎,……其日庚辛;北方水也,……其兽玄武,……其日壬癸。"后来人讲五行,都遵循这个次第。高昌粟特文残历、吐蕃年历之五行次第与《淮南子》所列举者完全相同,而与从粟特人那儿输入的七曜中火、水、木、金、土等五星次第不同,这显然不会是偶然的巧合,相反,可以证明高昌残历和藏历中的五行来源于中原的阴阳五行之说。不仅如此,高昌残历以五行和十二兽相配的事实,使我们有理由认为它与西藏的胜生俱有某种继承关系,并进而推想徙多河上的苫婆罗国或许就是841年回鹘西迁后在今吐鲁番建立的高昌回鹘国。

十干与十二支相配,只能以单配单、以双配双。甲与十二支相配,得甲子、甲寅、甲辰、甲午、甲申、甲戌,此所谓六甲;乙与十二支相配,得乙丑、乙卯、乙巳、乙未、乙酉、乙亥。在六十年一轮中,只有甲子,绝无甲丑;只有乙丑,绝无乙子。因此,五行中每一字即可代表十干中相邻的两干。换句话说,木既代表甲,亦代表乙。如木鼠、木牛,即甲子、乙丑。其他火、土、金、水亦然。高昌残历用五行与十二属相配,每隔一日记木、火、土、金、水五行之名者,原因即在五行之一名可配二日也。藏人往往在五行之上再加阴(mo)、阳(pho)。如藏历第一胜生第一年为阴火兔年(me mo yos),第二年为阳土龙年(sa pho'brug),第三年为阴土蛇年,第四年为阳金马年等等,其实全无必要,故亦不甚流行。

十二兽纪年为藏族同胞人人所熟知。干支相配六十年一轮的胜生

·欧·亚·历·史·文·化·文·库·

则用于书籍、契约、公文、书信等等。所以即使在藏历创制后的 1040 年,宋仁宗遣刘涣使邈川(今青海乐都)见唃厮罗,厮罗"道旧事"仍"数十二辰属,曰兔年如此,马年如此"[1]。足见吐蕃上下平时纪年止用十二兽不用干支。

青海佑宁寺也摄班珠尔(以孙波堪布著称)乾隆十三年(1735 年)著《印度、汉族、西藏、蒙古圣教史如意宝树》,其书页 273 – 284 为"方格年表"(Rehu - mig),记宋仁宗天圣五年丁卯至乾隆十一年丙寅(1027—1746 年)720 年间的西藏大事。这个年表的第一胜生第一年为火兔年,那么它相当于公历哪一年呢?

自匈牙利人 Csoma de Koros 所著《藏文文法》把这个火兔年误算为 1026 年,嗣后踵其误者甚众。1913 年伯希和著《西藏年代学中的六十年循环制》一文,始订正为 1027 年,并作一甲子、公元对照表附于文末。[2] 1935 年钢和泰著《西藏人六十年循环制》,有中历、藏历与公历对照年表,刊于《华裔学志》。

无论以上两表使用是否方便,均须置于案旁方能查阅。其实藏历纪元与公历互换,无须查表即可推算出来。兹举二例如下:

藏历换算为公历:萨班(Sa-skya Pandita)于第四胜生火马年(丙午)见阔端太子于凉州。按火马年为第四胜生的第 40 年。前三个胜生(即 3 个 60 年)加 40 年再加 1026 年(第一胜生第一年为 1027 年)即所求萨班见阔端之公历年份,是为 $(4 - 1) \times 60 + 40 + 1026 = 1246$ 年。如果用公式来表示,则第 m 胜生第 n 年的公历为 $(m - 1) \times 60 + n + 1026$ 年。

公元换算为藏历:宗喀巴(Con-kha-pa)卒于 1419 年,1419 – 1026 = 393 年,则宗喀巴死于藏历纪元后第 393 年。393 ÷ 60 = 6 余 33,则此年为藏历第六胜生第 33 年,是为土猪(己亥)年。

13.3 蒙古

据近代学者研究,鲜卑为蒙古族。就今日中国古史所见,北族中第

---

[1]《宋史》卷 492《唃厮罗传》。
[2]见《亚洲学报》1913 年,第 633 – 667 页。

一个使用十二属纪年者即鲜卑。《北周书》卷 11《宇文护传》，护兄弟三人，长什肥，次导，次即护。564 年护母致护书云："昔在武川镇，生汝兄弟。大者属鼠，第二属兔，汝身属蛇。"

《元朝秘史》是一部蒙文编年体古史，用十二属纪年，其有明确纪年起鸡儿年（1201 年），终鼠儿年（1240 年）。14 世纪初波斯拉施都丁奉命纂修《史集》，其所据史料，关于蒙古史部分为蒙文秘籍《黄金史册》，故《史集》纪年亦用十二相属。唯因一个循环仅十二年时间，相距稍远即易致误，所以拉施都丁一一折算为回历。我们今天读这部书，须再从回历折算为公历。

蒙古史学家萨囊彻辰《蒙古源流》一书，据施密特蒙文本谓书成于壬寅年，蒙文作 sim bars yil，此云壬虎年，即康熙元年壬寅（1662 年）。壬字平声侵韵，侵、咸等韵母的收声 -m 在元代尚保留着。足见十干的蒙文音译，乃是从元代流传下来的。

《黄金史纲》所用纪年有三种：（1）干支纪年，如成吉思汗辛巳年生，45 岁丙寅即大位。（2）十二属纪年，如忽必烈蛇年生，猴年即大位，马年死。（3）用青、赤、黄、白、黑五色与十二属相配纪年，如图帖睦尔汗（元文宗）殁于黑猴年，乌哈噶图汗（Uqaghatu 译言敏悟，元顺帝的蒙语尊称）黄猴年（戊申）即大位于大都。[1]

蒙古用五色与十二属相配纪年，无疑是受藏历五行与十二属相配的影响。青、赤、黄、白、黑五色，古人谓之正色，分别代表了甲乙、丙丁、戊己、庚辛、壬癸十干，已见前引《淮南子》。藏人于五行之上再加阴阳，蒙古人亦如此，分别将五色分为阴阳以代表十干，其名如下：

köke	青（甲）	kökekchin	阴青（乙）
ulaghan	赤（丙）	ulaqchin	阴赤（丁）
sira	黄（戊）	siraqchin	（？）黄（己）
chaghan	白（庚）	chaghaqchin	阴白（辛）
qara	黑（壬）	qaraqchin	阴黑（癸）

---

〔1〕朱风、贾敬颜两先生译：《黄金史纲》，1980，第 16、39、41 页。按成吉思汗生年当为壬午（1162 年），又黄猴年（1368 年）乃顺帝逃离大都之年。

　　蒙古纪年与汉族纪年同,均无纪元,不像回历以 622 年为纪元、藏历以 1027 年为纪元。蒙古纪年如不与别种纪年相比对,便无从知道其事件发生在何年。因此,蒙古纪年与公历的换算,和汉族的甲子纪年与公历换算相同,必须知道所记干支是在第几世纪。其推算方法亦较为复杂。

　　我们知道,能被 3 除尽的逢百之年(即公元 300 年、600 年、900 年……等),其干支必为庚申。次一个逢百之年(即公元 400 年、700 年、1000 年……等,以及公元 100 年),其干支为庚子。再次一个百年(即公元 500 年、800 年、1100 年……等,及公元 200 年),其干支为庚辰。如果已知所记述的事件是发生在第 x 世纪,就很容易推知公元(x−1)×100 年的干支,亦很容易推知从上述干支到事件发生之年的干支之间相距有若干年。如成吉思汗建国于 13 世纪之丙寅年。(13−1)×100 为公元 1200 年,此年干支为庚申。从庚申到丙寅相距 6 年,与下一甲子之丙寅相距 66 年,故此丙寅是公元 1206 年或 1266 年。但是我们知道成吉思汗之子窝阔台灭金之年为 1234 年。蒙古建国远在灭金之前,故知此丙寅乃是 1206 年。再如元朝末代皇帝顺帝生于庚申,故有庚申帝之称。元亡于 1368 年,1300 年为庚子,庚子与庚申之间相距 20 年,由此推知顺帝出生之庚申为 1320 年。以上例子说明,如果能在每个世纪中选择一、二件重大历史事件记在心中,并且记住历朝皇帝在位的前后次序及其大致年代,那么,即使只知道某一事件所发生的干支纪年,要通过上述方法推算其公历年代,一般说来,也是不难做到的。

　　　　　　　　　　(原载《元史及北方民族史研究集刊》第 6 期,1982 年)

14　汉代西域屯田与车师伊吾的争夺

王莽篡汉以后,打算发30万大兵,带300日粮秣,穷追匈奴。他的大将严尤谏道:

> 发三十万众,具三百日粮,东援海代,南取江淮,然后乃备。计其道里,一年尚未集合。兵先至者聚居暴露,师老械弊,势不可用,此一难也。边既空虚,不能奉军粮,内调郡国,不相及属,此二难也。计一人三百日食,用糒十八斛,非牛力不能胜,牛又当自赍食,加二十斛,重矣。胡地沙卤,多乏水草,以往事揆之,军出未满百日,牛必物故且尽,余粮尚多,人不能负,此三难也。胡地秋冬甚寒,春夏甚风,多赍䍲䥯薪炭,重不可胜,食糒饮水,以历四时,师有疾疫之忧。是故前世伐胡,不过百日,非不欲久,势力不能,此四难也。辎重自随,则轻锐者少,不得疾行,虏徐遁逃,势不能及。幸而逢虏,又累辎重,如遇险阻,衔尾相随,虏要遮前后,危殆不测,此五难也。(《汉书·匈奴传》)

严尤所陈述的这五种困难都是实情,并无铺张事实、耸动听闻之处。当时交通工具和道路均很陋劣,要想运输多量的粮饷,供给远方的大批军队,当然有没法克服的困难。

征匈奴如此,征西域也是一样。战争的胜败,每系于粮饷的足与不足。汉武帝用了三十多年兵,常自述其经营西域给养困难的情形道:

> 前开陵侯击车师[1]时,危须[2]、尉犁[3]、楼兰[4]六国子弟在

---

[1] 今吐鲁番(Turfan)。
[2] 博斯腾湖(Bastan Noor)东南。
[3] 详见下文。
[4] 参阅拙著《西北地理札记》,载华西大学《中国文化研究所集刊》第1卷第3期。

·欧·亚·历·史·文·化·文·库·

京师者皆先归,发畜食迎汉军,又自发兵,凡数万人,王各自将,共围车师,降其王。诸国兵便罢,力不能复至道上食汉军。汉军破城,食至多,然士自载不足以竟师,羸者尽食畜产,羸者道死数千人。朕发酒泉驴、橐驼负食,出玉门迎军,吏卒起张掖,不甚远,然尚厮留甚众。(《汉书·西域传》"渠犁"条)

由内地向边陲运输粮饷绝不可能,严尤已详言之,依靠西域诸国供给汉朝军队的军糈,据汉武帝的经验,也是不可恃。那么汉代参谋部要想解决这种西域给养的困难,非设法在西域求得粮食的补充不可。

《后汉书》卷75《袁安传》谓东汉经营西域的岁费是7480万,我们不知道前汉的岁费是多少。[1] 但就两汉向西域开拓的规模比较起来,前汉岁费的数字必较后汉的大。这种疲内郡以事边陲的事业,朝内本有一派人反对。汉代参谋部要想减轻国库的负担,以缓和反对派的掣肘,亦非在西域求得自给自足的根据地不可。

匈奴是行国,只要使其漠南无王庭,汉人便可以高枕无忧。西域可就不同,那里是城郭国家,是匈奴的附庸和近邻;倘若汉人不屯兵驻防,则匈奴铁骑一至,城郭诸国仍要倒戈相向,听匈奴的指使了。汉代参谋部要想达到凭借西域东制匈奴的目的,尤非在西域树立一个中心据点不可。

根据以上的理由(解决给养的困难,减轻国库的负担,切断匈奴的右臂)汉家在西域开设屯田,乃是一件军事上必须贯彻的国策。

大体的说,大青山、天山乃是我国古来游牧民族和农业民族的分界,这几个山系附近的地域,如归绥、后套、宁夏、武威、张掖、酒泉、敦煌、哈密、吐鲁番等地,都是沙漠中的绿洲,自古以来,西北比较适于农耕的地域也只有这几处,所以这几个地方在我国历史上也就成了汉家和匈奴军事上必争的要点了。这几个要点倘若落在匈奴手里,那么,不唯我国西北边陲的人民不能安枕,中原人民的安全也要受严重的威胁了。反之,倘若这几个要点汉家都能守住,匈奴便不敢南向牧马,大青

---

〔1〕《汉书·匈奴传》扬雄说:"往者图西域,制车师,置城郭都护三十六国,费岁以大万计。"未确指数目。

山下也绝不会看见夜宿的毡车了。

汉代经营西域的目的既在凭西域以制匈奴,所以在河西开设四郡,肃清东西交通的大道后,便开始在西域的中央开设屯田,确立经营西域的根据地。

西汉在西域的屯田虽有渠犁、轮台、[1]伊循、[2]乌孙、[3]车师等地,而在军事上占重要地位的则为渠犁与车师。汉朝先在渠犁屯田,后来又迁移到车师。质言之,西汉经营西域,初以渠犁为中心,东向以争车师,及车师既得,即进而据之以威迫匈奴。屯田区域是逐渐东移的。

按西汉国都远在东方长安,何以其在西域屯田不因近就便,自东而西,反而自西域的中央由西而东呢?我们在分别叙述西域的屯田和要害的争夺之先,不能不先解答这个问题。要想解答这个问题,下列几件事情是应该首先知道的。

(1)南道诸国与北道诸国间是一片大沙漠,汉朝势力到了北道后,就把匈奴与南道诸国的交通切断。南道诸国既然孤立,他们在西域军事上的地位便无足轻重,所以杜钦说大将军王凤道:

……县度之阸,非罽宾[4]所能越也。其乡慕,不足以安西域;虽不附,不能危城郭。(《汉书·西域传》"罽宾"条)

大国罽宾尚且如此,其他小国更不必提了。

(2)北道诸国的地位便不同了,他们与匈奴为近邻,离合向背能直接威胁汉人在西域的地位。所以都护郭舜说:

本匈奴盛时,非以兼有乌孙、康居[5]故也;及其称臣妾,非以失二国也。(《汉书·西域传》"康居"条)

因此,汉朝经营西域便特别重视北路,假若不在北路设立根据地,便不能得到稳定城郭、监视匈奴的效果。

(3)远交近攻是秦汉两代对付敌国的传统政策。汉人要利用西域

---

[1]今库车东布告尔(Bügür)。

[2]今罗布泊南 Miran。

[3]今伊犁河(Ili)流域。

[4]今加失密尔(Kashmira)。

[5]今 Qïrqïz – Kazak。

·欧·亚·历·史·文·化·文·库·

夹攻匈奴,当然须在北路诸国求与国。迨西汉与乌孙和亲,北路诸国闻风内附之后,为实现发动城郭诸国兵卒以东制匈奴的目的,自然需要在汉与匈奴势力范围之间选择一个西域根据地。我们展开地图一看,这两个势力范围间的渠犁乃是最理想的地点,因为玉门关——楼兰城——渠犁是一条直线,渠犁以西都是与国,渠犁东南1100多里就是南北两道分歧点。楼兰[1]对内的交通既便利,距匈奴的根据地车师又远,是最好没有的了。

前汉在西域设立都护之前,车师以东均在匈奴日逐王手中,汉朝没有法子从敦煌进兵北攻车师。要想驱逐匈奴在西域的势力,自然以凭借西域城郭国的人力和物力,东向与匈奴争衡为最便了。

汉家在西域的势力既然是逐渐东进,匈奴的势力当然是逐渐东退了。当汉家势力未达到西域的时候,西域城郭诸国本在匈奴的统治之下。匈奴西边的日逐王设有僮仆都尉,住在焉耆一带,征收诸国的赋税。《汉书·西域传序》说:

> 西域诸国大率土著,有城郭田畜,与匈奴、乌孙异俗,故皆役属匈奴。匈奴西边日逐王置僮仆都尉,使领西域,常居焉耆、危须、尉黎[2]间,赋税诸国,取富给焉。

这个匈奴经营西域的专官,直到汉宣帝神爵二年(前60年)日逐王降汉,匈奴势力退出西域,城郭诸国悉归附长安,汉家在西域设立都护的时候,方才撤销了。

匈奴经营西域的中心,是先由焉耆一带迁到车师。西汉为驱逐匈奴的势力计,自然要东争车师。匈奴为要保持他们在西域的势力和利益,当然也不甘轻易放弃。所以前汉与匈奴争夺车师,前后竟达五次。

后汉时,敦煌、车师间的新路便是遵循现在的甘、新大道,所以这条路线上的伊吾[3]又变成汉与匈奴争夺的要冲了。这一点我们留待讲东汉时再说,现在我们先述渠犁的屯田及车师的争夺。

---

〔1〕参阅拙著《西北地理札记》,载华西大学《中国文化研究所集刊》第1卷第3期。

〔2〕今焉耆西 Qara Qum。

〔3〕今哈密(Hami,Qomul)。德人 Hermann 以为车师南尚有一伊吾,即以今营盘当之,不可信。

渠犁一作渠黎,本来是个国名,汉武帝天汉二年(前99年)曾来朝贡。这个国家在今天山南麓策特尔(Chadir)及车尔楚(Charchi)之间。[1] 徐松《西域水道记》卷2说:

> [策特尔及车尔楚]两程之间,平原衍沃。南近[塔里木]河者,渠犁故地,北近[天]山者,乌垒故地。

这个地方十分适于耕稼,他的农业价值,汉武帝时桑弘羊已说得很清楚:

> 地广,饶水草,有溉田五千顷以上。处温和,田美,可益通沟渠,种五谷,与中国同时熟。(《西域传》"渠犁"条)

渠犁既具备这样优越的农业条件,当然可作为经营西域的根据地,所以在李广利伐大宛之后,便选择这个地方开始置校尉屯田。

按西历公元前126年,张骞自西域归,汉人对西域始获得明确的知识。从此,降昆邪王[2],取得通西域的道路(前121年);虏楼兰国主(前108年),安定了敦煌西域间的交通;结乌孙(前105年),得到匈奴西方的与国;破大宛[3](前102年),威震西域。汉朝前后不过经营25年,便在西域获得自给自足的根据地——渠犁。在这一点上,我们不能不钦佩汉廷削弱匈奴的迅速及其所得效果的伟大了。

渠犁屯田虽始于西历公元前第二世纪最末的一两年,可是以渠犁为根据地而得到东向以攻匈奴的效用,则始于宣帝时第一任西域都护郑吉。

汉人向来安土重迁,不愿到边远他方作开发的事业,所以在渠犁屯田的不是什么孝子贤孙,大体都是免刑的罪人。渠犁的田士也只有三个校,共1500人,由三位校尉统率。

西汉与匈奴五争车师,第四、第五两役都是郑吉凭借渠犁作根据地,率领这些田士,实现武帝以来终日梦想的东制匈奴的大业。

西汉与匈奴五争车师的成绩,徐松《汉书西域传补注》已经明白指

---

〔1〕Chadir 译言帐幕,Char-chi 译言游行商人,皆突厥语。徐松以为车尔楚为"准语忌讳之词,地多古墓,经者多病,故名"。不足信。

〔2〕故地即汉代河西四郡武威、张掖、酒泉、敦煌。

〔3〕今费尔干(Fargana)。

出了。现在我们把每次战役经过略述于后。

汉武帝元封三年（前108年），遣赵破奴破姑师（即车师），因"暴兵威以动乌孙、大宛之属"。不过当时西域还没有通，汉廷对车师尚无力控制，可以不算。

天汉二年（前99年），汉遣李广利、李陵等由酒泉、居延等路北击匈奴，别遣匈奴降者开陵侯将楼兰国兵击车师。结果是李广利被围，几不得脱，兵士死了十分之六七，李陵食尽援绝，降匈奴，开陵侯因为匈奴发数万骑救车师，也不利引去。"此汉争车师者一，汉未得车师"。

征和四年（前89年）汉遣李广利将七万人出五原，商丘成将三万余人出西河，莽通将四万骑出酒泉，北击匈奴。莽通军道过车师北，至天山。汉恐车师兵切断莽通的后路，乃遣开陵侯将楼兰、尉犁、危须等六国兵别围车师。车师王降服。尽得其民众而还。"此汉争车师者二，汉得车师"。

车师是西域的门户，匈奴决不肯轻易放弃，所以到昭帝时候，匈奴又遣四千骑田车师。宣帝本始二年（前72年），遣常惠使乌孙，乌孙连年为匈奴所侵暴，因请求汉廷发兵夹击匈奴。汉朝远交近攻的目的这时才得达到了。所以汉廷遂大发关东的轻锐，选伉健习射的人皆从军。遣田广明将四万余骑出西河，范明友三万余骑出张掖，韩增三万余骑出云中，赵充国三万余骑出酒泉，田顺三万余骑出五原，凡五将军，兵十余万，出塞击敌。别以常惠为校尉，持节护乌孙兵五万余骑从西方入。东西俱进，声势浩大。车师的匈奴田士大惊逃去，车师复通于汉。"此汉争车师者三，车师后降汉"。

以上几次争夺，或是一个大战役的一方面，或是匈奴田者慑于汉与乌孙同盟军的威势，自动逃去，战争的目的都不在车师。渠犁屯田也尚未发挥它在军事上的作用。

地节二年，汉遣侍郎郑吉、校尉司马憙将免刑罪人田渠犁，积谷，欲以攻车师。至秋收谷，吉、憙发城郭诸国兵万余人，自与所将田士千五百人共击车师，攻交河城，[1]破之。王尚在其北石城中，

---

〔1〕今吐鲁番西20里之雅儿湖（Yar Khoto）。

未得。会军食尽，吉等且罢兵，归渠犁田。收秋毕，复发兵攻车师王于石城。……以降吉。……匈奴闻车师降汉，发兵攻车师。吉、憙引兵北逢之，匈奴不敢前。吉、憙即留一候与卒二十人留守王，吉等引兵归渠犁。车师王恐匈奴兵复至而见杀也，乃轻骑奔乌孙，吉即迎其妻子置渠犁。东奏事，至酒泉，有诏还田渠犁及车师，益积谷以安西国，侵匈奴。……于是吉始使吏卒三百人别田车师。（《汉书·西域传》"车师"条）

汉在西域用兵最大的困难是粮饷的供给，汉武帝早已言之。到郑吉利用渠犁屯田以安西国、侵匈奴，始比较得到解决的办法。谷物充足，即率兵东进，一旦食尽罢兵，仍回到根据地田收，待秋收毕再发兵，使大军的粮饷不仰给于内地的转送，而在西域本土即能自给自足。渠犁屯田，到此才发生显著的效力，俾西域屯兵能独立作战。匈奴方面呢？

单于复以车师王昆弟兜莫为车师王，收其余民东徙，不敢居故地。（《汉书·匈奴传》）

这是汉与匈奴第四次争车师，车师屯田亦自此始。

匈奴放弃了车师，即丧失了西域的权益，他们岂肯就这样的让右臂切断，坐看汉廷虎生两翼？

单于大臣皆曰："车师地肥美，近匈奴，使汉得之，多田积谷，必害人国，不可不争也。"［元康元年？］果遣骑来击田者，吉乃与校尉尽将渠犁田士千五百人往田，匈奴复益遣骑来，汉田卒少，不能当，保车师城中。匈奴将即其城下谓吉曰："单于必争此地，不可田也。"围城数日乃解，后常数千骑往来守车师。吉上书言："车师去渠犁千余里，间以河山，北近匈奴，汉兵在渠犁者，势不能相救，愿益田卒。"公卿（魏相等）议以为道远烦费，可且罢车师田者。诏遣长罗侯（常惠）将张掖、酒泉骑出车师北千余里，扬威武车师旁，胡骑引去，吉乃得出归渠犁。……汉召故车师太子军宿在焉者，立以为王。尽徙车师国民，令居渠犁，遂以车师地与匈奴。车师王得近汉田官，与匈奴绝，亦安乐亲汉。（《汉书·西域传》"车师"

条）

郑吉利用渠犁屯田,虽稍稍解决了军粮的问题,而兵士的补充仍须仰给于内地。虽说汉人的兵器较精,一可当三,无奈人数究竟太少,但凭战斗力的优势,仍不能制服匈奴的地大人众。所以第五次争夺车师的结果,只好放弃了车师的土地,尽徙其国民于渠犁,土地虽为敌占领,人力可不致资敌。

这时匈奴渐弱,内部也发生了破裂,由全盛时代逐渐衰落了。匈奴方面,经营西域的是他们西边的日逐王。神爵二年(前60年),日逐王先贤禅与单于有隙,想率其部下降汉,使人到渠犁向郑吉通款,这算是千载难逢的机遇。吉遂发渠犁、龟兹诸国兵5万人,迎日逐王,送他到京师。汉廷除封日逐王为归德侯外,并任命郑吉为西域都护,兼护南北两道。吉即择定渠犁北330里的乌垒地,为都护治所,作为经营西域的政治中心。从此“匈奴益弱,不敢争西域,僮仆都尉由此罢”。质言之,匈奴在西域的势力扫荡净尽,城郭诸国完全听受长安的号令。武帝以来切断匈奴右臂的大业,到这时才由郑吉完成了,上距张骞通西域,才不过67年。

按元康年间,郑吉放弃车师土地,取其人民居住渠犁。及匈奴经营西域的日逐王降汉,就常情推测,所徙的车师国人必皆东归故地,车师也由汉军占领。所以元帝时毫不费力的设置戊己校尉,屯田车师前王庭,凭借西域以制匈奴的根据地,遂由渠犁东徙了1000多里。从此,渠犁之屯罢,车师代替渠犁的地位了。

至于西汉在西域别地的屯田,尚有伊循、乌孙、轮台等处。[1] 伊循的屯田乃出于鄯善国王的请求,目的止在震慑鄯善前王之子,使汉廷所立者得依大汉威重而已。所以汉廷止遣司马一人、吏士40人而已。人

---

〔1〕依后汉班勇的廷辩,楼兰亦可屯田。《水经注》“河水”条记一段神事,虽荒唐,而楼兰之可以屯田当为事实。河水注云:“敦煌索劢字彦义,有才略。刺史毛奕表行贰师将军,将酒泉、敦煌兵千人至楼兰屯田,起白屋。召鄯善、焉耆、龟兹三国兵各千人,横断注滨河。河断之日,水势奋激,波陵冒堤。劢厉声曰:‘王尊建节,河堤不溢,王霸精诚,呼沱不流,水德神明古今一也。’劢躬祷祀,水犹未减。乃列阵被杖,鼓噪欢叫,且刺且射,大战三日,水乃回减。灌浸沃衍,胡人称神。大田三年积粟百万,威服外国。”

数既少,作用也小。昭帝时,于渠犁外曾命杆弥太子赖丹分田轮台,有田卒数百人,似乎赖丹被害后即罢,为时甚暂。据辛庆忌传,乌孙也曾屯田,怕也是临时的,因为乌孙为汉朝的与国,用不到在那里屯田。

匈奴的蒲类王居于蒲类泽的近处。蒲类泽即今巴里坤(Barköl),不过唐元两代音译都作 Bars-köl 此云虎泽。元帝时,匈奴东蒲类王将人众降都护,都护分车师后王西部地以处之。这时西域的新根据地——车师前王庭——和内地的交通似不必再迂绕楼兰故城,很可以遵循现在甘、新大道(敦煌—哈密—吐鲁番)了。所以元始中,戊己校尉徐普便想由车师后王国出五船北,[1]通玉关,开一条新路,既省一半路程,又可避免白龙堆[2]的危险,可惜当时的地方当局反对。我们不管徐普的计划成功没有成功,西汉末年,敦煌、车师间的交通是不是遵循这条路,而后汉通西域的道路,至少徐普的计划线也是其中之一了。《后汉书·西域传》:

> 自敦煌西出玉门、阳关,涉鄯善,北通伊吾千余里。自伊吾北通车师前部、高昌壁千二百里,自高昌壁北通后部、金满城五百里。此其西域之门户也。故戊己校尉更互屯焉。

高昌壁是现在吐鲁番的哈剌和卓(Qara-Hoja),金满城是现在的济木萨(Jimsa)。前者是通天山南麓诸国的门户,后者是通天山北麓诸国的门户。大抵戊校尉屯后王部,己校尉屯前王部,把守着天山两麓的两个门户,以隔断东方的匈奴。

后汉通车师前后王部,既然必须经过伊吾,则伊吾在这条道路上地位的重要自然可想而知了。而且不惟伊吾的地位重要,农业的价值也十分高。《后汉书·西域传》:

---

〔1〕关于五船的方位,现在尚不容易确定。徐松《汉书·西域传补注》谓:"今小南路(按指哈密北横断天山之直路)有小山五,长各半里许,顶上平而首尾截立,或谓是五船也。"

〔2〕《汉书·西域传》"鄯善"条:"楼兰国最在东垂,近汉,当白龙堆。"《魏略·西戎传》:"从玉门、阳关西出,发都护井,回三垅沙北头,经居卢仓,从沙西井转南北,过白龙堆,到故楼兰。"由此可知白龙堆在楼兰故城东且甚近。

·欧·亚·历·史·文·化·文·库·

伊吾地宜五谷、桑、麻、蒲萄[1]，其北又有柳中[2]，皆膏腴之地，故汉常与匈奴争车师、伊吾，以制西域焉。

伊吾在匈奴与西域间大沙漠中是这样的一个宜于耕稼的绿洲，又是敦煌到车师大道上的唯一补给站，无怪乎汉与匈奴对这个地方双方都不肯放松了。

按东汉"建武至于延光，西域三绝三通"，每次必在车师和伊吾屯田，而对伊吾的争夺则竟有四次之多。

后汉光武初定天下，不遑远略，虽西域诸国欲脱离匈奴，请求内属，竟不许。明帝时，天下乂安，颇欲遵武帝故事，击匈奴，通西域。以其姊婿窦固明习边事，遂于永平十五年（72年）夏四月命耿秉、窦固等议击匈奴事。耿秉曰：

当先击白山，得伊吾，破车师，通使乌孙诸国以断其右臂。伊吾亦有匈奴南呼衍一部，破此，复为折其左角，然后匈奴可击也。（《资治通鉴》卷45）

次年，兴师伐匈奴，大体就是遵照耿秉所拟的计划。窦固、耿忠至天山，击呼衍王，追至蒲类海，取伊吾卢地，置宜禾都尉，留吏士屯田伊吾卢城。伊吾既得，则通车师的道路便没有障碍了。所以十七年（74年）冬十一月，又遣窦固、耿秉等出敦煌昆仑塞，进击车师，遂定其地。设戊、己两校尉，屯车师前后两王庭，屯各置数百人。

北匈奴以汉人兵力单薄，十八年（75年）春便又开始击车师了。恰恰这时候汉明帝崩，救兵不能早到，次年虽然发兵营救，也几乎使西域屯兵全军覆没。明年，又放弃伊吾卢的屯田，匈奴立刻就遣兵占领了。

----

[1]30年前新疆最后的巡抚袁大化赴任时，对沿途各地的经济状况十分留意。他叙述哈密一带的情形云：

出安西不见树木，至长流水则风景顿异。……长流水、黄芦冈百里之地足养十数万人……良田万。……哈密缠民一千九百五十户，男女两万人，汉民无多。燕声雀语，鸡犬相闻，蓄庶似内地。……哈密城以土为之，沟渠纵横，树木深茂。回城在其南里余，风景尤佳，绿阴夹道，清流贯其中，水声潺潺，草木畅茂。……沙亲王新庄子渠长百余里，两岸绿柳环绕，渠极坚固。（《抚新记程》）

袁大化的话或不免稍为夸张，然哈密在新疆、蒙古间是唯一的适宜农牧之地，古今要无二致也。

[2]今吐鲁番回王住居之鲁克沁 Lükchün。

汉与西域交通的门户,又被匈奴夺去了。《后汉书》称这一次是第一次通西域,计伊吾占领了整 4 年,车师只占领了 3 个月,便被北单于围攻了。

汉朝放弃西域十几年后,北匈奴大乱,南单于欲乘其纷争之际,与汉兵合力讨平之。正在公卿聚讼纷纭的当儿,窦固的侄孙窦宪适犯杀人之罪,自求击匈奴以赎死。窦宪的运气很好,既于永元元年(89 年)击败北匈奴,燕然勒铭;复于次年五月遣阎盘将 2000 余骑掩击北匈奴守伊吾的军队,又把伊吾夺取回来了。

永元三年(91 年),西域由班超平定,又设立都护及戊已校尉。戊已校尉领兵 500 人居车师前部高昌壁,别置戊部候,居车师后部,仍是把守西域的门户,防制匈奴的西进。

同年二月,窦宪遣耿夔、任尚大破北单于于金微山,[1]北单于携众西逃,这是世界史上有重要地位的战争。不过北单于虽逃,其弟於除鞬尚有众数千止于蒲类海,窦宪请立他为单于,遂于四年(92 年)春授以印绶,使任尚屯住伊吾监视他。

及班超年老东归,都护不得其人,数年之内诸国并叛,道路阻塞,檄书不通。公卿以吏士屯田费用无已,遂于永初元年(107 年)罢西域都护,迎回伊吾、柳中屯田的吏士。

东汉把西域又放弃了。这一次汉廷据有伊吾凡 18 年,据有车师凡 17 年。

在班勇第三次通西域之前后,汉经营伊吾与车师,尚有一幕插曲。后汉第二次放弃西域以后,北匈奴又迫胁城郭诸国共为边患。元初六年(119 年),敦煌太守曹宗遣他的部下索班将千余人屯伊吾,招抚西域,于是车师前王等都来降。可是次年春索班就被匈奴攻杀了。

伊吾一日在北匈奴手中,河西诸郡便一日不能安枕。当时竟有人主张封闭玉门、阳关以绝其患的。延光二年(123 年),敦煌太守张珰上书陈述三策。他的中策是:

　　若不能出兵,可置军司马将士五百人,四郡供其犁牛、谷食,出

_____

〔1〕今阿尔泰山,突厥文 Altun,蒙文 Altan,译言金也。

据柳中,此中计也。(《后汉书·西域传》)

安帝采纳张珰的中策,即于是年夏任命班超的少子班勇为西域长史,将施刑五百人出屯柳中。勇即以柳中为据点,招抚西域诸国。

顺帝又以"伊吾膏腴之地,傍近西域,匈奴资之以为钞暴,复令开设屯田,如永元时事,置伊吾司马一人"(《后汉书·西域传》)。

元嘉元年(151年),北匈奴3000余骑寇伊吾,司马毛恺遣吏兵500人于蒲类海东与之战,悉为所没。遂攻伊吾屯城,汉军救之,无功而还。

永兴元年(153年),车师后王叛,攻围汉屯田,杀伤汉朝屯田的吏士。桓、灵两代,朝政不纲,汉廷在西域的威势也逐渐消失了。

(原载《文史杂志》1941年第2卷第2期)

15 关于《蒙古史料四种》和
古行纪四种

　　清朝中叶以后,随着外国资本主义的加紧侵略,边疆形势的日趋严重,我国西北史地的研究渐渐引起一部分历史学家的注意。于是一向不大为人所留意的历代有关西北的记载或行纪,如《圣武亲征录》、《长春真人西游记》、《蒙鞑备录》、《黑鞑事略》等书,就受到这些学者的重视。100 多年来,经过他们的辛勤考证、校订和笺释,内容愈加完备,文句也比较通顺可读了。他们所做的工作,对于现在的学术研究工作者还有不少用处。现在我简单地就这四种史料和四种古行纪稍加说明。

15.1

　　《圣武亲征录》的著者大概是蒙古统治集团中人物,《长春真人西游记》的著者李志常师徒是蒙古统治者召见的中原全真教上层人物,而《蒙鞑备录》与《黑鞑事略》的著者赵珙、彭大雅、徐霆三人都是南宋派遣到蒙古去的使节或随行人员,他们从另一个角度观察了蒙古的社会。

　　《蒙鞑备录》的作者赵珙于 1221 年北使时,成吉思汗在西域,仅到今天的北京见到正在中国北部进行战争的蒙古最高将领木华黎。《黑鞑事略》的作者彭大雅与徐霆在金朝灭亡(1234 年)前后,相继北入蒙古草原,他们亲眼看到蒙古的风俗习惯,社会制度,人民生活,以及中原北部人民被压迫的实况,所以这两本书是研究蒙古初期社会历史的重要材料,《黑鞑事略》的内容尤其丰富。

　　这两种书不是一般旅行家随见随录的笔记,是有计划的蒙古族社会调查报告,赵书分 17 目,彭书分 50 目,记载都很扼要。

·欧·亚·历·史·文·化·文·库·

《蒙鞑备录》有 1901 年刊行的《笺经室丛书》曹元忠校注本,曹注有不少可取处,惟杂采女真及元朝末期蒙古人所接受的西藏制度来解说蒙古初兴的史事,殊不能令人满意。《黑鞑事略》有 1908 年胡思敬《间影楼丛书》本,眉端附有李文田识语,颇有可资参考的地方,可惜太简略,又有东方学会的《六经堪丛书》本,附曹元忠校记,贡献不多。

王国维指出《蒙鞑备录》著者是南宋淮东制置使贾涉遣派的计议官赵珙,不是 1234 年和蒙古兵共同灭金的孟珙,这是一个贡献。他搜集不少蒙古初期史料,解释这两本书的内容,可以帮助读者更深入地了解 13 世纪的蒙古社会情况。《蒙鞑备录》1857 年已由俄国汉学家瓦西里耶夫译为俄文。

15.2

《圣武亲征录》大约是元世祖时代从蒙古文译成汉文的,内容主要叙述成吉思汗把蒙古高原上的许多部落或民族逐渐统一起来的过程,以及他和他的儿子窝阔台时代向各地进兵的事实,是研究蒙古初兴时期重要的史料。

关于成吉思汗的传记有两个系统,一个是《元朝秘史》,一个是《圣武亲征录》和波斯拉施特《史集》中的《成吉思汗传》。我们拿这 3 个传记互相比较,不难看出《元朝秘史》自成一个系统,其余二书显然出于一个祖本。这个祖本和《元朝秘史》分别代表两个并行的传说。至于《元史》太祖、太宗两本纪,大体上是根据《亲征录》写成的。

《亲征录》一书历代传抄,讹、误很多。清朝末叶从事西北史地考订的学者对这本书曾下过很大的工夫来校勘和笺释。

校注的过程可以用洪钧《元史译文证补》的刊行作个分界线。在《元史译文证补》刊行以前,以张穆、何秋涛、李文田、文廷式、沈曾植为代表;《证补》刊行以后,以洪钧、柯劭忞、屠寄、丁谦、王国维等人为代表。他们都做过很大的努力。何秋涛的校正,以及在何校的基础上进一步有所提高的李文田、沈曾植校注本,由于历史条件的限制,所凭借的本子只有钱大昕、翁方纲的传抄本和邵远平《元史类编》引用《亲征录》的一部分。主要参考资料,除《元史》太祖、太宗本纪外,只有《元朝秘史》。所以在文字及人名、地名的厘正上虽有不少贡献,但因为《元朝秘史》和《亲征录》的来源不属于同一系统,《元史》本纪和《元史类编》引文又都是《亲征录》的节录,所以没解决的问题还是很多。

1890年洪钧从欧洲归国,不断与沈曾植等讨论元史问题,1893年洪钧去世,他生前把《元史译文证补》稿本托付沈曾植、陆润庠刊行。可是1894年刊行的《知服斋丛书》沈曾植校注本,却没有一个字提及洪书,显然沈注本仍是他见到洪书以前的旧稿。

经过这些学者的校勘整理,这本词句蹇涩的旧史才比较通顺可读了。

波斯拉施特《史集》中的《成吉思汗传》比《圣武亲征录》详细得多。洪钧把它译成汉文,成吉思汗时期的蒙古历史的研究遂向前推进了一大步。

洪钧曾用《亲征录》注释拉施特《史集》中的《成吉思汗传》(即《元史译文证补·太祖本纪译证》),他又有《圣武亲征录注》,今不传。就证补的译文和注释看来,洪钧的贡献固然不小,可是他往往擅改人名读音或删削原文来迁就他个人的意见,不能不说是一个缺点。洪书是从俄国贝勒津译本重译出来的,贝译有缺点,洪译也不够忠实。后人不察,往往奉为圭臬,当然会发生许多困惑难解的问题。柯劭忞与屠寄同时重修元史,柯劭忞《新元史》的《太祖本纪》,虽用洪书与《亲征录》作比较,但新意不多。屠寄利用中外材料写《成吉思汗本纪》,在自注中对《亲征录》作了很多考证,有不少精辟的见解,可惜他太武断。在他看来,当时的地名几乎个个都可在现在地图上找到,那就不免牵强附会了。丁谦的《元圣武亲征录地理考证》,只在地理上进行探索,独到之见也不很多。

王国维的治学态度很严谨。除了接受我国百年来西北史地研究的某些成就外,又从外文书里吸取了一些东西,条件比从前好得多了。此外,他又得到1917年沈曾植发现的明弘治抄《说郛》本、武进陶氏藏万历抄《说郛》本和江南图书馆藏汪鱼亭(1714—1773)家抄本,都是前人所没有见过的比较完备的本子,所以他能够厘正文字、校正人名、地名,解决了不少前人所不能解决的问题。至于他搜集有关蒙古初期的记载,说明《亲征录》中的许多史事,又是读者所欢迎的。

这本书1872年已有俄国巴拉第·卡法洛夫的俄文译本,本世纪初日人那珂通世用汉文做过校正增注工作。最近又有详细的法文译注本(1951年刊行的第1册,才到"塔兰捏木哥思之战")。

波斯人拉施特《史集》中的《成吉思汗传》在1868年和1888年俄国贝勒津校订本刊行前,一向只有传抄本。波斯文人名、地名、部族名音读的"音点"最容易发生错误,甚至一个本子一个写法,没办法确定它的音读。如用《亲征录》校勘,波斯文音读问题往往可迎刃而解了。我们试拿1952年苏联科学院东方学研究所的新译本和贝勒津译本与《亲征录》互校,就不难看出《亲征录》在专名词读音确定上的重要作用了。

洪钧《元史译文证补》刊行于1897年,距今已经80多年了。深盼有人早日直接根据拉施特原书与《亲征录》互校,在张穆到王国维的考订基础上,把这本书的校注工作更向前推进一步。

15.3

长春真人是丘处机的道号,他是金末全真教的首领,住在山东栖霞,名声很大。成吉思汗兴起以后,看到漠北原始的珊蛮教对于中原北部人民不能发挥影响作用,想利用中原固有的宗教,帮助他进行统治。于是派人通过尚未完全被征服的金国到山东半岛去邀请丘处机和他的弟子们北行觐见。

丘处机于1220年离开山东,1221年由今张家口附近北上,到克鲁伦河下游,转向西行,横涉蒙古全境,进入新疆,沿天山北麓,越伊犁河,到撒马儿罕。1222年秋在阿姆河南见到正在进行战争的成吉思汗。东归的道路,在蒙古境内似乎是沿阿尔泰山南麓到今天的呼和浩特的。他的随行弟子李志常扼要地记述了他们这次长途旅行中的见闻,写成了《长春真人西游记》这一部书。

丘处机师徒经行的地区很广大,他们很留意沿途所见各族的人民生活及内地农民、手工业工人被迁到西北的情况,因此这部书使我们对13世纪初期的蒙古、新疆和中亚地区的面貌有一部分认识。

这部游记是钱大昕从《道藏》中抄出的。道光间徐松和他的朋友程同文、董祐诚、沈垚等都曾撰写跋文。他们都是地理专家,徐松1811年充军到伊犁,曾亲自测绘一部分新疆地区的地图,程同文有《蒙古地理》,董祐诚也绘制过地图,沈垚《落帆楼文集》中更是充满了考证地理的文章。不过他们为时代所限,当日能见到的地图只有《乾隆内府舆图》,对中亚地理都了解得不全面,不透彻。所以徐松只能对长春经行的新疆部分说得清楚;而程同文跋尾虽有可取处,但不符实际的地方也不少。

沈垚以为金山以西的考证已有徐跋,只对于金山以东的地理作了比较详细的研究。1915年丁谦的地理考证条件比徐松等好多了,但贡献不很多。

王国维对蒙古初兴时的史事十分熟悉,除在地理研究方面吸收不少前人的成就外,对记中史事也作了笺释,成绩远远超过前人。

《西游记》除公元1866年俄国巴拉第·卡法洛夫的俄文译本外,还有两种英文译本。

15.4

下面对4种古行纪略加介绍。

《杜环经行记》的著者是唐代杜佑的族子。他在751年从高仙芝军参加著名的怛罗斯战役,被黑衣大食俘虏到伊拉克的苦法。当时巴格达城尚未建立,苦法(即亚俱罗)是黑衣大食阿蒲罗拔的首府,许多手工业都由"汉臣起作"。762年,杜环随商队出波斯湾由海道回国,撰《经行记》,叙述他在西方的见闻。原书已佚,残文散见于杜佑《通典》191－193卷。

《王延德使高昌记》的著者王延德,于981年出使高昌,自夏州经伊州、西州至北庭(济木萨),984年东归,写成此书,记述一路见闻及高

·欧·亚·历·史·文·化·文·库·

昌的社会情况。是研究宋代维吾尔族历史极其珍贵的材料。

《刘祁北使记》是刘祁记的吾古孙仲端奉命西使的见闻。成吉思汗在 1211—1214 年间残破金国北部以后,留木华黎继续经略,1219 年率兵人西域。1220 年金朝遣吾古孙仲端西使见成吉思汗于西域。归述所见,请当时文人刘祁记之。书名虽为《北使记》,事实上吾古孙仲端却是西行的。

《刘郁西使记》是刘郁记的常德奉命西使的见闻。1252 年蒙古蒙哥汗弟旭烈兀进兵西亚,1259 年正月,蒙哥命常德自和林出发,西使旭烈兀军中,回来把西行的见闻请刘祁的弟弟刘郁写成这部《西使记》。

这四部简略的行记也是中外研究东西文化交流的重要参考书,可惜历代传写,讹误很多。王国维用各本校勘,加了一些笺证。但似乎是王国维的未完成之作,尚待进一步的加工。

《杜环经行记》及《刘郁西使记》,丁谦曾经作过地理考证,西方也不断有些汉学家在做研究。《王延德西使记》有法文译本。刘祁、刘郁所撰的两记,清末俄国驻华使馆医生布莱特施乃德有英文译本。

这 4 种书所记的对象不全是蒙古,也不是同一时代的作品,但性质和蒙古史料四种相似,都是"行记",《王静安先生遗书》就是合印在一起的。

(原载《社会科学战线》1984 年第 2 期,本文原是韩儒林先生为中华书局写的《蒙古史料四种出版说明》,现稍加修改。)

16 突厥文《阙特勤碑》译注

16.1 《阙特勤碑》之发现及其研究之经过

18 世纪末年,世人已知西伯利亚南部,叶尼塞河上流地方,有若干铭刻,其字母甚特异,为他处所未见者。

1889 年,俄国芬兰考古学会,派 J. R. Aspelin 至该地探考,将其所获,公布于世。书名《叶尼塞河碑文》(Inscriptions del'Ienisseī, recuellies et publiées par la société finlandaise d'archéologie, 1889, Helsingsfars),学者始有机会,睹此特殊文字。

1889 年夏,伊尔库次克(Irkoutsk)地理学会组织探险队,由 N. Yadrinzeff 率领,深入外蒙鄂尔浑河畔,觅和林城(Kharakhorum)遗址,始发现阙特勤碑上中文及叶尼塞河碑文文字并书。

1890 年正月,莫斯科开俄国第八次考古学会,乘机举行古物展览会,以陈列其最近所获物品,N. Yadrinzeff 在外蒙鄂尔浑河所得之碑文、废址、坟墓纪念物等图样,极惹芬兰学者注意。

1890 年夏,A. Heikel 携其妻及其弟,私人独往,1892 年由芬兰乌戈尔学会将所得中文及突厥文阙特勤碑、毗伽可汗碑、九姓回鹘可汗碑精印公布于世。

自 1891 年起,俄国政府派著名突厥学家拉德洛夫(W. Radloff)院士赴外蒙多次,所获古物甚多。次年(1892 年)开始公布其所获影片,即著名之《蒙古古物图谱》(Atlas der Altertü-mer der Mongolei)也。

碑在鄂尔浑河右岸禾硕柴达木湖畔(东经 102 度半,北纬 47 度半),南距元都和林旧址今额尔德尼昭 60 里,西距回纥故都哈剌巴剌哈孙（Kara-Balgassun）30 里。

碑立于唐玄宗开元二十年（壬申）七月七日，即西历 732 年 8 月 1 日。

碑分中文及突厥文二部，正面（东面）及左右两侧（南北）为突厥文，背面为中文。

中文部分，上题"故阙特勤之碑"，大字，双行，楷书。全碑正文为隶书，12 行，行 36 字。正文外，上款题"故阙特勤碑"五字，亦隶书，较正文低二字。下有"御制御书"4 字，楷书。下题"大唐开元二十年岁次〔壬〕申七月辛丑朔七日丁未建"。

至于中文方面，中国人考释之经过，王静安《观堂集林》卷 20《九姓回鹘可汗碑跋》言之颇详，今节录于下："光绪十九年（1893 年），俄使喀西尼以拉氏书送总理各国事务衙门，属为考释。时嘉兴沈乙庵（曾植）先生方在译署，作阙特勤碑、苾伽可汗碑及此碑三跋，以复俄使。……时志文贞（锐）方为乌里雅苏台将军，亦拓阙特勤碑，以遗宗室伯义祭酒（盛昱）。祭酒跋之。沈先生复书其后。于是世人始知有阙特勤碑。"

欧人对于阙特勤碑中文之研究，据作者所知，以 G. V. d. Gabelentz 之译文为最早，其译文揭于芬兰乌戈尔学会公布之《鄂尔浑河碑铭》（Inscriptions de l'Orkhon）（1892）。继有荷兰汉学家施勒格尔（Gustane Schlege1）之译文，揭于《芬兰乌戈尔学会会刊》（Journal de la Société fi-nno-ugrienne）（1892）。以上二种皆法文。

时许景澄为驻俄公使，俄人瓦西理（Wassiliew）请其解释考证，更译为德文。1895 年拉德洛夫之《蒙古古突厥文碑铭》（Die Alttürkischen Inschrifter der Mongolei）（167 – 169 页），曾载其译文。

突厥文之中文译文，至今尚未寓目。

突厥文部分，初无一人识其字。发现后 5 年，丹麦人陶木生（V. Thomsen）始通其读，1893 年将其创通经过，公布于世（《鄂尔浑、叶尼塞碑铭解读》，Déchiffrement des Inscriptions de l'Orkhon et de l'Ienisseī, Notice préliminaire 1893, Copenhague），1894 刊《鄂尔浑碑铭解读》（Inscriptions de l'Orkhon déchiffrées），世人始得悉突厥文内容。同年拉德洛夫亦刊《蒙古古突厥文碑文》并译为德文。1922 年陶木生复改译一次，刊为丹麦文，题为 Gammel-dtyrkiske inskrifter fra Mongoieti oversoet-telse og med indledning（见 Samlede Afhandlinger 第 3 册）。1924 年德人 Hans Heiurich Schaeder 复由丹麦文重译为德文，揭于《德国东方学会杂志》（ZDMG Neue Folge Band 3）。1930 年英人罗思（E. Denisson Ross）亦译为英文，刊于《伦敦大学东方研究院院刊》第 5 期（Bulletin of the School of Oriental Studies, London University, Vol. V. ）。

予今所根据者，即 Schaeder 及罗思二人之译文也。

自碑文创通后，突厥史大变面目。昔之佶倔聱牙，不易读断之突厥史料，学者今可将其译字还原，令人耳目一新。至于碑文，补正史文，更引人入胜。

突厥文部分，东面 40 行，北面南面各 13 行。除西北棱角外，每棱角各有 1 行。西面中文之右，尚有 2 行。全碑共 71 行。

16.2　突厥文《阙特勤碑》译文

16.2.1　南面

（1）朕天所生象天贤圣突厥可汗①业已御极（？）。朕诸弟，诸侄辈，诸甥辈（？）及诸亲王，其次朕诸亲族及民众，右厢之 Sadapyt 匐左厢之诸达干及梅禄匐②三十姓[鞑靼……]。③

（2）九姓回纥④之诸匐及民众，悉听朕言！其倾耳谛听朕言！向东方，⑤向日出之方向，向南方，向日中之方向，向西方，向日落之方向，向北方，向半夜之方向？——在此（范围）内之一切民众，莫不悉用朕命；凡此民众皆由

（3）朕躬自统治。於都斤山⑥之突厥可汗一日不衰落，国家即一日无忧。朕尝东征至山东平原，几达海滨；南征至九姓 Ersin 几达吐蕃，⑦西征

（4）珍珠河外，直抵铁门；⑧北征至拔曳固。⑨朕率领（突厥民众）于役诸方。於都斤山无（外族）君长；於都斤山者乃国发号施令之地

193

也。朕治此地,与唐家民族,⑩订立条约。

(5)出产无量金银粟(?)丝(?)之唐人,言语阿谀,复多财物。彼等迷于温言及财富,复招引远地异族与之接近。及远人与之接近,遂亦习为奸诈。

(6)善良聪明之人,良善勇武之人,决不受其诱惑,即使有人堕落,而彼辈欲将其亲族或民众中清醒者引入左道,殊非易事。噫,吾突厥民众,其不能自制,而为其温言财富所诱以堕落者,何可胜数。噫,吾突厥民众,汝等若有人言:"吾欲南迁,惟非居 Cughai 山,

(7)乃入平原耳。"噫,吾突厥民众,彼恶人者将从而施其煽诱,曰:"其远居者,彼等予以恶赠品,其居近者,予以佳物。"彼等如此诱惑之。愚人为此言所动,遂南迁与之接近,尔辈中在彼沦亡者,何可胜数。

(8)"噫,吾突厥民众,汝如往彼土,汝将沦亡,汝如不离於都斤山,而只遣发驼队,则不受任何穷困。汝如不离於都斤山,噫,吾突厥民众,汝将永有此国家,永无所困。当汝饥饿时,将不回忆餍饱为何事,及一旦得食,将不复有饥饿之思。"汝辈不听朕言,

(9)逐地迁移,已受不少困迫窘穷矣。汝辈中之居彼土者,奔走无定,生死莫卜。⑪朕遵奉天命,立为可汗。既为可汗,

(10)乃招集流亡;贫者富之,寡者众之。朕所言者宁有一语不实乎?突厥之贵人及民众,其谛听之!噫,吾突厥民众,汝如何保此国家,朕已记下;当汝不忠时,汝如何被分离,朕

(11)亦记下。朕与汝等所言者,悉记纪念碑上。汝突厥民众及贵人,皆知服从朕命。其用命之诸贵人,汝辈岂肯约乎?朕已命人[采掘?]碑石。并由唐家天子处请来工匠,令其雕琢,朕之请求,未被拒绝(?),

(12)并送来唐天子内廷画工,⑫朕已命筑专(?)祠,祠之内外,图绘各种(?)纪念画。朕已得佳石;心所欲言者,已一一[写出……]。见之者,即可洞悉,传至十姓部落之子孙及臣民。

(13)朕已立纪念碑。汝辈中有回(冬营?)者,有自不毛(?)之地而向草原逐徙者,朕为汝等立于不毛(?)之地,而书之。汝辈见之,即知:

朕曾［…………］此石。撰此碑文者,乃其甥(?)Yolïgh 特勤也。⑬

16.2.2　东面

（1）当上方蓝天下方暗地创出时,人类之子孙亦于其间创出矣。人类子孙之上,吾祖先土门可汗及室点密可汗⑭实为之长。既为之长,即治理整顿突厥之帝国和制度。

（2）四方世界民族,皆其敌人,而吾祖先一一征服之。促其维持和平,垂首屈膝。向东方,吾祖先移殖其民于 Qadïrqan 山,向西方,直抵铁门,于此二极点间,吾祖先所有土地,如是之远且大也。于此远大地面,吾祖先统辖

（3）无君长无组织之蓝色突厥人。吾先人皆贤圣可汗,英武可汗,其梅禄亦莫不贤且勇。诸贵人及民众亦皆亲睦和协,因此吾先人得君临此大邦。君临此邦,而复为之定立制度。依其命运之规定

（4）皆一一下世。其来亲与葬礼祭吊者,荒远之 Bökli 族,⑮大唐人,吐蕃人,Apar(?)人,⑯Apurum(?)人,黠戛斯人,⑰三姓骨利干人,⑱三十姓鞑靼人,契丹人,⑲Tatabï⑳人自东方,自日出之方向来,与祭民族之多如此。吾先人乃如是著名之可汗也。吾先人死后,

（5）为可汗者,乃其弟其子。惟弟绝不类其兄,子亦决不肖其父,御极者率皆愚昧可汗,贱劣可汗,其梅禄亦莫不愚昧贱劣,

（6）因贵人及民众间之不和,因唐家从中施用诈术及阴谋,㉑因兄弟自相龃龉而使贵人及民众间水火,遂致突厥帝国崩溃。

（7）可汗沦亡。贵族子孙悉成唐家奴仆,其清白处女亦悉降为婢妾。突厥贵人弃其突厥名字(或官衔),而用唐家贵人之名字,㉒

（8）其屈伏臣事于大唐天子下者,凡五十年。㉓尝西征铁门,东征 Bökli 可汗,悉为大唐天子也。但突厥全民众,自问曰:

（9）"吾乃自有其国之民族,吾国今安在哉? 吾为谁征伐耶?""吾乃自有其可汗之民族,今吾可汗安在哉? 我所臣事之可汗为谁耶?"彼等既觉悟,遂叛大唐天子;

（10）但彼等虽起事,却未能自治自理,咸相继失败。㉔此等众人不惟不助(吾等),且曰"其许吾诛突厥人,绝其子孙哉";幸皆失败。突

厥上天及突厥神圣水土㉕

（11）不欲吾突厥民族灭绝，而思其复兴也，乃起立吾父颉利咥利失可汗（elteriä qaghan）㉖及吾母颉利毗伽可贺敦（elbilgä qatun），且在天顶保佑之。吾父可汗偕十七人亡走；当其闻。

（12）有声自大唐出，在城中者离其城，在山上者下其山，集合时，有众七十人。上天予以勇力，吾父可汗之军士勇如狼，其敌人怯弱如羊，吾父东奔西走，招集散亡，得众七百人。

（13）既得七百人，依吾祖先之法，组织曾亡国、失可汗、为奴为婢丧突厥法制之民族，并从而鼓舞之。复整理突利施及达头人，㉗

（14）为立设及叶护。㉘南方唐家世为吾敌，北方之敌，则为 Baz 可汗及九姓回纥；黠戛斯，骨利干，三十姓鞑靼，契丹及 Tatabï，皆吾敌也，吾父可汗与此民族，［疆场周旋？］

（15）彼出征四十七次，身经二十战。遵奉上天之意，有国者取其国，有可汗者虏其可汗；促其敌人维持和平，屈膝垂首。彼既建如此大国，

（16）具如此大权，乃溘然辞世。朕等树立 Baz 可汗为吾父可汗之第一墓石。㉙朕叔可汗继立。㉚叔父可汗既立，复整顿突厥民族，贫者富之，寡者众之。

（17）朕叔可汗在位时，朕本人为达头设。曾与吾叔可汗东征至青河（Yashil ügüz）及山东平原，西征至铁门，至曲漫山外之黠戛斯。

（18）吾等出征凡二十五次，接战十三次。有国者取其国，有可汗者虏其可汗，令其膝屈首垂。突骑施㉛可汗亦吾突厥种也。

（19）以愚昧及伪诈故，诛杀之，其梅禄及贵人亦被戮，十姓部落咸被难。吾祖先之土地不能无主，吾等复从事于小民族之整理［……］

（20）是拔塞贵人；吾等予以可汗之号，并以朕妹妻之。但其人虚诈不信，可汗伏诛，民众亦成奴婢。为使曲漫山地不能无主，吾等于整理 Az 及黠戛斯族后，出而征之。惟吾等复还其独立。

（21）吾等东移吾族于 Qadïrqau 山外，而整理之，西徙突厥于 Kängü-Tarman 而整理之。此时奴亦有奴，婢亦有婢，弟莫知其兄，子莫知其父

矣。

（22）吾等所取得所整理之国家及权力，其大也如此。汝突厥回纥诸贵人及民众听之！若非天倾地坏，噫，突厥民众，孰能灭汝国夺汝权耶？吾突厥民众！汝震栗，

（23）汝反省，汝身为奸诈，对汝贤圣可汗虚伪，反对汝独立自由之国家，身披甲兵之人何来而驱汝？荷枪负戟之人何来而虏汝？神圣於都斤山之人民，出走者实汝本人，汝辈有

（24）东去者，有西去者。但在汝等所去之地，所得者不过血流似河，骨积如山而已。汝高贵子弟，悉成奴隶，清白处女，尽为婢妾。吾叔可汗之死，实汝等愚昧伪诈所致也。

（25）朕立黜戛斯可汗为第一墓石。关不欲吾突厥人声消名灭，乃生吾父可汗及母可敦，赐先君国土之天，不欲突厥人声消名灭，今复立朕为可汗。㉜

（26）朕所君临者，非昌盛之族，吾之人民，腹无食，身无衣，实瘠苦孱弱之众。朕与朕弟阙特勤共商国事，朕不欲先君先叔为人民所得之声誉消灭，

（27）为突厥人故，朕夜不寐，昼不安。朕与朕弟阙特勤及两设，共同擘画，辛苦几死。朕如此辛勤，国人始不互相水火。朕既立为可汗，昔日四方流离之众，

（28）复归故土，无马无衣，奄奄半死。朕为复兴民族计，乃率大军出征十二次，北征回纥，东讨契丹及 Tatabī，南扰唐家，朕亲战［……次］。

（29）依上天之意，且因朕有威严，可以为所欲为，此垂毙之民族，始因朕死而复生。裸者衣之，贫者富之，寡者庶之，有国有可汗者，朕使其优于他族。

（30）世界四方诸族，朕悉促其维持和平，解仇结盟。凡此诸族，莫不用命，莫不宾服。朕弟阙特勤，既为国如此宣劳，遂依命运之规定，溘然去世。朕父可汗晏驾时，阙特勤［年始7岁，10岁时］

（31）朕弟阙特勤受成人之名（＝谓以成人待之也），以悦朕母可

敦,朕母实与 Umai㉝无异也。16 岁时,为朕叔可汗之帝国及权力,所建功勋如下㉞:朕等出征六姓 Cub(?)及窣利㉟而败之。唐家王(? Ong)都督率五万人来侵,朕等拒却之。

(32)阙特勤率步卒冲击,以武力虏王(?)都督及其亲兵,械送可汗牙所,朕等歼其军。在其 21 岁,朕等与 chacha 将军交兵,阙特勤初骑 Tadīq(?)啜灰马进击之,此马战死,

(33)继骑始波罗 Yamtar 灰马进击之,此马亦战死。第三次骑 Yäginsilig 贵人褐马 Kädimlig 进击之,此马复战死。敌人射其甲胄及明月宝石(饰物),百余矢,无一矢中其甲或伤其头者。[……]

(34)突厥诸贵人,宜永勿忘其战功。朕等尽歼其军。未几拔曳固胡禄俟斤率其人与吾等为仇。朕等歼其军于 Türgi-yarghun 湖畔。胡禄俟斤率若干人逃。阙特勤 27 岁时,

(35)朕等出征黠戛斯。时雪深与人等,朕等凿雪开道,越曲漫山,于黠戛斯人睡梦中掩至。与其可汗战于 Songa 山。阙特勤骑拔曳固白马奋击之,

(36)彼用箭射一人,而洞穿其并立之二卒。是役也,拔曳固之马腿折,朕等诛黠戛斯可汗而有其国,是年复征突骑施。

(37)越金山,渡曳咥河。朕等于突骑施梦中掩至。突骑施可汗军如烈火如血潮,由 Bolvhu 来,朕等迎拒之,阙特勤骑灰马 Boshja 迎战,此灰马 Boshja[……]。

(38)[……]归途中,突骑施可汗之梅禄虏 Az 族都督,朕等诛其可汗而有其国。突骑施全国皆降。此种人[……]

(39)吾等欲整理窣利人,越珍珠河而至铁门。厥后突骑施人叛,向 Känäräs 逃去,吾军于驻屯地,既无马匹,又乏粮饷,诚可怜之人也,[……]

(40)袭击吾等者,甚英勇,于绝望中,遣阙特勤率若干人追之,彼等激战甚烈,彼骑其白马 Alp-shalchï 接战,悉服突骑施人,当其凯旋时[……]

16.2.3　北面

(1)[……]彼与[……]及哥舒 Qashu 都督交战,悉毙其众。并尽

取其帐幕及财物,不留寸分。当阙特勤 27 岁时,向来独立自由之葛逻禄,㊱与朕等交兵,战于圣泉 Tauar 战事起时,

（2）阙特勤年 30,骑白马 Alp-shalchï 迎战,一矢曾洞穿二人。朕等遂征服葛逻禄人。Az 族亦启衅,战于黑湖（Qara-Köl）,时阙特勤年 30,骑其白马 Alp-shalchï 迎战,

（3）擒 Az 族 elätbir,歼 Az 人于其地。当吾叔可汗国内叛乱,人民怀怨时,朕等正与 Izil 族构兵,阙特勤骑其白马 Alp-shalchï

（4）进攻,此马即死于是役。Izil 族旋灭。九姓回纥,吾之同族也,当天倾地崩之际,亦起而作乱,一年之内,战事凡五起。第一次战于都护城?（Toghu-balïk）。

（5）阙特勤骑其白马 Azman 迎战,以其长矛刺死六人,另有第七人,被刃于短兵相接时。第二次于 Adïz 战于 Quslajaq,阙特勤骑其褐马 Az 腾捷冲击,洞胸者一人,

（6）于混战中斩九人。Adïz 族歼焉。第三次与回纥族战于 Bo［……］,阙特勤骑其白马 Azman 腾捷冲击,以其长矛,洞刺敌人。朕等败其军而服其人。第四次战于 Chus bashi,

（7）突厥民众叛乱,且近卑怯。阀特勤摧其前锋。朕等乘同罗㊲特勤之丧,围同罗同族 Alpaju 及十人而歼之。

（8）阙特勤骑其黑褐色马 Az 进击之,刺死者二人［……］。其军歼焉。朕等于 Maja-（或 Aja）Qurqan 堡避冬之后,春季率兵征回纥,遣阙特勤衔命回牙所。敌人回纥袭击之,

（9）阙特勤刺其九人,乘其白马 Ogsiz（= 孤儿）,弗弃牙所。吾母可敦,吾继母,吾叔母,吾姊,吾媳,吾女及彼一切未死者,悉成婢妾。汝辈中之阵亡者,尚弃在牙所或道路。

（10）如阙特勤弗在,汝等悉成战场白骨矣。今朕弟阙特勤已死,朕极悲怆,朕眼虽能视,已同盲目,虽能思想,已如无意识。朕极哀怆,若天定时限,则人子皆为死而生。

（11）朕哀悼如此。当眼泪夺眶而出,叹息自心发出时,朕永远哀怆,朕哀悼甚深。朕以为二设,朕弟,及诸侄,朕子,诸贵人及民众,将号

·欧·亚·历·史·文·化·文·库·

泣而至盲目也。其来吊慰与祭者,契丹 Tatabī 族则派

(12)Udan 将军,唐家天子则遣 Isiyi(?)及吕向,㊳彼等携无数珍宝金银,价值累万,吐蕃可汗派来一论(bölön),由日落方面西方民族宰利,波斯(? bärchäkär)及捕喝(Buqa-raq)来者,有 Nön(? 或 Näk?)将军及 Oghul 达干,

(13)自十姓部落及吾子(婿?——或"由吾诸子十姓部落"),及突骑施可汗来者,有掌印官 Maqarach 及掌印官 Oghus bilga,由黠戛斯处来者,有达头伊难珠啜,唐家天子之 Chiqan 及张将军来,则为建立祠宇及雕绘铭刻事也。

16.2.4　北面及东面间之棱角

阙特勤死于羊年(辛未,731 年)十七日。九月二十七日举行葬礼,其祠宇绘图碑刻落成于(猴年)七月二十七日。阙特勤享寿 47 岁。工匠悉 toighun 及 eltäbir 送来。

16.2.5　南面及东面间之棱角

予乃阙特勤之外甥 Yolïgh 特勤,此碑撰写皆予一人任之。予留此地凡二十日,碑碣墙壁之上,一一写毕,汝于诸特勤及 taighun 中宿较他人关切。汝死矣。愿汝在天上无异于人间也。

16.2.6　南面及西面间之棱角

亲见阙特勤金银珍宝财物及四千雄马之 toighun[……]吾主人阙特勤[……]升天上。[……]予 Yolïgh 特勤写石。

16.2.7　西面中文之右

(1)予名伊难珠阿波 Yarghan 达干。突厥伯克及民众,
(2)由环墙外而观丧仪,因吾弟阙特勤之[功绩]及其对国家之勋劳,朕突厥毗伽可汗,曾就席中央,以守望吾弟阙特勤。

16.3　突厥文《阙特勤碑》注译

16.3.1　天所生象天贤圣突厥可汗

原文拉丁字母音译为 täṅritäg täṅridä bolmishtürk bilgä qaran,乃阙

特勤兄默棘连（默字应为 Bäg 之对音,但全名今尚未能还原）唐代所谓毗伽可汗（Bilgä qaghan）者之徽号,今分别解释如下：

tänritäg 乃由 tänri 及 täg 二字合成。Tänri 此言"天"也,就精神方面言,又有"神意",隋唐时音译为"登里"或"腾里",回纥时代,诸可汗徽号,每人皆有此字。täg 此言"似"也。tänritäg 意为"类天""象天"云。《史记·匈奴传》："至冒顿而匈奴最强大,……其国称之曰撑犁孤涂单于……匈奴谓'天'为'撑犁'……言其象天也",此乃 tänri 一字见于异族君长徽号之最早者。

tänridä 乃由 tänri 及语尾 da 合成,dä 在此处表示文法上之 ablatif。tänridäl 此言"由天"也,中国史书音译为"登里啰"。（唐时常以汉语 l-代突厥语 d-,故译 dä 为啰 la）

Bolmish 为动词,bol 有"变成"、"产生"、"是"等意,mish 为动词语尾。唐代音译"没密施"。

türk 据 V. 陶木生及谬勒（T. W. K. Müller）之说,突厥文原意为"强"也。此字若在蒙古语中（广义的）,其多数应为 türk-üt。据近来东方语言学者研究,柔然一族,实蒙古种,似乎当时柔然人为突厥所迫,求救于中国,中国人间接由柔然人口中得知突厥人,故音译为突厥（türk-üt）,而非直接由突厥语多数 türk-lär 译出也。[1]

bilgä,吾国古史音译为"毗伽",或"苾伽",此言"贤智"也。在突厥可汗及大臣徽号中,此字常见,即其皇后徽号中亦有之,如代平史朝义之乱、凌辱雍王适（即唐德宗）之回纥牟羽可汗后,唐封之曰婆墨光亲丽华毗伽可敦是也。

qaghan,"可汗"、"可寒"皆其对音。按"可汗"之号,不始突厥,北方异族,早已用之。《资治通鉴》卷 77"景元二年"条："力微之先,世居北荒,不交南夏,至'可汗'毛,始彊大……后五世至'可汗'推寅,南迁大泽,又七世至'可汗'邻。"是拓拔始祖时代,已用可汗徽号矣。又《宋书》卷 96 述慕容廆遣乙那楼追吐谷浑,"楼喜拜曰:处,可寒。房言可寒,宋言尔官家也……又跪曰:可寒。此非复人事"。由此可知可汗或

---

〔1〕参看 P. Pelliot, L'origine de T'ou-Kiue,载《通报》,1915 年,第 687 页。

可寒之号,北方民族,早已使用。[1]

《北史》卷 99 突厥可汗致隋文帝书自称为:

> 从天生大突厥天下贤圣天子伊利俱庐设莫何始波罗可汗。

今与阙特勤碑突厥文毗伽可汗徽号相比,翻译似甚正确(至下半段译音若复原,则应为 el-külüg-sad-bagha-(i)sbara-qaghan)。唯此种类似称号,由来亦甚远,非只见于突厥回纥也。依德人谬勒之研究,则上自匈奴,下迄蒙古,代皆用之。《史记》卷 110《匈奴传》,冒顿遗汉文帝书自称:

> 天所立匈奴大单于。

老上单于遗文帝书自称:

> 天地所生,日月所置,匈奴大单于。

可知突厥可汗之堂皇徽号,实沿用北方游牧民族首领历代相传之徽号,非自创,乃有所本也。至于吾人常见之元代白话诏书,首句必曰:"长生天气力里皇帝",皆匈奴以来北族首领称号一脉相传,无大变异。[2]

16.3.2 右厢诸 Šdapyt-bäg,左厢诸达干及诸 buiruq-bäg

官职分左右部,匈奴时已然,如《史记·匈奴传》称匈奴官职有:"左右贤王,左右谷蠡,左右大将,左右大都尉,左右大当户,左右骨都侯。"唯突厥所谓右,则常指南方,左指北方,见碑文。

Šadapyt 乃一种贵族,其阶级尚未能定(补注:参看《突厥官号考释》下篇"设"条)。bäg 一字元代译为别、伯、卑、毕,后世译作"伯克",新疆维吾尔等族,今尚沿用。意为"贵族"。唐时对音,似为默啜、默矩之"默",或泥熟匐之匐。

达干原文为 Tarqan,乃较高之官号,中国史籍中,多误为达于。

buiruq"梅录"之对音,乃大官之通称。五代回鹘仍沿用,音译为

---

〔1〕参看〔日〕白鸟库吉,A Study on the Titles Kaghan and Katun,Memoirs of the Research Department of the Tokyo Bunko No. 1,p. 1 - 39。

〔2〕参看 F. W. K. Müller, Uigurische Glossen, Ostasiatische Zeitschrift Ⅷ,1919—1920,S. 310 - 324。

"密禄"、为"媚禄"(见《旧五代史》及《新五代史》之《回鹘传》)。

16.3.3　三十姓鞑靼

原文为 Otuz-Tatar,此为关于鞑靼族最古之记录。依碑文考之,此最古之鞑靼族,实居兴安岭西之地,与成吉思汗(Cingis-han)时代之塔塔儿,住地略同,皆在契丹之西北。所谓三十姓者,即三十部族之意,乃唐代术语。关于此族历史,日人箭内亘考之甚详。[1]

16.3.4　九姓回纥

原文为 Toquz-Oghuz。Toquz 意为"九",谓回纥九部也。回纥与突厥同族,继突厥而建立帝国于蒙古,享国百年。其强盛时,凌辱中国,掠夺生灵,长安洛阳之情景,不异今日之北平天津。清末外蒙古鄂尔浑(Orkhon)河畔黑城子(Kara-Balgasun)发现之"九姓回鹘爱登里啰汩没密施合毗伽可汗圣文神武碑",中文、回鹘文、粟特文并用,即此族之遗物也。(回鹘乃武义成功可汗时所改。此碑中文,有沈曾植、王国维考证,及荷兰人施勒格尔之研究,粟特文至 1909 年德人谬勒始通其读)。840 年回鹘帝国为黠戛斯人(Kïrgïz)所灭,余众退保吐鲁番,元之畏兀儿,今之缠回,皆其苗裔。欧战前德国吐鲁番探险队前后至新疆四次,在吐鲁番附近 Bäsäklik,得唐代回纥人壁画甚多,今藏柏林民族学博物馆,宽衣高帽,尚可见唐代劫掠两京之回纥人遗影。其宗教,则宫廷崇摩尼,系由粟特人传入,民众在吐鲁番多信佛教,后则悉皈依伊斯兰教。其文字系采用粟特字母,蒙古复上学畏兀儿,下教满洲人字母。故回纥者,就文化上言,实粟特人之学生,蒙古人之教师也。此族最早遗物,除上述之九姓回纥可汗碑外,以蓝史铁(Ramstedt)所译释之磨延啜碑为最要,为吐鲁番等处之后期回纥文,各国考古队皆有所掠取,而以德国普鲁士学会掠取为最多。

16.3.5　东方

碑文中每言及方向,必先曰东方,此亦有故。《北史·突厥传曰:》

---

〔1〕参看东京文科大学:《满洲朝鲜历史地理研究报告》第5。王国维氏译为中文,刊于《王忠悫公遗书·观堂译稿》,并参看王氏考。

"牙帐东开,盖敬日之所出也。"突厥以东方为上,阙特勤碑突厥文主文刻于东面;中文在西面者,以此。

16.3.6　於都斤山

原文为 Ütükän 或 Ötükän,中国史籍中作乌德鞬,或郁督军者,皆同名异译。而《隋书》卷 84 之西突厥"东拒都斤"及沙钵略可汗"治都斤山",《新唐书》卷 215 上之"建廷都斤山"诸文,盖皆袭用《北周书》卷 50《突厥传》"可汗恒处於都斤山"之文,殆以"於"为虚字,删之于文句更顺欤? 不有原文对照,则此突厥京都所在之山,将永不得确名也。至此山命名之意,各家解释纷纭,莫衷一是,可参阅 P. Pelliot, Neuf notes-sur des question d'Asie centrale,见《通报》,1928—1929。[1]

16.3.7　吐蕃

中国通中亚之道,自古即甘凉一线,唐玄宗时,此道北有回纥,南有吐蕃,二国不啻接壤,故碑文云云。

16.3.8　珍珠河及铁门

珍珠河(Yencü-ügüz)一名,《九姓回纥可汗碑》亦见之。古名药沙河(Jaxartes),今名锡尔河(Sir Darja)。铁门(Tämir qapïr)在唐代为窣利及覩货逻之分界,突厥之关阨。唐玄奘《大唐西域记》卷 1 云:

> 自碎叶水城(Tokmak),至羯霜那国(Kesh),地名窣利(Suri-ka)……

> 羯霜那国周千四五百里,……从此西行二百余里入山,山路崎岖,溪径危险,既绝人里,又少水草。东南山行三百余里,入铁门。铁门者,左右带山,山极峭峻,虽有狭径,加之险阻,两旁石壁,其色如铁。既设门扉,又以铁锢。多有铁铃,悬诸户扇。因其险固,遂以为名。出铁门,至覩货逻国故地……

《大慈恩寺三藏法师传》卷 2 云:

> ……至羯霜那国,又西南二百里入山,山路深险,才通人步,复

---

〔1〕此文已由冯承钧氏译为中文,名为《中亚史地译丛》,刊于《辅仁学志》第 3 卷第 1 期 1932 年。

无水草,山行三百余里入铁门。峰壁狭峭,而崖石多铁矿,依之为门,扉又镶铁,又铸铁为铃,多悬于上,故以为名,即突厥之关塞也。出铁门,至覩货逻国。

此铁门之概况,乃玄奘所亲履目睹者也。唐代及元、明载籍皆述及铁门,兹不赘引。

16.3.9　拔曳固

原文为 Bayīrqu 中文史籍一译"拔野古"。《旧唐书》卷 194 上:

> [开元]四年默啜又北讨九姓拔曳固,战于独乐河(Togh-la,今外蒙古土拉河),拔曳固大败,默啜负胜轻归,而不设备,遇拔曳固迸卒颉质略于柳林中,突出击默啜,斩之。仍与入蕃使郝灵荃传默啜首至京师。

由此足知拔曳固或拔野古,乃突厥北方之敌邦,毗伽可汗征之者,殆为其叔默啜复仇也。《通典》卷 200 有《拔野古传》,可参看。

16.3.10　中国或唐家

原文为 Tabghach,欧人称我汉人为 Chinois,此字盖"秦"字之对音,《史记》卷 123《大宛传》:

> ……[大]宛王城中无井,皆汲城外流水,……闻[大]宛城中新得"秦"人,知穿井……

此为汉武帝时李广利西征大宛时事,大宛不称"汉"人而曰"秦"人者,必于张骞通西域前,由匈奴人间接而知我中国也。秦代两世,为时固暂,而秦立国西陲,则已久矣。欧人盖由西域人或匈奴人口中知中国,故至今仍呼吾人为秦人(Chinois)也。

其后于"秦",前于"契丹"(俄人称中国为契丹)者,则尚有 Tab-ghach。此字对音,日人自白鸟库吉以下,皆以"唐家子"3 字当之,以为突厥称中国当日之唐朝为唐家子也。伯希和于 1912 年作《中国名称之起源》一文揭于《通报》(727 - 742 页),以为系"拓跋氏"之对音,其大意为:突厥盛大之初,乃在南北朝时,突厥与北魏接壤,称之曰"拓跋氏",后隋唐继兴,突厥人仍以旧日称"拓跋氏"之号称之,故谓中国为 Tabghach 云。

16.3.11　禁突厥人汉化

我国北方游牧民族,强悍成性,世为边患,然一旦采用中国文化,莫不日趋衰弱,为中国所同化,此北族中有识之士所以每以不染华风相劝诫也。《史记·匈奴传》:

> 初,匈奴好汉缯絮食物,中行说(汉文帝时之汉奸)曰:"匈奴人众,不能当汉之一郡,然所以强者,以衣食异,无仰于汉也。今单于变俗,好汉物,汉物不过十二,则匈奴尽归于汉矣。其得汉缯絮,以驰草棘中,衣袴皆裂敝,以示不如旃裘之完善也。得汉食物皆去之,以示不如湩酪之便美也。"

吾人试将此文与碑文对读,则北族首领惧其民众受汉化之心理益明。唯据中国史料,毗伽可汗实亦沾染汉化,其碑文云云者,殆受其谋臣谏诤而觉悟也。其谋臣为谁,即助毗伽可汗父骨咄禄恢复突厥故国,张说称之为"深沉有谋,老而益壮,李靖、徐勣之流"之暾欲谷也。暾欲谷碑亦在外蒙发现,译文拉德洛夫之《蒙古古突厥碑文》第 3 册,德人夏德(Hirth)作《暾欲谷碑跋》,谓其历事三朝,动无遗策,乃突厥之俾斯麦(Bismarck),实不为过誉。《旧唐书》卷 194 上:

> 小杀(即毗伽可汗)又欲修筑城壁,造立寺观。暾欲谷曰:"不可!突厥人户寡少,不敌唐家百分之一,所以常能抗拒者,正以随逐水草,居处无常,射猎为业,又皆习武,强则进兵抄掠,弱则窜伏山林,唐兵虽多,无所施用。若筑城而居,改变旧俗,一朝失利,必为唐家所并。且寺观之法,杀人仁弱,本非用武争强之道,不可置也。"小杀等深然其策。

读此,知碑文中毗伽可汗禁止其民众华化之政策,实暾欲谷所定也。

16.3.12　画工

关于由唐天子处请画工写真事,《册府元龟》纪之甚详。其文云:

> 突厥苾伽可汗,开元二十一年十一月遣其大臣葛阿默察之来朝,献马 50 匹,谢恩也。初苾伽之弟阙特勤死,苾伽表请巧匠写其真,诏遣画工六人往焉。既画,工妙绝伦,突厥国内未见者。苾伽每观画处,歔欷如弟再生,悲涕不自胜,故察之谢恩,且送画人也。

（《册府元龟》卷 962 及 999）

16.3.13　Yolïgh 特勤

此人不见于吾国史籍,毗伽可汗碑之撰者,亦此人,料为突厥文人。碑文云"其读之者,即可洞晓",足证突厥人中,识字者必不少,其文化程度,应不若一般人想像之低也。

16.3.14　土门及室点蜜

原文为 Bumïn 及 Istāmi,突厥分二部,在我国北者,史称北突厥,土门其始祖也;在我国西者,史称西突厥,室点蜜其始祖也。东突厥之根据地在喝昆河,西突厥之根据地伊犁河。近人于第 10 世纪回教著作家 Tabari 书中,知室点蜜曾结波斯王库萨和(Khosroes),共灭当时雄踞中亚之嚈哒(Hephthalites)人,而分其地。据东罗马史家 Procope, Théophane de Bysance, Ménander 等之记载,室点蜜因波斯王不许其商队过境,曾派使节至君士坦丁堡,请夹击波斯,东罗马亦派使至西突厥云。关于西突厥史,法人沙畹(Ed. Chavannes)有详细之研究(《西突厥史料》Documents sur les Tou‑Kiue〔Turcs〕occidentaux, Recueilles et Commentés par ed. Chavannes, 1903, St. Pétersbourg,后附一图)。

16.3.15　Bökli

此乃最东之民族,但其对音尚不能于中国史籍中求出。东面第 8 行之 Bökli qaghan,依其意义,则为山名。

16.3.16　Apar

或即西史之 Avares,近人以为败于突厥弃地西窜之柔然,即围东罗马城,终为查理曼(Charlemagne)所平之 Avares 也。此问题尚无定论。[1]

16.3.17　黠戛斯

原文 Qïrqïz,坚昆,结骨,皆其对音。史称其"东至骨利干(Qurïqan),南吐蕃,西南葛逻禄(Karluk)"按骨利干在今贝加尔湖附近,葛逻禄在今塔尔巴哈台,则黠戛斯之地望,应在西伯利亚之西部。

---

〔1〕参考沙畹《西突厥史料》(*Les Avares et les Kermichions*),第 229 – 233 页,

又云"南依贪漫山",贪漫山应即碑文之 Kögmän 山,今之萨彦岭(Saja-nische Gebirge),故其国当在 Abakan 平原也。840 年灭回纥帝国,雄长蒙古。"然卒不能取回鹘,后之朝聘册命,史臣失传"。[1]

16.3.18 三姓骨利干

原文为 Üch-Qurïqan,üch 此言"三"也。杜佑《通典》卷 200"骨利干条"云:"骨利干居回纥北方,瀚海之北,……其北又距大海,昼长夜短,日没后,天色正曛,煮一羊胛才熟,而东方已曙……""瀚海"当然为蒙古戈壁,"大海"应为贝加尔湖,所述昼长夜短之情况,亦正该地夏季景色也。

16.3.19 契丹

原文为 Qïtai,吾国有《辽史》,即此民族之史也。契丹仿汉字,亦自制文字,惜流传后世者绝少,数年前始于辽庆陵发现契丹文碑,予曾于比国 Mullie 神父处,见其拓本,惟尚不能通其读。辽时书禁甚严,今传世者,仅《龙龛手鉴》等字书数种耳。故吾人今欲研究辽史,材料甚缺乏。契丹据东蒙,其根本地带,在辽河上游西喇木伦河,近由 Mullie 神父发现辽代遗址甚多,可参看 Mullie 之 *Les anciennes Villes de l'Empire-des grands Leao*(大辽)*au royaume de Barin*,(载《通报》,1922,105 – 231 页),中文译本名《东蒙古辽城探考记》,惜将作者所制地图删去,实大憾事。

16.3.20 Tatabï

碑中每言 Tatabï,必与契丹并举;中国史籍,于契丹初期,亦每以奚、契丹并举,故欧洲学者,咸认此族为中国史书上之"奚",然而"查无实据",犹当阙疑也。

16.3.21 中国之离间

《北史》卷 99 云:

> ……其众奉雍虞闾为主,是为颉伽施多那都蓝可汗。……时……染干(雍虞闾之兄弟)号突利可汗,居北方,遣使求婚。上(隋

---

[1]参看《文献通考》卷 348。

文帝)令裴矩谓曰,当杀大义公主(公主为周后,屡欲借突厥势灭隋复周)方许婚。突利以为然……遂杀公主于帐,都蓝因与突利可汗有隙……(上)妻(突利)以宗女义安公主。上欲离间北狄,故特厚其礼。……突利本居北方,以尚主故,南徙度斤旧镇,锡赉优厚。雍虞间怒曰,我大可汗也,反不如染干,于是朝贡遂绝,……(雍虞间)攻染干,尽杀其兄弟子女……染干夜以五骑与隋使长孙晟归朝。……上于朔州筑大利城以居之。……部落归者甚众。雍虞间又击之,……都蓝为其麾下所杀,……其国大乱。

《旧唐书》卷 194 上:

> ……[武德]七年八月,颉利(突利之叔)突利二可汗举国入寇,……太宗因纵反间于突利,突利悦而归心焉,遂不欲战。其叔侄内离,颉利欲战不可,……突利因自托于太宗,愿结为兄弟……(贞观)三年,突利遣使奏言与颉利有隙,奏请击之。……十二月,突利可汗……等并帅所部来奔。四年正月,李靖进屯恶阳岭,……靖乘间袭击,大破之,遂灭其国。……张宝相……生擒颉利,送于京师。

吾人今将此二段与碑文对读,足知隋唐二代外交手段之有效,及毗伽可汗愤其先人愚昧原因也。我国数十年来内乱,莫不有外国背景。人为隋唐,我为突厥矣,伤哉!

16.3.22 中国官号名字

《通典》卷 197 云:

> 颉利之败也……来降者甚众,酋豪首领至者,皆拜将军,布列朝廷,五品以上百余人,殆与朝士相半。

《旧唐书》卷 194 云:

> 其酋首至者皆拜为将军,中郎将等官,布列朝廷,五品以上百余人,因而居长安者,数千家。

突厥人归化之多,由此可以想见。

至于冠汉人之姓名,骤视之不觉其为异种者如:助李渊起兵之史大奈(《唐书》卷 110 有传),叛贼史思明(《唐书》卷 225 有传),沙陀酋李昌国(《唐书》218)其最著者也。

16.3.23　臣事中国五十年

贞观四年(630 年),东突厥颉利被擒,国亡;唐高宗调露元年(679
年),突厥首领阿史德温奉职二部落相率反叛。其间恰 50 年,碑文与
《唐书》正合。自突厥亡至毗伽可汗父骨咄禄复国(永淳二年,683
年),亦不过五十二、三年耳。

16.3.24　恢复独立

《旧唐书》卷 194 上云:

> 突利弟结射率……[贞观]十三年从幸九成宫,阴结部落,得
> 40 余人,并拥贺还鹘(突利子)相与夜犯御营,越第 40 重幕,引弓
> 乱发,杀卫士数十人。……北走渡渭水,欲奔其部落,寻皆捕而斩
> 之。

此为突厥国亡后第一次恢复之失败。

唐高宗时,突厥尽为封疆之臣。于是分置单于、瀚海二都护府:

> 单于都护领:狼山,云中,桑乾三都督,苏农等十四州。

> 瀚海都护领:金微、新黎等七都督,仙萼、贺兰等八州。各以其
> 首领为都督刺史。

自此突厥帝国,成为大唐帝国之一部分。

> 调露元年,单于管内突厥首领阿史德温奉职二部落……相率
> 反叛,立泥熟匐为可汗,二十四州并叛,应之……高宗诏裴行俭等
> 统众三十余万讨击温,大破之,泥熟匐为其下所杀,并擒奉职而还。

> ……永隆元年,突厥迎颉利兄之子阿史那伏念于夏州,将渡河
> 立为可汗,诸部落复响应从之,又诏裴行俭等讨之,伏念窘急,诣行
> 俭降,行俭遂虏伏念,诣京师,斩于东市。

此皆恢复未成,先后失败者,迨骨咄禄出,始成功。

16.3.25　天地水

突厥人之宗教,依我国史籍证之,与今阿尔泰山及其附近民族之萨
满(Chamanisme)教同。天地水皆人格化之而为神也。

16.3.26 elterish 及 elbilgä

此二字依隋唐译例,应译为伊利咥利失可汗及伊利毗伽可贺敦;意为民族领袖可汗、民族圣贤可贺敦也。因其为毗伽可汗及阙特勤之父母,故知可汗即《唐书》之骨咄禄,武后愤而为之改名为不卒禄者。《唐书》卷215云:

> 骨咄禄颉利族人也,云中都督舍利元英之部酋,世袭吐屯(Tu-dun),伏念败,乃啸亡散,保总材山,又治黑沙城,有众五千,盗九姓畜马,稍疆大,乃自立为可汗。

北突厥分前后两朝,前朝自土门至颉利可汗为唐太宗生擒止。中经五十年,骨咄禄始复其国,传数十年,为回纥所灭。故骨咄禄实后朝创业人也。

16.3.27 突利施及达头

原文为 Tölish 及 Tardush,乃北突厥两族,或两行政区。东部曰突利施,西部曰达头。

16.3.28 叶护及设

原文为 Yabghu 及 Shad。Shad 或译为杀,或译为察,皆同音异译。《北史·突厥传》云:

> 大官有叶护,次特勒(勤字之误),次俟利发,次吐屯发及余官凡二十八等,皆世为之。

《旧唐书》卷194上云:

> 其子弟谓之特勤,别部领兵者皆谓之设,其大官屈律啜,次阿波,次颉利发,吐屯,次俟斤,并代居其官,而无员数。

叶护还原为 yabghu,特勤为 tegin,俟利为 el,发字尚未能还原,吐屯为 tudun,屈律啜为 kül-chur,阿波为 apa,颉利发即俟利发,俟斤为 erkin,诸悉见于碑文。

16.3.29 balbal

《北史·突厥传》云:"死者……然后坎而瘗之……表为茔,立屋,中图画死者形仪,及其生时所战阵状,常杀一人则立一石,有至千百者。"balbal 即其所立之石也。其实物今尚存,可参看拉德洛夫之《蒙古

211

古物图谱》,第 123 等幅。

16.3.30　叔父可汗继立

按突厥继承之法,以兄终弟及为原则。《北史·突厥传》曰:"我突厥自木杆可汗以来,多以弟代兄。"《旧唐书·突厥传》曰:"父兄死则子弟承袭。"今将其世系列下:

$$
伊利可汗（土门）
\begin{cases}
乙息记可汗(2) \begin{cases} 沙钵略可汗(5)——都蓝可汗(7) \\ 莫何可汗(6)——启民可汗(8) \end{cases} \\
木杆可汗(3) \\
他钵可汗(4)
\end{cases}
$$

$$
启民可汗(8)
\begin{cases}
始毕可汗(9) \\
处罗可汗(10) \\
颉利可汗(11)
\end{cases}
$$

以上为前朝。

$$
伊地米施匐——骨咄禄颉斤（此二人见中文阙特勤碑）
\begin{cases}
骨咄禄(1) \begin{cases} 毗伽可汗(3) \\ 登利可汗(4) \end{cases} \\
默啜(2)
\end{cases}
$$

以上为后朝。

由上观之"以弟代兄"实为突厥继承之法。而《旧唐书·突厥传》云:"骨咄禄死时,其子尚幼,默啜遂篡其位,自立为可汗",实不知突厥制度者。

16.3.31　突骑施

原文为 Türgish,乃西突厥十族之一。突厥分北突厥及西突厥,前已言之。而西突厥又有二部,其在碎叶以东者,称咄六或都陆,其在碎叶西者称弩失毕。各有五落部。碎叶今 Issik Kül(古称热海)西楚河南岸之 Tokmak 也。突骑施为左厢五大啜之一,其地在今伊犁河流域。当其强盛之时,曾侵至新疆之东部,前普鲁士吐鲁番考古队曾于吐鲁番废址得突骑施钱,经 F. W. K. Müller 考释,影印于其名著《回纥志》(Uigurica)第 2 卷,可参看也。西突厥十部,每部赐一箭,故称十箭焉(《旧唐书》卷 194 下),即碑文之十姓部落。

16.3.32 朕为可汗

《唐书·突厥传》云：

> 默啜之子小可汗立，骨咄禄之子阙特勤击杀之，及默啜诸子亲信略尽，立其兄左贤王默棘连，是为毗伽可汗。国人谓之小杀。

即立阙特勤碑之人也。

16.3.33 Umai

Umai 为萨满教之"小孩保佑神"，阿尔泰山民族至今犹崇拜之。

16.3.34 阙特勤之功勋

阙特勤事迹见于《唐书》者，约略如下：

> ［默啜死］阙特勤鸠合旧部，杀默啜子小可汗，及诸弟并亲信略尽，立其兄左贤王默棘连，是为毗伽可汗。毗伽可汗以开元四年即位，本番号为小杀（Shad）。性仁友，自以得国是阙特勤之功，固让之。阙特勤不受，遂以为左贤王，专掌兵马。……［开元］十三年玄宗将东巡，中书令张说，谋欲加兵以备突厥，……曰："突厥比虽请和，兽心难测，小杀者仁而爱人，众为之用。阙特勤骁武善战，所向无前。暾欲谷深沉有谋，老而益壮，李靖、徐勣之流也。三虏协心，动无遗策……"

碑文中毗伽可汗所述阙特勤功业，固颇富传奇意味，然由《唐书》观之，其"骁武善战"，殊不虚也。

16.3.35 粟特

原文为 Sogd，粟特之名见于《魏书·本纪》及《周书·异域传》，即《大唐西域记》之窣利（Surika）。《大唐西域记》卷 1 云：

> 自碎叶水城至羯霜那国，地名窣利，人亦谓焉，语言文字，亦随称矣。

则唐代粟特之地望可知。其人为东伊兰人，善贸易，往来于中亚及东亚各都市，故其语言，自汉迄唐，遂为中央亚细亚之国际语。晚近英法德诸国考古队，发现粟特语遗文不少，东自甘肃北至外蒙（九姓回纥可汗碑，除中文回纥文外，尚有粟特文），均有所获。唯初发现时，世无能通其读者，1904 年德国 F. W. K. Müller 始创通，继起研究者则有法国之

R. Gasuthiot 及 Ben-veniste,二氏著有 Essai de grammaire Sogdreune,第 1
册 1914—1923 年出版,第 2 册 1929 年出版。

回纥之摩尼教及文字,皆此"逐什一之利"之粟特人所输入也。

16.3.36　歌逻禄

原文为 Karluk,歌逻禄之根据地在塔尔巴哈台,分三部,所谓三姓
葛禄(即歌逻禄)也。一谋落在曳咥河(Irtych)流域;二炽俟(Chigil)在
Urungu 湖畔;三踏实力在斋桑泊 Emil 河间。后回纥与歌逻禄共攻突
厥,而分其地。回纥有蒙古,歌逻禄有新疆。

16.3.37　同罗

原文为 Tonra,史称其为铁勒之别部,在薛延(音诞)陀(Sir-tar-
dush)之北。

16.3.38　阙特勤之丧

《册府元龟》卷 975 云:

> 四月辛巳(731 年五月十三)突厥可汗弟阙特勤卒,帝[唐玄
> 宗]降书吊之曰:"皇帝问突厥毗伽可汗,国家惠绥黎蒸,保乂函
> 夏,无有远迩,思致和平,俾有厥休,共登仁寿之域,既罹于咎,岂忘
> 匐匍之救。况可汗久率忠顺,迟通款城,既和好克修,固灾患是恤。
> 今闻可汗阙特勤没丧,良用抚然。想友爱情深,家国任切,追念痛
> 惜,何可为怀。今申吊赗,并遣致祭喻意致,荐兹礼物。"

《旧唐书》卷 194:

> 阙特勤死,诏金吾将军张去逸,都官郎中吕向,赍玺书入蕃吊
> 祭,并为立碑,上自为碑文(按即阙特勤碑中文部分,故阙特勤碑
> 五字题目下有御制御书四小字),仍立祠庙,刻石为像,四壁画其
> 战阵之状。

《新唐书》卷 215 下记载略同,唯增:

> 状诏高手工六人往,绘写精肖,其国以为未尝有,默棘连视之
> 必梗悲。

以与碑文对照,正相合,唯碑文太简略耳。

附言:译者译注此碑,初无发表之意,吾师刘先生见之,谓可送中法

教育基金委员会刊物上补白,遂应允之。唯译文不妥之处甚多,注文遗漏亦不少,尚望读者指正。

又日来翻阅《王忠悫公遗书》,见有关于西域人对中国人称呼者数事,可补注文之不足,今抄录于下:

《观堂集林》卷 20 刘国平治□谷关颂跋:"龟兹左将军刘国平以 7 月 26 日发家,从秦人孟伯山……等六人共来作……"刘国平,龟兹人,……秦人谓汉人,《史记·大宛传》言,宛城中新得秦人知穿井,《汉书·匈奴传》言,卫律为单于谋,穿井筑城,治楼以藏谷,与秦人守之,《西域传》言,匈奴缚马前后足,置城下言秦人我匄若马。

元李志常《长春真人西游记》上:

桃花石诸事皆巧,桃花石谓汉人也。

按桃花石亦 Tabghac 之音译也。

又碑文东第 20 行 Bars 一字,似即《唐书·突厥传》五弩矢毕第三俟斤"拔塞"之原文,参看 F. W. K. Müller 之 Zwei Pfahl-inschriften aus des Turfanfunden S. 26 (Abhandlungenzu Königl. Preuss. Akademie der Wissenschaften 1915 Phil. hist. Klasse)

1935 年 10 月于柏林

(原载《国立北平研究院院务汇报》第 6 卷第 6 期)

17　突厥文《苾伽可汗碑》译释

　　儒林案：苾伽可汗碑与阙特勤碑、九姓回鹘爱登里啰汩没密施合毗伽可汗圣文神武碑同时发现（光绪十五年），此碑与阙特勤碑均在外蒙古喁昆河及和硕柴达木湖（Koso Tsaidam）附近，相距仅 1 公里，约在北纬 47 度半，东经 102 度半。

　　此碑断为 4 块，碑面亦破损太甚，故其长短大小，已无法测量。碑立于开元二十三年，其制作与阙特勤碑完全相同，惟各边略大而已。西面为中文，李融撰（见《旧唐书》卷 194），因破损太甚，已不成文；撰人姓名，亦不可辨，仅余其官衔而已。其他北东南三面、西南棱角及西面中文上部，均突厥文。

　　北面起首 8 行与阙特勤碑南面起首 11 行完全相同，东面自第 3 行至第 24 行，除稍为增易数处外，与阙特勤碑东面第 1 行至第 30 行完全相同。其尤奇者，全碑殆悉为苾伽可汗自述，至南面第 10 行，忽变为新可汗之辞。

　　中文部分有 W. P. Wassiljew 之德文译文，乃根据许景澄校本而成者。其译文刊于拉德洛夫之《蒙古古突厥文碑铭》第 1 册第 170 – 174 页。芬兰京城芬匈学会（La Société finno-ugrienne）出版之《喁昆河碑文》一书，似亦有译文。

　　我国自光绪十九年俄使喀西尼以拉德洛夫《蒙古古物图谱》送总理各国事务衙门后，传抄之本甚多，其见于著录者，则有李文田之《和林金石录》，刊于《灵鹣阁丛书》（光绪二十四年？），近年罗振玉以李书仅刊碑文，付梓时主其事者且将校语删去，乃有《和林金石录校定》之作，刊于《辽居杂著》（民国 18 年），唯二书仅录碑文，应不及沈曾植复俄使跋文有用，惜沈跋予未之见也。

突厥文部分,至今尚未见有中文译本。日本白鸟库吉30年前曾考释此碑,唯予仅由王国维译日人箭内亘《鞑靼考》中知之(《王忠悫公遗书·观堂译稿》下第16页),未见其书,且亦不晓日语也。闻日人秋贞,增村,小野川,藤枝诸人将根据拉德洛夫、陶木生、邦格(Bang)、Marquart、Vambery诸人著作,再作突厥碑文之研究,尚未见有著作发表。

　　予之译文,系根据1924年德人Hans Heinrich Schaeder重译丹麦陶木生(V. Thomsen)之新译本,间亦参考英人E. Denison Ross重译之文。至此碑之发现及西人研究之经过,可参看国立北平研究院《院务汇报》第6卷第6期《突厥文〈阙特勤碑〉译注》序言。

　　陶木生之新译,尚有一导言,亦颇可贵,俟予将外蒙诸碑译竣出单册时,当再译之[即《蒙古之突厥碑文导言(译文)》]。

　　研究外蒙喝昆河突厥文碑,可分二事:一为突厥文文字之研究,一为碑文所含史事之考释。关于前者,自陶木生创通以来,为时已三十余年,研究者亦不下数十家,然据去年(民国24年,1935年)始出版之俄人巴托尔德(W. Barthold)《中亚突厥史十二讲》德文译文(12. Vorlesungen über die Geschichte der Türken Mittelasiens,此书余已着手翻译),巴托尔德尚谓碑文多处至今犹聚讼不决,使用陶木生之新译,仍当十分谨慎云(第9页)。予读陶木生、邦格、拉德洛夫诸家书,愈觉迷恍,不敢赞一词。倘读者不慊予之重译,而直接从事于突厥文,以求原文真象,则此文之收获已不少矣。

　　余所从事者,仅为关于碑文史事之考释,然亦不敢窃比德人夏德《暾欲谷碑跋》(Nachwörte zur Inschrift des Tonjukuk,见拉德洛夫《蒙古古突厥文碑铭》第3册)也。不过仅就个人所知者,考释数事于后,聊省读者翻检之劳而已。

　　此文应与拙译《阙特勤碑》(北平研究院《院务汇报》第6卷第6期)一文合读,凡《阙特勤碑译注》中已注释者,本文即不复重出。

17.1 碑文译文

17.1.1 北面

(1)朕从天生象天贤圣(苾伽)突厥可汗业已即位(?)。朕诸弟,诸侄辈,诸甥辈(?)及诸亲王,其次朕诸亲族及民众,右部之 Sadapyt 贵人,左部之诸达干及梅禄(buirug)贵人,三十姓[鞑靼……?],九姓回纥之诸贵人及民众,悉听朕言。其倾耳谛听朕言!向东方,向日出之方向,

(2)向南方,向日中之方向,向西方,向日落之方向,向北方,向半夜之方向——在此范围内之一切民众,莫不悉用朕命;凡此民众且已经朕治理就绪,於都斤山之可汗一日不衰落,国家即一日无忧。朕尝东征至山东平原,几达海滨;南征至九姓 Erkin(?),

(3)几达吐蕃;西征珍珠河外,直抵铁门;北征至拔曳固。朕率领(突厥民众),于役诸方。於都斤山无(外族)君长;於都斤山者,乃国家发号施令之地也。朕治此地,于中国民族订立条约。供给无数金银粟(?)

(4)丝(?)之中国人,言语阿谀,复多财富。彼等迷于温言及财富,复招引异族与之接近。及远人与之接近,遂亦习为奸诈。良善聪明之人,良善勇敢之人,决不受其诱惑,即使有堕落者,而彼等欲将其亲族或民族中清醒之人引入左道,

(5)尤决非易事。噫!吾突厥民众,其不能自制为其温言财富所惑而沦亡者,何可胜数。吾突厥民众,汝等若有人言,"吾欲南迁,惟非居 Cughai 山,乃入平原耳"。噫!吾突厥民众,彼恶人者将从而如是煽惑之:"其远塞者,彼等将予以恶赠品;其近塞者,彼等将予以佳赠品。"彼等如此煽惑之。

(6)愚人为此言所动,遂南迁而与之接近,汝辈中在彼沦落者,曷可胜数?"噫!吾突厥民众,汝如往彼土,汝将沦亡,汝如不离於都斤山,而遣派驼队,将不受任何穷困。汝如不离於都斤山,噫!吾突厥民众,汝将永保此国家,永无所苦。当汝饥饿时,汝将不回忆餍足为何事,

及一旦饱餐,将不复有饥饿之思。"

(7)汝辈不听可汗之言,逐地迁徙,已受不少困迫穷窘矣。汝辈中之居彼土者,奔走无定,生死莫卜。朕承奉天命,立为可汗。既为可汗,乃招集流亡,贫者富之,寡者众之,朕所言者宁有一语不实乎?

(8)突厥之贵人及民众,其谛听之!噫!吾突厥民众,汝如何保此国家,朕已记下,汝如何分崩离散,朕亦记下。朕与汝等所言者,悉记此纪念碑上。汝突厥民族及贵人皆知服从朕命,其用朕命之诸贵人,汝辈岂肯背约乎?

(9)朕[父可汗]及叔可汗御极后,[曾统治]四方之民族甚多,朕受天命御极之后,所统治之民族(亦甚众……)。朕以亲女妻突[骑施]可汗,①典礼甚隆。

(10)朕亦以突[骑施可汗]女嫁吾子,典礼亦甚隆。朕并以[殊]礼下嫁吾幼妹于(黠戛斯)(?)可汗[……](朕命)四(方民众,维持和平),悉垂[首]屈膝。

(11)[往者]朕之民族,无人见无人闻之民族也,朕受皇天后土之命,率(?)吾民众,于役诸方,向日出之前方,向日中之右方,向日落之后方,向中夜之左方。朕取其黄金及白银,绢帛与粟粒(?),骏马及牡马,黑貂

(12)及青栗鼠,悉以予吾突厥民众,朕遂使吾民众生活富裕,一无所苦。[……

(13)……]噫,吾突厥民众,汝若不离汝之可汗,汝之贵人,汝之国土,汝将甚适,

(14)汝返家将毫无困苦。[……]朕于中国皇帝处,请(来)艺人。②(朕)之请求,未被拒绝(?)。且所遣者,为其内廷艺人。朕命建一专(美?)祠,内外绘饰各种(美妙?)图画,(……)见(=读?)之者,即可洞晓,流传至十箭之子孙及属民。

(15)纪念碑[……]

17.1.2 东面

(1)朕天所立象天突厥贤圣(苾伽)可汗,③此下为吾辞:当朕父突

厥(苾伽)[可汗在位时],九姓回纥光荣之贵人及民众,[莫不欣悦满足]。及先君登遐,[朕遵]突厥皇天[及突厥神圣水土之命]君临此邦。

(2)朕既受命执政,悲哀垂死之突厥贵人及民众,莫不欣悦满足,莫不仰视相庆。朕御极后,为四方[民族]颁布重要法令甚夥。当上方蓝天及下方暗地创出时,人类子孙亦于其间创出矣。

(3)人类子孙之上,吾祖宗土门可汗及室点蜜可汗实为之长,既为之长,即治理整顿突厥帝国和制度,世界四方民族皆其敌人,但吾祖一一征服之,令其维持和平,令其垂首屈膝。向东方吾祖移殖其民族于Qadïrqan 山,向西方

(4)直达铁门,于此二极点间,吾祖统辖之地如此之远且大,于此远大地面中,吾先人统辖无君长无种族组织之蓝色突厥人。吾先人皆圣贤可汗,英武可汗,其达官亦莫不贤智英武,诸贵人及民族,亦皆亲睦和协。因此吾先人君临此大帝国,君临此帝国而后定立制度。依其命运之规定,皆一一登遐。

(5)其来亲临葬礼祭吊者,辽远之 Bökli 族,中国人,吐蕃人,apar(?),apurum(?),黠戛斯,三姓骨利干,三十姓鞑靼,契丹,Tababi,悉自日出之东方来,参与祭吊民族之多如此。吾先人乃如此著名之可汗。先人死后,为可汗者,为其弟为其子;惟弟绝

(6)不类其兄,子亦绝不肖其父:御极者皆愚昧可汗,贱劣可汗,其达官亦莫不愚昧贱劣。因贵人及民众间之不和,因中国从中施用手段诈术及阴谋,兄弟间彼此倾轧内乱,而使国人及贵人间龃龉,

(7)遂致突厥民族帝国崩溃,其可汗沦亡,其贵族子孙悉成中国奴仆,其清白处女,亦悉降为婢妾。突厥贵人,弃其突厥名字(或官衔),而用中国贵人之中国名字,其屈伏臣事于中国天子之下者,

(8)凡五十年。为中国天子向日出之东方征伐,直至 Bökli Kaghan,西征至铁门,灭其王,摧其权,悉为中国天子也。但突厥全民众皆曰:"吾乃自有其国之民族,吾国今安在? 我为谁征伐?"彼等曰:

(9)"我乃自有其可汗之民族,今吾可汗安在? 我所臣事之可汗为谁?"彼等既觉悟,遂起而反抗中国天子。但彼等虽起,却未能自治自

理,故旋复失败。此等众人不惟不思助吾等,且曰:"吾侪且屠戮突厥人,绝其子孙,"幸皆失败。

(10)但突厥之上天及突厥神圣水土,却如是作:为欲不使突厥民族灭绝,而使其复兴也,乃起立吾父伊利咥利失可汗及吾母伊利芯伽可贺敦,且在天顶保佑之。吾父可汗偕十七人出走,当其闻有声自中国出,在城中者离其城,

(11)在山上者下其山。当其集合时,有众七十人,上天予以勇力,吾父可汗之军士勇武如狼,其敌人则怯懦如羊。吾父东西奔走,招集散亡,得众七百人。既得众七百,依吾祖宗之法,而组织曾亡国家失可汗,为奴为婢,

(12)丧失突厥法制之民族,并从而鼓舞之,彼整顿铁勒及达头民众,并予以叶护及设。南方中国人世为吾敌,北方则 Baz 可汗及九姓回纥;黠戛斯,骨利干,三十姓鞑靼,契丹,及 Tatabi 皆为吾侪之敌人。朕父可汗与此等民族,疆场周旋。彼出征

(13)四十七次,身历二十战,遵奉上天之意,有国家者取其国家,有可汗者取其可汗。使其敌人维持和平,屈膝垂首,彼于建如此大国,得如是大权后,溘然长逝。朕等立 Baz 可汗为我父可汗之第一 balbal。当吾父可汗

(14)逝世时,朕年方八岁,④朕叔可汗继立。朕叔可汗既立,乃复整理突厥民族,贫者富之,寡者众之。当吾叔可汗在位时,朕本人为达头族之设。[当朕暂]为特勤时,始终为吾叔可汗效劳,遵奉天命。

(15)朕十四岁时,被立为达头民族之设。朕与吾叔可汗东征至青河(Yashïl ügüz)及山东平原,西征至铁门。吾等征至曲漫山外之黠戛斯地。吾等共出征二十五次,战争十三次,有国者则夺其国,有可汗者则掳其可汗,

(16)使之屈膝垂首。突骑施可汗,亦属吾突厥种。因其愚昧及对吾人伪诈故,遂被诛,其达官及贵人亦被诛。十箭之族亦被难。为使吾祖宗之地不能无主也,吾等整理小民族,[……]

(17)是拔塞(Bars)贵人,吾等予以可汗之号,并以朕妹妻之。但

其人虚诈,可汗伏诛,民族亦为奴婢。为使曲漫山地方不能无主,吾等于整顿 Az 及黠戛斯民族后,出而征服之,但吾人复还其独立,吾人东徙吾族于 Qadïrqan 山之外,而整理之。西徙突厥族

(18) Kängü-Tarman 而整理之。此时奴亦有奴,婢亦有婢,弟不知其兄,子不知其父,吾等所取得所整顿之国家及权力之大如此。突厥及回纥之贵人及民众听之! 若非天倾地崩,

(19)噫! 突厥民众,孰能灭汝国取汝权耶? 突厥人! 汝震栗,汝反省,汝本身奸诈,对汝贤圣可汗虚伪,反对汝自由独立之国。身被甲兵之人,何自来而驱散汝等耶? 荷戟负戈之人,何自来而虏掠汝等耶? 神圣於都斤山之民,出走者实汝本人,汝辈有东去者,

(20)有西去者,但在汝等所去之地,所得者不过血流似河,骨积如山而已。汝等之高贵子弟,尽成奴隶,汝等之清白处女,悉成婢妾。吾叔可汗之死,实汝等愚昧伪诈所致也。朕立黠戛斯可汗为第一 balbal,天不欲吾突厥人声消名灭也,乃生吾父可汗,及

(21)母可贺敦,赐朕先君国土之昊天,不欲吾突厥人声名绝灭也,今复命朕为可汗。予非昌盛民族之君长,朕之人民腹无食身无衣,实瘠苦孱弱之众,予与吾弟阙特勤共商国事,朕不欲

(22)先君先叔为人民所得之声消名灭也。为突厥人故,朕夜不寐,昼不安,朕与吾弟阙特勤及两设共同擘划,辛苦几死。朕如此辛苦,国人始不相水火。朕既立为可汗,昔日四方流离之人,复归故土,无马无衣,奄奄半死。

(23)朕为复兴民族计,乃率大军出征十二次,北征回纥,东讨契丹及 Tatabï,南扰中国,朕亲战[……]次,依上天之意,且因朕有威权,不受命运支配,此垂死之民族,始得因朕死而复生。裸者衣之,贫者富之,

(24)寡者众之。朕使有国有可汗者,优于他族。世界四方诸族,悉得维持和平,解仇结盟,凡此诸族,莫不用命。朕年十七,出征吐蕃(Tangut),⑤平吐蕃人,获其童幼,家族,马匹,财物。年十八,征 Altï(意为六)Chub 及粟特,

(25)败之。中国王都督率五万人来侵,朕与之战于 Iduq-bash "圣

泉"（或"圣峰"），聚歼其军。朕年二十，征朕同族之拔悉蜜及其亦都护（ïduq-qut），⑥为其不派（携带贡品之）驼队也，［……］，朕再使其屈服，一同归顺。朕年二十二，出征

（26）中国：击 Chacha 将军及其兵士八万人，⑦歼其军。朕年二十六，Chik 与黠戛斯人与吾族为仇，朕渡剑河（Kem）⑧击 Chik，战于 Orpan，败其军。Az 人［……］，朕再迫其服从，朕年二十七，出征黠戛斯人。其时冰雪载途，深与长矛等。

（27）吾等凿雪开道，越曲漫山，于黠戛斯人睡梦中掩至。朕与其可汗战于 Songa（？）山，诛其可汗而取其国。同年朕复越金山（Altun - Bergwald），至多逻逝川（Irtisch）⑨彼岸，征突骑施，朕于突骑施人梦中掩至。突骑施可汗之军队如烈火如暴雨；

（28）吾等战于 Bolchu，朕诛其可汗叶护及设，平其国。朕年三十，击五城之地（Beshbalïq）；⑩六战［而克之？］，尽歼其军。在其中为何人？［……］前来而呼唤［……］；五城之地由是得救。

（29）朕年三十一，歌逻禄与吾人为仇，斯时彼生活自由，无忧无虑，朕与战于圣泉（或"圣峰"）Tamagh，歼歌逻禄人而定之。［朕年三十二，……］歌逻禄人集合［而来？］，朕败其军而歼之。九姓回纥者，吾之同族也。因天地失序及其心

（30）生嫉妒故，亦起而作乱。一年之内，朕军四出。第一次战于 Toghu（都护？）balïq（城）；朕令兵士泅水渡独洛河（Toghla）⑪后，朕［败］其军而［歼之］。第二次战于 Andarghu（或 urghu？），败其军而［歼之。第 3 次］战于（Chushbashi）。突厥民族骚乱，且近于

（31）卑怯，其故为突进队而来之敌军，意在冲散吾军，朕则悉力驱逐之，多数垂毙者，由是得复生。朕于同俄（Tonga）特勤丧，围斩同族之同罗 Yïlpaghus。第 4 次战于 Azgändi-qadaz，朕败其军而歼之。获其马匹及财物以归。朕年四十，于 Magha（或 Amga）Gurghan 过冬后，遭遇凶年。春季

（32）征回纥：第一军出征，第二军留守。回纥遣兵三路，目的在袭击吾等；彼以为吾等无马，且已困惫，故来袭击。其一军出掠吾等居处，

其他一军与吾等交战。吾等人数甚少,且艰苦备尝,回纥人[……];因上天予吾等勇力,竟得致胜,

(33)驱散其人。朕遵奉天命,且因朕在彼略有建树,[……]突厥民族[……]。如往昔朕成就无多,则突厥民众即死亡沦落。[突厥]诸贵人及[民众],永矢勿忘,希皆知之! 朕出征[……]回纥民族,

(34)朕毁其居处。回纥人来,与九姓鞑靼联合;朕于 Aghu 大战两次,摧其军而平其民。朕有如许建白后,[朕叔可汗崩(?)]。朕遵奉(天)命,于三十三岁[……可汗]

(35)复兴其民之可汗不忠。上天及神圣水土及[……]可汗之幸福,均弗祐之。九姓回纥民众离其本土,南向中国。[……]彼等复(离)中国归还此土。⑫朕欲整理其众,朕思[……]民族[……]

(36)不忠,(因此)其名声丧失于中国,朕将于其地被人轻视(? ——或:朕将于其地丧失声誉?)。朕既立为可汗,乃整顿突厥民族[……]

(37)朕战于彼处而败其军。其中一部分复降,复成一民族,其另一部分则悉死。朕沿娑陵水(Sälängä),⑬顺流而下[……?]毁其居处。[……]回纥之 eltäbir 东逃,从之者约百人(……)

(38)[……]突厥民族忍受饥饿,朕调整之,因此朕取此马。朕年三十四,回纥逃窜,降中国;朕愤然临阵[……]

(东面碑文自此行以后,及南面首七行之续文,完全剥蚀,只得从略。)

20.1.3 南面

(8)Qugh 将军率四万人来,朕与之相遇于 Tüngkär 山,毙其众三千人[……]

(9)[……]朕长子病死后,乃树立 Qugh 将军为 balbal。朕为设十九年,为可汗而治此国者十九年,[为特勤?]三十一年。

(10)朕给予吾突厥民族财富如是之多。朕父可汗既有如许建白后,于狗年(734 年)十月二十六日崩,猪年(735 年)五月二十七日安葬[……]⑭

（11）［……］李佺大将军（Lisün Tai-Sängün）⑮偕五百人来；彼等携有香［……］金钱无数；携有尸蜡（？）而陈列之，携有檀香木［……］

（12）凡此众人，皆薙其发，劗其耳颊。⑯彼等携其良马，黑貂，蓝栗鼠无数，一一呈进。

17.1.4　西南角稜

予 Yolïgh 特勤撰此突厥苾伽可汗碑文。其［监督］建祠，绘画，雕像诸事者，亦予可汗外甥（？）Yolïgh 特勤也。予留此地凡一月零四日，书写碑文⑰并监督绘画及（建筑）等事。

17.1.5　西面中文碑文之上

曾君临［突厥之朕父］苾伽可汗，［今已崩殂］，每际春日，每际［天］鼓若……［？］［鸣响？］，每际鹿逃山上，朕辄复悲悼。朕曾以可汗（……）朕父可汗之碑。

17.2　考释

17.2.1　朕以女妻突骑施可汗（北九）

此事亦见于《新唐书》卷 225 下、《旧唐书》卷 194 下。时突骑施可汗名苏禄，本为突骑施别种车鼻施啜（Chapis Chur），开元四年（716 年）始自立为可汗（依《资治通鉴》卷 211）。是年，北突厥（以其居吾国之北，故吾国史籍称之曰北突厥，但西突厥人则称之曰东突厥，盖以其居西突厥之东也。可参看暾欲谷碑第一碑东面第 28 行。北突厥人自称，似曰蓝突厥，参看碑文东面第 4 行及阙特勤碑文东面第 3 行。故西人有以蓝突厥称唐代外蒙突厥人者。）默啜卒，苾伽（《唐书》作毗伽，今从李融所撰阙特勤碑中文碑文）可汗立，时年 33。见东面碑文第 34 行。

当时用和亲政策结苏禄者，除突厥苾伽可汗外，尚有唐玄宗及吐蕃赞普弃隶蹜赞（？）。唐玄宗于开元十年十二月庚子[1]立史怀道女为交河公主，嫁苏禄。史怀道亦作阿史那怀道，乃武后所册之十姓可汗。

---

〔1〕依《资治通鉴》卷 212，据《二十史朔闰表》已在公历 723 年正月。

·欧·亚·历·史·文·化·文·库·

　　按汉化之异族遵中国制,咸有姓氏,如龟兹人姓白或帛,疏勒人姓裴等等,世人皆已知之,而突厥人多姓"史",似尚少有人注意。此"史"字宜由阿史那、阿史德之史字来,故阿史那怀道亦称史怀道。两《唐书》中突厥人以阿史那为姓者,不可胜数,而仅取一史字为姓者,若史怀道之子史昕,史思明、史朝义父子,史大奈其最著者也。阿史那为突厥之一部,《唐书》卷43下《地理志》关内道突厥州有阿史那州,原注以阿史那部署。至于原文为何,现在尚未能还原。

　　与苏禄和亲之吐蕃赞普,应为金城公主所嫁之弃隶蹜赞,依《资治通鉴》,此赞普立于长安三年,时年7岁。

　　苏禄之死,新旧《唐书·突厥传》均谓"莫贺达干(Baga Tarqan)勒兵夜攻苏禄杀之",《旧唐书》且系此事于开元二十六年夏。但同书卷9《玄宗本纪》,则系此事于开元二十七年七月,且谓"北庭都护盖嘉运以轻骑袭破突骑施于碎叶城(Tokmak)杀苏禄"。司马君实亦拾《本纪》而采《突厥传》文。但据柏林民族博物馆所藏高昌残碑证之,攻杀苏禄之役,实有中国人参加。此碑虽已破损,不能成文,然大意尚仿佛可测,碑铭纪念之人,殆即死于是役也,暇当详为考释之。

　　突骑施为西突厥十姓部落之一,其版图如何,殊难详言。唯以其在十姓中为最强,故异国之人,即以突骑施一词代表西突厥全族,亦颇可能。如近年在新疆发现之《大慈恩寺三藏法师传》回纥文译本卷5"又支那国者蔑戾车地"一句,回纥文之译文则为:"又,桃花石者,蔑戾车(梵文 Mleccha 此云夷狄)地,在突厥,突骑施边外",甚足令人寻思(参看德国葛玛丽小姐之《〈玄奘传〉回纥译文》Dr. Annamarie von Gabain, Die Uigurische Übersetzung der Bibliographie Hüan-Tsnngs, I. Bruchstücke des 5. Kapitels,载于 Sitzungsbericht der preussischen Akademie der Wissenschaften,phil-Hist. Klasse,1935. 据葛小姐序,该传回纥译文,现存三处,法国 Joseph Hackin 有八叶,我国袁复礼先生约有240残叶,吐鲁番商人售给巴黎 Guimet 博物院123残叶。)

17.2.2　朕于中国皇帝处请来艺人

　　唐玄宗为苾伽可汗派人治丧之事,应与阙特勤丧相同,可参看伯希和之 Neuf notes sur des questions d'Asie centrale（见《通报》1928—1929
年。此文冯承钧氏已译为中文,名《中亚史地译丛》,刊于《辅仁学志》3
卷 1 期）。至突厥向中国所遣请葬料之人,则为哥利施颉斤。《四部丛
刊》本《唐丞相曲江张先生文集》卷 11《敕突厥登利可汗书》云:"前哥
利施颉斤至,所请葬料,事事不违"。

17.2.3　朕天所立象天突厥圣贤可汗

此为登利可汗之徽号,与其父苾伽可汗之徽号"天所生象天突厥
贤圣可汗",仅差一字。陶木生谓系伊然可汗徽号,盖根据《旧唐书·
突厥传》。然为苾伽可汗建碑者,实登利可汗,应从《通鉴考异》据《敕
登利可汗书》改正之说。其徽号原文用拉丁字母音译为 Tänritäg
tänridä jaratmis tür(ü)k bilgä qaghan,所差异之字,即 jaratmis 也。按此
字亦见于 11 世纪中叶 Muhmud al-Kashgarï 之《突厥文字典》(Diwän
lughātat-Turk),意为"创造"(据 1928 年 C. Brockelmann 本),故可译曰
"立"也。

17.2.4　当吾父可汗逝世时,朕年八岁

《旧唐书》卷 194 上:"骨咄禄死时,其子尚幼,默啜遂篡其位,自立
为可汗。"骨咄禄死,弟默啜嗣立,乃继位非篡位,予于考释突厥文阙特
勤碑时,已详言之,兹不再赘。唯骨咄禄死于何年,新旧《唐书》均未明
言,《旧唐书》曰"天授中卒",《新唐书》卷 215 上曰"天授初卒"。今依
碑文"朕年八岁"之文推算,骨咄禄应死于天授二年,《旧唐书》是,《新
唐书》错。司马光《稽古录》曰:"天授二年秋,突厥可汗骨咄禄死,子
幼,弟默啜自立为可汗。"温公必有所本(参看冯译《中亚史地译丛》)。

17.2.5　朕年十七出征吐蕃

是年为唐武后久视元年(700 年),吐蕃器弩悉弄赞普于前年始铲
除专国三十余年之论钦陵亲党,自理国政。

17.2.6　亦都护 Iduq-qut

iduq-qut 后代变为 idiqut,《元史》音译为亦都护,乃突厥族中君长
徽号之一种,意为"神圣幸福"。此徽号第一字之唐代对音,尚未能寻
出,第二字为骨咄。《元史》卷 122《巴而术阿而忒的斤传》:"巴尔术阿

而弑的斤亦都护,亦都护者,高昌国主号也。"元初高昌之畏兀儿,乃公元 840 年为黠戛斯破灭之回纥帝国苗裔,其亦都护徽号,当沿自有唐,《元朝秘史》作亦都兀惕。兹权从《元史》音译。

17.2.7 ChaCha 将军

考苾伽可汗 22 岁为唐中宗神龙元年。《旧唐书·突厥传》:"中宗始即位,入攻鸣沙,于是灵武军大总管沙陀忠义与战不胜,死者几万人。"碑文中 ChaCha 将军,当即此灵武军大总管沙陀忠义。但同书卷 7《中宗本纪》"〔神龙二年〕十二月己卯突厥默啜寇灵州鸣沙县,灵武军大总管沙陀忠义逆击之,官军败绩,死者三万",与碑文所载,相差一年。意者北族扰边,出没无常,此役始于景龙元年,而官军败绩在二年之末欤? 又官军所死人数,《唐书·突厥传》谓"几万人",《本纪》谓"三万",《资治通鉴》卷 208 谓"死者六千余人",碑文谓"八万人",无一同者。衡以常情,苾伽可汗之说,当失之夸。

17.2.8 剑河(Kem)

《北史·突厥传》:"其一国于阿辅水、剑水之间。"《唐书》卷 43 下《地理志》:"坚昆部落有牢山剑水。"《唐书》卷 217《黠戛斯传》:"青山之东有水曰剑河,偶艇以渡。"剑河即碑文之 Kem 河。洪钧《元史译文证补》卷 26 下吉利吉斯撼合纳谦州益兰州等处条,谓即今叶尼塞河上流,吾国唐努乌梁海境内之乌鲁克姆河。突厥文乌鲁 Ulug 意为大,克姆即唐代之"剑"、元代之"谦"之同音异译也。《元史》作谦河或欠河。

17.2.9 Irtisch 河

Irtisch 元代音译为也儿的石河,今图作额尔齐斯河。唐代音译为曳咥河(见《新唐书》卷 111《苏定方传》)。沙畹《西突厥史料》引《西域图志》谓《旧唐书》卷 194 下《西突厥传》阿史那贺鲁所居之多逻斯川,在西州(吐鲁番)直北 1500 里,应为喀喇额尔齐斯河 Kara Irtisch。按今图喀喇额尔齐斯河导源阿尔泰山,注入斋桑泊,为(导源该泊西北流之),额尔齐斯河之上流。越金山西征突骑施,依地望言,所渡者似即此河也。

228

17.2.10　五城之地(beshbaliq)

beshbaliq 此云"五城",元代音译为别失八里。《旧唐书·地理志》"金满"条下:"流沙州北,前后乌孙部旧地,方 5000 里,后汉车师后王庭。胡故庭有五城,俗号五城之地。贞观十四年平高昌后,置庭州。"徐松《西域水道记》卷 3"莫贺城又东五十里为济木萨,西突厥之可汗浮屠城,唐为庭州金满县,又改后庭县,北庭都护治也。……故城在今保惠城北二十余里,地曰护堡子破城,有唐金满县残碑。"济木萨今为孚远县。

17.2.11　独洛河 Toghla

独洛河今名土拉河。《北史·突厥传》作独洛水,《新唐书·突厥传》及《回鹘传》作独乐水,《地理志》及《薛延陀传》作独逻水。《资治通鉴》卷 211 玄宗四年,拔曳固袭斩默啜,《考异》引《唐历》又作毒乐河,似均不及虞道园《高昌王世勋碑》秃忽剌之译音正确。

17.2.12　九姓回纥民众离其本土南向中国(……)彼等复离中国归还此土

《唐书》卷 217 上:"武后时,突厥默啜方强,取铁勒故地,故回纥与契苾、思结、浑三部度碛,徙甘、凉间。……于是别部移健颉利发与同罗、霫等皆来,诏置其部于大武军北(事在玄宗四年)。伏帝匐死,子承宗立。凉州都督王君㚟诬暴其罪,流死瀼州。当此时,回纥稍不循,族子瀚海府司马护输乘众怨,共杀君㚟(《唐书》卷 133《王君㚟传》颇详),梗绝安西诸国朝贡道。久之奔突厥。"碑文所言,当指此事。惟第 38 行有"朕年三十四,回纥逃窜,降中国"之文,苾伽可汗 34 岁,为开元五年,与《新唐书》所记,相差一年,大概逃窜之事,不止一次。又王君㚟死年,本传未明言,《旧唐书·玄宗本纪》开元十五年载其被杀于闰九月。然则回纥北归,当在苾伽可汗 44 岁后矣。

17.2.13　娑陵水 Sälängä

Sälängä 今图作色楞格河。回纥未盛时在突厥之北(突厥中心为於都斤山)。《唐书》卷 217 上《回纥传》谓其"居娑陵水上",娑陵水即碑文之 Sälängä。回纥磨延啜碑,即在此水流域之 Örgötü 谷发现。同书卷

229

43 上《地理志》关内道回纥州中有仙萼州,仙萼应为娑陵之异译,盖以水为州名也。同卷贾耽所记入四夷之路,又作仙娥河。

20.2.14　狗年十月二十六日崩,猪年五月二十七日安葬

《唐书·突厥传》:"默棘连(即苾伽可汗)……为梅录啜所毒,忍死杀梅录啜,夷其种,乃卒。"未言死于何年。《旧唐书》卷8《玄宗本纪》开元二十二年末只言"是岁突厥毗(中文碑文作苾)伽可汗死"而未言死于何月。中文苾伽可汗碑文第16行有"……开元二十有二年……震悼……"数字,惜月日剥落。唯《资治通鉴》系其死于开元二十二年十二月,并言"(十二月)庚戌来告丧"。意者温公亦不知其死亡日期,仅记其事于告丧前欤?

苾伽可汗狗年(开元二十二年甲戌)十月死,猪年(乙亥)五月始葬者,盖亦有故。《北史·突厥传》:"择日取亡者所乘马及经服用之物,并尸俱焚之,收其余灰,待时而葬。春夏死者,候草木黄落;秋冬死者,候华茂;然后坎而瘗之。"北地天寒,读此,知其必须待次年五月始能遵祖制卜葬也。

17.2.15　李佺大将军

《唐书·突厥传》:"帝(唐玄宗)为发哀,诏宗正李佺吊祭,因立庙。诏史官李融文其碑。"伯希和据《唐书》卷77上《宗室世系表》,考得李佺应即李虎子郑孝王亮之曾孙"宗正卿佺"(大郑王房)(见冯氏《译丛》)。佺于开元二十二年六月乙未奉命赴赤岭与吐蕃分界立碑(《旧唐书》卷8),次年二月(见下)复入突厥为苾伽可汗治丧。唐张九龄《曲江集》有《敕突厥登利可汗书》,《通鉴考异》曾征引之,兹抄录于后:

> 敕突厥登利可汗:日月流迈,将逼葬期,崩慕之心,何可堪处,朕以父子之义,情与年深,及闻宅兆,良以追悼。前哥利施颉斤至,所请葬料,事事不违。所以然者,将答忠孝,故丧纪之数,礼物有加,道之所存,地亦何远。今又遣从叔金吾大将军佺持节吊祭,兼营护葬事。佺宗室之长,信行所推,欲达其情,必重其使,以将厚意,更敦前约。且以为保忠信者可以示子孙,息兵革者可以训疆

场。故遣建碑立庙,贻范纪功,因命使官正辞,朕亦亲为篆写,以固终始,想体至怀。春中尚寒(应为二月,伯希和据《全唐文》本,谓在正月,误),可汗及平章事并平好安。遣书指不多及。(《四部丛刊》本《唐丞相曲江张先生文集》卷 11)。

中文《苾伽可汗碑》第 17 行:"……制叔父左金吾卫大将军□□持节吊祭……"所缺二字,当为"李佺",又第 21 行:"因使佺立象于庙,纪功□石",均与敕书吻合。

17.2.16　劙其耳颊

《北史·突厥传》:"死者停尸于帐,子孙及亲属男女各杀羊马,陈于帐前,祭之。绕帐走马七匝,诣帐门,以刀劙面,且哭,血泪俱流,如此者七度乃止。"足证劙面乃突厥之丧仪。向达氏《唐代长安与西域文明》41 页引《新唐书·承乾传》:"……又好突厥言及所服……承乾身作可汗死,使众号哭,劙面奔马环临之。"唐太宗及玄宗死,有蕃主劙面。

17.2.17　书写碑文

Yolïgh 特勤所写之突厥字母,似先流行于剑河(叶尼塞河上流)流域之黠戛斯族中。此种字母直接由何处输入,刻下尚不能明白。据 O. Donner 之研究(Sur l'origine de l'alphabet turc du Nord de l'Asie《芬匈学报》抽印本,1896),此种字母系源于较安息(Arsacides)字母更古之一种阿兰文字(une écriture araméenna),在公元初数世纪,颇流行于中亚,与小亚细亚及美索不达米亚发现 Satrapies 钱上之文字及较晚之埃及草管纸(Papyrus)上之文字,十分相近。突厥字母不连写,成孤立,每字后用双点(:)标明,字母约 40,其表母音者,有四。惟此种表母音之字母不仅常在字之中间省去,且往往字首之母音字母亦略省而不书。写法系自右向左。国立北平图书馆藏有拓片,可参看也。

东面第 5 行 apurum 一字,据德人 H. H. Schaeder 之考证(Iranica, 1934),应读为 porum。即拂菻也。

1938 年 10 月于故都

(原载《禹贡》半月刊第 6 卷第 6 期)

18 突厥文《暾欲谷碑》译文

此碑发见于阙特勤碑及苾伽可汗碑之东,西距二碑颇远,其地望约在北纬 48 度下及东经 107 度稍东,在那赖哈(Nalaicha)邮驿及土拉河上流右岸间一地名 Bain Chokto 者附近。碑文刻于今尚直立之二石柱上,碑文始于大碑之一狭面,其面西向,继转向南,次向东,又次向北;其小碑碑文,乃大碑碑文之继续,亦始于西面,但此面则为一宽面。小碑较大碑剥蚀更甚,而碑文雕刻自始即不及大碑工细。二碑碑文与喁昆河碑文同,均直行,其不同者,喁昆河碑文自右向左读,此则由左向右耳。碑文装饰,亦远不及喁昆河碑美观;与碑头相类之物,此碑无之。

二碑近处,有石棺一,建筑物基础一;较远则有显系中国石工雕制之石像,环立碑旁,石像头颅,悉被打落;最后有土陵围绕全部,痕迹犹存,陵口东开,有直立石片一列,始自陵口,长约 150 公尺,其情状与吾人在喁昆河碑处所见者同,唯规模较逊耳。

暾欲谷于突厥复兴后,事骨咄禄、默啜两可汗,享寿甚高,至苾伽可汗初叶尚存。全部纪念物,显系为此突厥大政治家军事家建设之坟墓也。此碑建立,似在公元 720 年左右。其相当长之碑文,系由彼自撰,彼之言词,通篇悉用第一人称。彼不唯为一天才勇毅之人,且生长中国,幼年曾受良好教育。著名汉学家夏德(Fr. Hirth)相信能证明其虽为突厥子弟,而原名却为中国文"阿史德",且在中国史源中有其纪录。[1]

在任何境地,彼皆参与伊利咥利失(Elterish)可汗之勋业,实其最重要之股肱也。

---

〔1〕参看阙特勤碑东面第 7 行,及陶木生:《突厥志》Turcica,99 页。

碑文中彼将其本人所立之最要功勋,作一简短报告:在伊利咥利失可汗时代所建立者,报告至第18行,由此至48行,报告Qap(a)ghan可汗时代事业,末段由48行至终结,为其功业及对突厥人忠告之回顾。

拉德洛夫在《蒙古古突厥文碑铭》第2集中所发表之此碑碑文,颇难令人满意。夏德之《暾欲谷碑跋》(Nachwörte zur Inschrift des Tonjukuk)亦在此集内。予在予之《突厥志》(Turcica)有不少特殊研究。蓝史铁(G. J. Ramstedt)博士曾访寻原碑二次(1899及1908或1909年),予于其所携回之完美拓本及精妙照片,获益良多,并承其厚意,允予采用焉。

18.1 暾欲谷碑文译文

18.1.1 第一碑西面

(1)予贤明暾欲谷,生时属于中国,因当日突厥民族属于中国也;

(2)[予思]"予不欲为突厥民之可汗(qan)(?)"。惟彼辈脱离中国,自立一可汗。但彼等复废其可汗,又降中国人。

(3)于是上天如是言曰:"予赐汝一可汗,而汝舍弃汝之可汗,又复投降。"上天殄灭彼等,以为此种投降之惩罚;突厥民众遂消灭,衰亡而沦没:在合众(?)突厥民族之[故]地

(4)有秩序之团体,不复留存矣。其仍独立者(依字译:在树林及石中),彼此结合,为众七百。其中有马骑者三分之二,步行者三分之一。其率领此七百人。

(5)而为之长者,乃"设"也。彼曰:"随予来",予贤明暾欲谷,亦在随彼人众之中。予曰:"子须要[扶立彼为]可汗乎?"予思:"如有欲截然区别瘦牛与肥牛者,

(6)则在任何情形之下,均不能断言其为瘦牛或肥牛。"予如是思维。厥后,当上天予吾以识别力时,予促其即位为可汗。"予既有贤明暾欲谷boila莫贺达干

(7)为辅,吾且为伊利咥利失可汗。"彼向南击中国,东向击契丹,北向击众多之回纥。其智智中之伙伴,及其声誉中之伙伴,则为予。吾

233

人住于 Chughaï-quzi（总材山?）及黑沙城（qara-qum）。

18.1.2 第一碑南面

（8）吾等居于彼处，以大兽及野兔为食，民众之口，亦无所缺。吾等敌人，环绕若肉食之鸟（?）。吾人之境况若此。当吾人居住彼处时，有侦探自回纥来。

（9）侦探之言如此：彼曰："在九姓回纥民族之上，一可汗自立为之长。"向中国彼已派遣 qunï 将军，向契丹彼已派同罗 Sämig（或 Säm）。据云，其所发使命如此："有少数突厥人

（10）似有异动，其可汗据言甚英武，其谋臣据云甚贤智，若此二人合谋，中国人，予以为彼将殄灭汝等，予以为向东方彼将殄灭契丹，而且予以为吾等回纥

（11）亦将为其殄灭。因此，汝等中国人自南方进攻，汝等契丹人自东方进攻，予将由北方进攻。在合众（?）突厥之地，不许有君长存在。吾以为如果有之，吾人且灭此君长。"

（12）当予得此报告时，夜不能寐，昼不能安。于是予向吾可汗报告。予向吾可汗如此报告："若彼等三方——中国人，回纥人及契丹人——联盟，

（13）则一切均归于尽；吾等宛若由上天意志缚诸石块。物若细小，则束之非难；物若纤弱，则碎之亦易；然而细小者若变粗厚，束之必费大力。纤弱者若变粗大，

（14）碎之亦必费大力。吾等必须率二千或三千兵士，东方亲临契丹，南方亲临中国，西方亲临西［突厥］，北方亲临回纥。将如何处理？"予向吾可汗所报告者如此。

（15）吾可汗垂听予贤明暾欲谷之陈报；彼曰："悉依汝意而为之。"吾等涉过 Kökong-（üg?），予引彼等于於都斤山，回纥率其牛及载重牲畜，沿独乐河（Toghla）来，

（16）其军［三千?］，吾等仅二千；吾等攻战而受天佑；既将彼等冲散，悉堕河中，或死于疆场。于是回纥悉来，［纷纷降服］。

（17）当彼等闻予［引导］突厥可汗及突厥民族于於都斤地方及予

贤明暾欲谷居住於都斤地方时,居于南方、西方、北方、东方之民族,悉来与吾等[结合]。

18.1.3　第一碑东面

（18）吾等二千人分二军,突厥民族为欲远征,突厥可汗为欲统治,直进至山东及海上诸城,但彼等皆沦亡。于是予向吾可汗建议,予劝其出阵。

（19）进至山东平原及海边。彼掠夺二十三城,建营于 Usin Bunda-tu(P)。中国天子乃吾等敌人,十箭(即西突厥)之可汗乃吾等敌人,

（20）此外强盛[之黠戛斯可汗亦吾人之敌人]。此三可汗共同会议,曰:"吾等其会师金山(Altun-Bergwald),"彼等如是会议,曰:"吾侪其进攻东突厥可汗;吾侪如不攻彼,——彼将

（21）因其可汗英武,其谋臣贤智——彼定将消灭吾人。吾侪三方其联盟攻而灭之。"突骑施可汗则如此言,曰:"吾之民族将到彼处,"[曰:]

（22）"[突厥民族]不安;"曰:"其属族回纥已骚动。"予闻此消息,夜不能寐,(昼)不能安。于是予思,

（23）予曰:"吾等先攻"[黠戛思? ……]当予闻通曲漫山仅有一路,而此路又为[雪]封时,予曰:"吾人经此路殊不合适。"予觅一向导,而得一辽远之 Az 族人。

（24）[……]"吾国为 Az",其地有休息之所;可沿 Ani(?)进行。如能紧依此水,则可偕马一匹,择时前进。予闻此语,予发言,予思维:"吾人如遵此道,[事]不难成。"予向

18.1.4　第一碑北面

（25）吾之可汗如此报告。予命军队准备前进,命其上马。越 Aq-Tärmäl,予命其集合。当予命其上马时,予已为之踏雪开路。于是命令其步行上升,牵马前进,紧握树木(? 或木枝?)。一闻前锋

（26）越过[冰雪],予即命[军队]向前开动,吾等经过 Ibar(?)山峡。吾人下行甚难。吾人前进十夜(十日),始过山畔雪地。向导引吾人迷路,杀之。当吾人感受困苦时,可汗曰:"试纵马前进。

235

(27)此为 Anï 河,[吾人其沿河]行。"于是吾人沿河而下。予命其下马,缚马树上,以验其数。吾人昼夜奔驰,于黠戛斯人梦中掩至,

(28)用矛开路。汗及军队集合;吾人战而胜之。戮其汗,黠戛斯民向可汗输诚纳降,吾人还师。吾人过曲漫山此面,

(29)由黠戛斯归。有侦探由突骑施可汗处来,其报告如此:彼(即侦探)曰:"据闻彼(突骑施可汗)言曰:'吾等其率师攻东方可汗。'据闻彼言曰:'吾人如不出师,彼将——因其可汗英武,其谋臣贤智——彼将消灭吾人。'"

(30)彼(侦探)曰"突骑施可汗已出师",彼曰:"十箭民族进行不休;中国亦有一军待发。"吾可汗既闻斯语,曰:"予欲还家,略事休息。"

(31)时可贺敦已死;曰:"予欲理其丧事。"曰:"汝率师前进;"曰:"驻军金山。"曰:"Inäl 可汗及达头设须身先士卒。"但对于予贤明暾欲谷,则如此命令:曰:

(32)"率领斯军;"曰:"任汝之意,严惩彼等(即西突厥)。予尚有何事托汝?"曰:"如彼等进兵,速递[侦探?]告予;如彼等不来,则驻军勿动,可搜集报告与消息。"吾等驻军金山。

(33)于是有三侦探驰(?)至,其消息全同。彼等曰:"其可汗率师已出动,十箭之军前进不休;"曰:"彼等闻言:吾人其集合于 Yarïsh 平原。"予既闻斯报,即遣使至可汗所。

(34)使者自可汗处归来曰:"静待勿动;"曰:"勿前驰,善为守望(?),勿惊惶失措。"此即匐俱可汗给予之命令也。但彼密令阿波达干曰:"贤智暾欲谷自专莫测。

(35)彼将曰:'吾人且率军前进,'汝切勿顺其意。"予既闻斯报,即下令出师。予登无道路之金山,吾人渡无津梁之也儿的石河。吾人于夜间仍[前进]不休,晨达 Bolchu。

18.1.5　第二碑西面

(36)有侦探来,曰:"在 Yarish 平原上,有大军十万集合。"其报告如此。诸贵人闻报,皆曰:

(37)"吾等可旋军;退让为上策。"但予贤明暾欲谷曰:"吾等逾越

金山,始至此地,

(38)吾人渡过也儿的石河,始至此地。予闻来此之敌人,莫不勇武;然吾等尚未为彼注及也。昊天,Umai 及神圣水土,必垂眷吾等,盲目击之。吾等何故逃遁?

(39)吾侪何故惧其众多?［只］为吾等人少,何致即被征服?吾侪且进攻!"吾等进击,夺［其营］。次日

(40)彼等奋勇来攻,有若原火,吾等抗拒之。其两翼之半数,较吾等全军尚多。蒙皇天宠佑,

(41)吾等弗惧其众多。吾等随达头设抗战,溃其军,掳其可汗。彼等杀其叶护及设

(42)于其地;吾侪俘其五十人。当晚予遍喻其众。十箭之贵人及民众闻此消息,

(43)悉来投降。予既招集部署与吾等联合之民众及贵人,因有少数民众逃窜,予命十箭之军前进,

(44)吾侪亦前进,继其后。既渡珍珠河［……］Tinäsi -Oghlï -Yatïgma -bängligāk 山［……?］。

18.1.6　第二碑南面

(45)吾等随之远达铁门;至此吾侪命其还军。至 Inäl 可汗(……)

(46)窣利人全族以 Suq(?)为首领,来降。吾侪先人及突厥民族,(当日)曾远达铁门及

(47)Tinäsi -Oghlï -Yatïgma 山,时其地无君长也。予贤明暾欲谷,既率吾军于斯土,

(48)军队遂逐辇归其黄金及白银,少妇及处女［……］及无数珍宝。

(49)伊利咥利失可汗凭其智慧及英武,七攻中国,七攻契丹,五攻回纥,其谋臣为予,

(50)其大将亦为予。对予伊利咥利失可汗,对予突厥匐俱可汗,对于突厥苾伽可汗［……］。

18.1.7　第二碑东面

(51)Qap(a)ghan Kaghan ［……］。夜不得寐,

（52）昼不得安。当予献予红血，流予"黑"汗时，予已将吾之工作及能力，呈献于彼等，予且遣派远征军。

（53）予将 Arqui-Qaraghu（？卫队？）扩大；予曾［……］一退却敌人；予劝吾汗出征。蒙皇天眷佑，

（54）予未许甲胄之敌在此突厥民族中驰驱，或羁勒（？）之马环绕奔驰。若伊利咥利失可汗未宣劳，

（55）若予随彼未宣劳，则既无国家，亦无民族。因彼宣劳，因予随彼宣劳，

（56）国得成为国，民族亦成民族。予今老矣，年事已高。无论何处，可汗所统之民族，若只

（57）有一无能之人［为首领，］则不幸立生。

（58）为突厥苾伽可汗民族，予令写此碑，予贤明暾欲谷。

18.1.8　第二碑北面

（59）若伊利咥利失可汗未宣劳，或无其人，若予贤明暾欲谷未宣劳，或无吾本人，

（60）则在 Qapaghan 可汗及合众（？）突厥民族之地，团体及民族，将均不能有君长。

（61）因伊利咥利失可汗及予贤明暾欲谷皆宣劳，Qap（a）ghan 可汗及合众（？）突厥民族皆得昌盛，［今上］

（62）突厥苾伽可汗为合众（？）突厥民族及回纥之利益而治国。

1936 年 9 月 20 日于故都

18.2　阙特勤、苾伽可汗、暾欲谷三碑索引

陶木生所用之希腊字母 gamma，为印刷关系，悉易为 gh，有若干字下原注参见《序文》某页，《突厥志》某页，悉删，俟将来《序文》译出后，再根据《突厥志》一一补入。阙＝阙特勤碑，苾＝苾伽可汗碑，暾＝暾欲谷碑，东，西，南，北，指碑面，阿拉伯字码指行数；如 Alpaghu 下"阙北 7"意即此字见于阙特勤碑北面第 7 行，余类推。——儒林按。

alpaghu 阙北 7,官衔,军官,将军?

Altun-Yïsh "金山",必为阿尔泰山。

Ani 暾 24.27 曲漫山北面之河流。

apa (阿波)官阶之号;阿波达干,暾 34,司令?

Apar,Apurum 仅见阙东 4(第 6 世纪中叶),尚未能确定之两种民族,
　　Apar 或即 Avaren(柔然)。(儒林按:Apurum 应读为 porum,即拂菻
　　之对音。)

az 曲漫山中之民族,未知属何族。

Azman 五岁或六岁去势之"牡马",阙特勤之马名。

Adïz (阿跌?)阙北 5、6,回纥之一种。

balbal

balïq "城"。

Basmïl 苾东 25、29,与突厥同血统之部族,第 8 世纪住在或住近五城
　　之地(Besbaliq);中国称之曰拔悉密。

Bayirqu(Yer—"土地") 突厥北或东北之一种回纥(?),中国称之曰
　　拔野古。

Bäz qaghan 阙东 14、16,似为回纥之可汗。

äbg 贵人。

Beshbalïq(Bisbalïq) "五城",中文曰北庭。城之废址在天山北路古城
　　(Guchen)西南济木萨附近。

bilgä qaghan 贤圣可汗,约生于 684 年,698 年为设,716 年为可汗,死
　　于 734 年;中国称之曰默棘连,或苾伽可汗。

boila 突厥官衔。

Bolchu 西突厥地方之一地名,方望尚不明(西突厥或特别为突骑施之
　　首都?)。

Bögü Qaghan(匐俱可汗。)暾 34、50,Qap(a)ghan 可汗之子,其父在世
　　时,已用可汗号,716 年父死之后,与其戚族一并被杀(儒林按:bögü
　　常译作"牟羽",唯默啜子译为匐俱)。

Bökli　阙东 4。东方最远之一族,未明。Bökli qaghan 阙东 8,依意为一
　　山名。

bölön　阙北 12,即西藏文 blon(今读为 lon,唐音译为"伦"),高官。

buïruq　(梅录或密录)达官之称。

Buqaraq　(捕喝)阙北 12。

Bumïn qaghan　阙东 7,突厥之第一可汗(参看 T·u Men 土门)。

Chacha sangün　阙东 32,苾东 26,中国沙陀忠义,依中国史源,706 年为
　　突厥击败。

Chan sāngun　阙北 13,中国之张去逸。

Chan　参看 Qan(汗)。

Chik　住在或住近曲漫山之民族。

Chigan　阙北 13,官衔,或为中国之旗官。

Chughai　(总材山?)暾 7,阙南 6,平原。似在杭爱山脉南部。

Chür　(啜)突厥之官衔。

el(il)　(颉利,伊利)部族之联盟,国。

Elbilgä(Ilb)qatun　(伊利苾伽可贺敦)伊利咥利失可汗之妻,但他处则
　　为可汗第一妻之称号。

eltäbir(il-)　突厥之都督。

elterish qaghan　(伊利咥利失可汗)卒于 691 年左右,中国人称之曰骨
　　咄禄,即阙碑及苾碑中之"吾父可汗"(除苾东 11)。

erkin,irkin　(俟斤加 ulug"大")阙东 34,君长之号。

ïduq qut　苾东 25,拔悉密族中君长之号。

il　看 el。

Inäl(Inil)qaghan　暾 31、45,qaq(a)gan 可汗之子。

Istämi(室点密)(或 Ishtāmi)qaghan　阙东 1。

Izgil　阙北 3、5,似为一回纥部落。

Qadïrgan　阙东 2、21,看序。

qaghan　(可汗)即 Kagan。

qan　(汗)看序。

qap(a)ghan qaghan　暾51、60、61，在阙、苾二碑只称"吾叔可汗"，中国
　　称之曰默啜。

Qara-qum　"黑沙"暾7。

Qurluq　阙北1、苾东29，突厥种之一族。居西突厥之东，在阿尔泰山
　　及额尔齐斯河之间，与西突厥犬牙相错，歌逻禄。

qatun　（可贺敦）可汗之妻。

Kem(Käm)　（剑河）叶尼塞河上流。

Qïrqïz　（黠戛斯）当时居曲漫山之北，Abakan 平原。

Qïtai(Qïtay)　（契丹）通古斯（或蒙古?）种之一族，约在今日东三省。

Kögmän　（曲漫山）萨彦岭或其一部。

Kök öng　暾15，参看《突厥志》81页。

Kök tür(u)k　"蓝突厥人"阙东3。

qurghan　堡垒。俄文 Kurgan"坟"字，即由此字来。

qurïqan　阙东4，远居突厥北方或东北（在贝加尔湖?）之民族，中国称
　　之曰骨利干，视为回纥之一族。

Qutlugh　（骨咄禄）"幸福"。

Kül tegin　（阙特勤）突厥亲王，伊利咥利失可汗之子，苾伽可汗之弟，
　　生于685年顷，死于731年，其碑立于732年。

Likäng　阙北12，吕向，吊祭阙特勤使臣。

Lisün　苾南11，李佺，祭吊苾伽可汗使臣。

Maqarach　西突蹶使臣，天竺之 Maharaj。

Oghuz　突厥族，分九姓，故常称九姓回纥（Toquz-Oguz）。

On Oq　十箭（即姓），即西突厥，亦称"十箭之子孙"以别于他部邻人。

Orkhon　（嗢昆或鄂尔浑）外蒙之河，由杭爱山脉发源向北流。

Ötükän(或 Ütükän)　（於都斤）阙南4、8、暾15、17，东突厥之中心，可
　　汗之庭。

Sälängä　（娑陵水）今外蒙古色楞格河 Selenga，东北流，在突厥人住所
　　之北，纳嗢昆及独乐二水。

sängün　将军之突厥音译。

Schuntung　山东之突厥音译,意为山之东,唐代山东与今日之山东异,
　　与今日之河北相当。

Soghd(Soghdaq)　窣利人,窣利地,东伊兰民族和地理。

Shad　(设)高爵位,由可汗之子弟当之。

Shadapit　一种贵族,阶级尚不明。

taighun(参看 toighun)　阙西南;官吏,tai 即中文"太"之音译。

tai-sängün　苾南 11,中文大将军之音译。

tamgachï　掌印官(tamga 意为"签字,印玺")。

Tangut　(吐蕃)苾东 24,突厥南之非突厥族。

Tardush　(达头)两族或包东突厥之两政治区之一(参看阙东 13;及
　　tolish),碑文中之达头设,即后日苾伽可汗,苾东 15。

tarqan　(达干)高级官衔。

tatabï　居于东方之民族,每与契丹并称,必与之有血统关系,中国称之
　　曰奚。

Tatar　(鞑靼)必为蒙古人,常加三十(Otuz)于名称上,以指示其部族
　　之数。

Tämir-qapïgh　(铁门)窣利(Sogdiana)及拔汗那(Ferghana)间之峻峭关
　　阨,古来甚著名(在萨末犍 Samarkand 及缚喝罗 Balch 间道中),古
　　代铁铸门扉之迹,今尚可见。乃[西]突厥之西境。(儒林案:不知
　　何故 V. 陶木生竟将铁门位于 Samarkand 及 Ferghana 间,Ferghana
　　在 Samarkand 东北,Balch 在 Samarkand 南,就地理上言,决无是理。
　　依《大唐西域记》之说,应易 Ferghana 为 Tokhara。唯此种错误巴托
　　尔德于其《中亚突厥史》第三章已先予指出)。

tegin　(特勤)亲王。

Toghla　(独乐)苾东 39,今日之土拉河。

toighun　阙东北 = taighun?

tongra　(同罗)突厥(回纥?)一族。

Tonjukuk　(Tonyuquq 苾,Toyuquq 暾欲谷),突厥之政治家、军事家,
　　650 年顷生于中国,716 年后尚在世,暾 7 以后。

Tölïsh　（突利施）两大族之一，或包括东突厥之两政治区之一，阙东13，（参看 Tartus）。

tutuq　中文"都督"之音译。

Türgish　（突骑施）西突厥十姓之一，其元首于第 7 世纪末年，自立为西突厥全族之可汗。其可汗在碑文中称突骑施可汗，其民族称十箭。

Türk（或 Tür⟨ü⟩k）　中国称之曰突厥。

Uigur　原居突厥（狭义的）北之突厥民族，其昌盛期始于 8 世纪中叶。

ulugh erkin　参看 erkin。

Umai　女神。

Yabghu　（叶护）高爵。

Yarïsh（平原）　暾 34、36 = 今鄂比河支流 Tscharisch？

Yashïl ügüz　"青河"，中国之河，似为黄河。

Yencü ügüz　"珍珠河"即药杀河（Jaxartes），今锡尔河（Sir Darja）。

Yer-Bayirqu　"地—拔野古"参看 Bayirqu。

Yer-sub　"地与水"。

Yilpaghu　苾东 31，即 alpaghu。

Yol(1)ïgh tegin　阙南 13，东南，西南，苾西南。苾伽可汗及阙特勤之亲属（甥或堂兄弟？）撰阙、苾二碑，并监督立碑修纪念祠。

　　（此文系根据 1924 年德人 Hans Heinich Schaeder 重译 V. Thomsen 之译本译出。原文见 ZDMG，Neue Folge，Band 3-Heft 2. S 160 – 175）

1936 年 10 月 7 日

（原载《禹贡》半月刊第 6 卷第 7 期）

19 蒙古之突厥碑文导言(译文)

吾人用突厥一名所总括之大民族,自远古以来,即弥漫于中央亚细亚之大部。于此广大地域内,游牧为生,部族繁多,彼此关系,十分浅显,十分无常。

此种突厥(突厥文 Türk 或 Türük 原意为"气力""刚毅",似乎初为某一部族之名,更早或为一豪族之名)民族,初见于公元第 6 世纪中叶,当时斯族隶属于另一强大民族,此另一强大民族中国人称之曰柔然,后改其号曰蠕蠕——此柔然民族,似即东罗马著作家 Theophylaktos Sinrokatto 书中之 Avaren(此为"真 Avaren",与欧洲之"伪 Avaren"异)。

公元 546 年,蠕蠕为北突厥族之一大联盟即中国人所称之铁勒者所攻,其击退铁勒者,则在首领土门指挥下之突厥人也。经此事变,突厥人亦起而反抗蠕蠕,552 年击破之,土门(土门殆即碑文之 Bumin)因此遂成突厥帝国之创业人,采用伊利可汗徽号(突厥文 El qaghan,参阅后文)。其弟室点密即突厥文 Istämi,为西突厥首领,亦即其王朝之始祖也。

当时北突厥之中心及其可汗驻处,依中国史源,为於都斤山(或郁都军山),其地望尚未明了,应与较后之乌德犍山即突厥文之 ätükän 为同一地,——似即外蒙古鄂尔浑河流域附近现今杭爱山脉之一部。西突厥之根据地在今伊犁河河谷及其附近。西突厥分为十姓(二部,每部五姓),其中突骑施(Türgish)为最重要;在突厥文与中国文中,普通均仅称"十姓",或直译曰"十箭"(突厥文 On oq)。

552 年土门死,其三子相继承位,中国人称之曰科罗(+552)、木杆(553—572)及佗钵(572—581),其最著者,且为突厥所有可汗中之最著者,则木杆也。木杆为一大征服者,其在位时统一的突厥帝国,版图及威望，均达极点，尤以木杆及其叔父室点密（死于 575 年末或 576 年初）征服哒（Hephthaliten）之后为最盛。哒者，乃另一大民族，其语言吾人至今尚一无所知也。从此其幅员西越窣利（Sogdiana），约至药杀河（Jaxartes，突厥文 Yenchü-ügüz，此云"珍珠河"）及突厥与波斯相接触之"铁门"（突厥文 Tämir-qapïgh，在今撒马儿罕 Samarkand 及把力黑 Balkh 间，为一自古著名之关隘），东至今之东三省（碑文中之 Qadirqan 山殆即今日之兴安岭？）。

且此时东突厥可汗出自长门，故东突厥居主要地位，其可汗被尊为全突厥人之最高元首，——或迫其如此崇视。但事实上，室点密地位与独立等，例如与东罗马帝国交涉，则俨然为一自主可汗，其通使原因首在昔为哒人所经营之丝道，而今突厥人欲夺取之，至于希腊人，当时正欲包围波斯人也。568 年，室点密遣使君士坦丁堡，希腊人亦派使节，由 Zemarchos 率领东行报聘，此种关系且复见于 576 及 598 年。

东罗马著作家 Menandros Protektor 及 Theophylaktos Simokatta 书中不少误解之点，此诸点若明了，则该事件将愈增兴趣。突厥文化，已达相当高度。可汗接见 Zemarchos 时，高坐骏马可挽之二轮金椅上。幕壁悬有美色丝织品，其另一次被召见之地，可汗有金床和金制器皿，别一次则有整个金饰之床或卧床，其床并有金孔雀拱之。Menandros 所陈述之 568 年可汗，名 Dizabulos（或相似），不甚可晓，其人殆只能为室点密；在 Theophylaktos 书中，吾人复得 Stembis 可汗一名。

吾人若可说西突厥于初期 30 年间，承认东突厥之宗主权，而在室点密之子及达头（Tardu 即 Menandros 书中之 Tardou）后人之世，因东突厥可汗佗钵 581 年之死，突厥帝国东西两部间之关系，则完全断绝，且自此以后，吾人可绝无犹豫的视之为两个独立敌对的国家或两个独立敌对的民族联盟。两国各有其可汗。东突厥之国家，包括旧帝国东部及东北部，西突厥之国家，包括旧帝国西部，两国间之疆界，时有变更，向无定线。至于其同种之邻族若葛逻禄者，时而加入此方，时而加入彼方，时而复独立自主，或臣服中国，此种行为，有时为被迫出此，有时则纯属自动的。

因突厥之永远寇钞中国（突厥文 tabghach），故突厥乃中国最凶暴邻人，且在其初期诸可汗之世曾尽全力寇略中国。中国欲使其不相统一，以分其势，乃用外交手段，以坑陷之，鼓动两国间之不和，煽动此国或彼国内部的冲突。中国时而扶助此国，时而扶助彼国，时而扶助诸胡国中之此国（大半是少才干而又希图王位之人），时而扶助其中之彼国，悉视其当时强弱而定。中国竭力避免用武力与之接触，常馈之以贵重礼品，例如绢帛，或人生必需品，例如食粮。

其后半个世纪之突厥史详情，——其内部之倾轧，其可汗之更易，与中国或与其同种族之战争，——或中国之阴谋，无详述之必要。吾人只需述公元 630 年之事足矣。时北突厥等族叛乱，且得中国援助，东突厥可汗颉利未能弭平，反为所败，被擒，与其大部民众同送中国。东突厥由是溃灭，其土地画为中国州郡，突厥人归中国者甚众，减安居其地。中国逐渐个别的吞并西突厥，西突厥遂于 659 年亦亡。此种内迁之众，大半居中国甚适，盖就各方面言之，中国生活无疑的远较其本土容易也。但在留居故土及一部分内迁之突厥人中，民族情绪及其过去光荣之回忆，则永远与日俱增。有若干次重立突厥可汗之尝试，咸归失败，其原因或在突厥人本身方面之冷淡，或因其在中国统治下有一汗（qan）即满意。有一旧帝国裔胄，初似曾为杀（Shad），于公元 680 年至 682 年顷，终得统一东突厥大部，脱离中国，独立自主，君临其众。初于碑文中所称之 Chughai 及黑沙（Qaraqum），（二地似在杭爱山南麓），驻军若干时期，后此，其中心地则移至上已言及之郁都军山（Ötükän）。中国人称此可汗曰骨咄禄（突厥文 qutlugh，此云"幸福"，乃其突厥本名）；突厥文史源止称其帝号曰：伊利咥利失可汗（Elteris qaghan 原意必为"帝国复兴可汗"。该词来自译言重加收集云突厥语词 + it 或 + er － ,意为重振国家者）。骨咄禄于许多胜利战争和广大组织工作以后，卒于 690 及 692 年之间，似为 691 年。

在骨咄禄死后，因其二子尚年幼，一才 8 岁，一才 6(7?)岁，其弟遂嗣立，中国人称之曰默啜；其突厥帝号为 Qap(a)ghan 可汗。

默啜甚毅勇，乃一强悍战将，故谋以其武力，重建突厥帝国于其西达波斯之旧版图上,且向西突厥提出统治权之要求。是时,西突厥几亦离中国而独立。但默啜为一极粗暴极残忍之君长,渐渐激起部众仇怨。及其直属之一大部部众降中国,迁移中国后,——然而其人于中国受待遇甚恶,大半消灭,——公元716年,默啜为一叛族所杀。当其在位时,默啜已授予其二子可汗号,并指定其一子为嗣君,但骨咄禄(Qutlugh)长子即中国所称之默棘连者,立夺政权,称苾伽可汗(Bilgä qaghan 此云贤智),其徽号全文为:登里 täg 登里啰没密施突厥苾伽可汗(此云"天所生象天突厥贤圣可汗")。当默棘连14岁时,其叔父已授以杀(Shad)之尊号,故中国史籍常称之曰"小杀"。其弟阙特勤(Kül tegin)拥护之。阙特勤者此云阙亲王,杀其叔父全家及其亲信略尽,其幸得不死者,则有暾欲谷(Tonyuquq 或 Toyuquq)。暾欲谷者乃一老政治家,苾伽可汗之岳父,于伊利咥利失及 Qap(a)ghan 两代曾历任要职,其晚年,仍为苾伽可汗之谋臣也。

苾伽可汗之性情,远较其叔父温和,大体言之,似为一贤明君长。亡国南迁之突厥人,大半返回故土,其一部分,境况甚恶。苾伽可汗并与中国亲善。在其政治上,尤其在军事上,得其弟阙特勤助力甚多,阙勤较苾伽可汗约小1岁,其性情似较苾伽可汗强项。

阙特勤死于公元731年,对于苾伽可汗乃一巨大的痛心的损失。可汗及中国皇帝为之建立庄严碑碣,以为纪念,其详细碑文,现已发现,予将于下面再及之。

数年后,苾伽可汗卒(公元734年秋),盖为其大臣所毒死也。其时适得中国皇帝许诺,偿其宿愿,此种许诺,可汗要求多年始得,质言之,即求尚唐家公主以结和亲也。

其嗣子及中国天子,亦为之建一庄严巨大之碑碣,与为阙特勤所建者同。中国人称其嗣子曰伊然,其突厥文完全徽号为登里 täg 登里 yar-at 密施突厥苾伽可汗(此云"天所立象天突厥贤圣可汗")。《苾伽可汗碑》今亦发现,但破损极甚。

突厥帝国在其死后仅存立10年。公元745年顷,国为突厥族他部破灭。此突厥族他部者,质言之,即回纥人(Uiguren),在某一时期内,回纥曾雄长中亚。

回纥人之初期历史,吾人殆一无所知。Uigur 似乎本为一王朝之名,在此时期前不久,此王朝始得君临多数部族;至此部族之住地,则突厥之北,娑陵水(Sälängä)流域也。此种部族,斯时多属于别一民族大联盟,或与之有极近之关系。所谓别一民族大联盟者,即碑文中之Oghuz 也。Oghuz 为一极古之民族,其时代如何,尚莫能定;此 Oghuz 一名,后复出现于突厥语地域内许多处,其形或为其原始之 Oghuz,或为Uz,或 Oghur,则今日居于俄罗斯东部民族之总名也。其语言之特点,在以代其他通常之 z,例如 Onoghur = On oghuz,此云"十姓 Oghuz"。此种 Oghuz 人,最初似在突厥统治之下,在新帝国建立后,突厥可汗似亦曾施其统治权。但此种关系,甚不坚固,且彼此不甚和睦,故冲突叛变之言常见不鲜云。

回纥人及其君长渐渐得势,遂得消灭突厥帝国而雄长中亚大部之突厥人。

关于突厥制度及社会阶级所当注意者,即当吾人言及突厥或回纥"帝国"(突厥文 ël)时,须知此种帝国,决不能与欧洲帝国相提并论。此种帝国实不过若干游牧民族之一种松懈的、不定的结合而已。其结合之者,号称可汗(Qaghan),约与"皇帝"之号相当。其最尊崇(?)之妻,号可贺敦(Qatun)。其次复有若干汗(Qan)——此种徽号,在《暾欲谷碑》及叶尼塞河诸碑中尤为显明——汗者乃某一部落或某一种族之首领,此种部落或种族却非一独立国家,其首领之他种特别称号,尚可于各处遇到,例如《阙特勤碑》东面三十四行之大俟斤(ulugh erkin)或《苾伽可汗碑》东面 25 行之 ïduq-qut,此云"神圣幸福"、"神圣威武"(后为 ïdïqut)。

可汗之职务在团结其所统治之民族而尽力增加其庶众,调整其民族间及民族对于可汗之关系,进攻与防守之时,可汗执行最高司令之职权,其次则役使民众而尽量增加其收入。通常应用之方法为:抄略其邻族,如中国人,或要求其邻族纳款,邻族必纳疑始得避免侵袭之害而安居也。

其社会的关系,就全体看来,可视为建在贵族基础上,贵族(匐 = bäg,斡思蛮土耳其文曰 bej)及大众间有严格的界限。此外突厥人有许多阶级头衔及大官(buīruq = 梅禄)称号:可汗家中之亲王曰特勤(tegin);最高之官吏曰叶护(Yabghu)及杀(Shad)。杀有二,一居帝国东部曰突利施(Tölish),一居西部曰达头(Tardush)。其次有 eltäbir(頡利发?)乃统治被征服民族之都护也;有阿波(apa),达干(tarqan),啜(Chur),吐屯(tudun)及他种官名。尚有中国官名,如将军(sängün),都督(tutuq)等。

突厥人之宗教为萨满教(Schamanismus),与今阿尔泰山中少数北突厥异教种落之宗教或其若干邻族之宗教正合。依突厥人之宗教观念,宇宙乃由若干层组成,上部 17 层,构成昊天,为光明之国;下部 7 层或 9 层构成下界,黑暗之地也,二者之间,为人类生存之地面。天与地,与生息于其中之一切,皆至尊所创,整个宇宙亦由至尊统辖,此至尊者,居于天之最上层(突厥文 Tängri 一字,指天亦指天神),其余诸天层,由各种善神居住;善神之下,乃碑文中屡言之 Umai 也。Umai 一名,今尚流行,似为保护儿童之女神(原为幸福神?)。天堂亦在上层天之某一层,死人之灵魂乃其生存于地面之子孙及诸神间之中人,各种谋害人类之恶神,居于地下诸层,与上天同,恶人死后,亦归于此;吾人居住之大地则用许多具有人格,具有感觉的精灵以表示之,此种精灵通称曰 Yer-sub(现代文字为 Yärsu),原意为"地"与"水",其住处常在山巅或河源——山巅与河源二词,突厥文皆以 bash(首也)字称之。此种地方,碑文中常用形容词 ïduq(神圣)一字表示之,每越险峻山口或危险河流时须祈祷或感谢地方神灵之恩惠。人类未能直达昊天,须由其天堂中之祖先介绍,然而亦非一切人均能与其祖先交通,此种恩惠唯萨满能给与之。

关于突厥葬仪,中国史籍所记载者,只能适用于其上等人家,然而与吾人今日由碑文中所推知者,却完全相同。"死者,停尸于帐,子孙及亲属男女,各杀羊马,陈于帐前祭之,绕帐走马七匝,诣帐门,以刀剺面,且哭,血泪俱流,如此者七度,乃止。择日取亡者所乘马,及经服用之物,并尸俱焚之,收其余灰,待时而葬。春夏死者,候草木黄落,秋冬死者,候华茂,然后坎而瘗之。葬日,亲属设祭及走马剺面如初死之仪,表为茔……常杀一人则立一石。"(此必为突厥文所称之 balbal)(《北史》卷99)

突厥人在未与中国人密切接触时,无固定历法,除四季之外,殆无他种计时之术。自浴中国文化后,遂采用中国历法,至于昉自何时,今犹未能定也。中国用太阴历,平年12个月,每月29日或30日,月始于朔,全年354日或355日,依固定的天文规则,每两年或三年置一闰月,十九年七闰,每月月名悉用数字表之,太阳进入双鱼宫之月(在元月二十一日至二月二十日之间)为一年之首月。总之,突厥人应完全接受中国历法。中国人计年之法或用在位皇帝之年号,或用周而复始之六十甲子,或用12年为一周之古法。此种计年古法,往昔流行于东亚及中亚全部,今则已无人使用。突厥人所接受、使用并见于噚昆河碑文者,则用十二动物名称以名年也,即:一鼠,二牛,三虎,四兔,五龙,六蛇,七马,八羊,九猴,十鸡,十一狗,十二猪,其中任一年,每逾十二年,即复循环。例如鼠年,依西历纪算则为……4,16,28,……676,688,700,712,724,736……1900,1912,1924(=12n+4)。因无数目字以标周期,故此种纪年法有极大伸缩,其与书"刊于是年"者,殆无若干差异。例如阙特勤卒于羊年,葬于猴年,吾人如无该碑中文碑文及中国史源中之确切年代,则虽有此羊年卒,猴年葬之文,亦毫无用处;根据中国记载,知此二年为西历731及732年,由此吾人可推定其确为羊年(=12n-1)及猴年(=12n)也。

然而噚昆河二碑又惯用他种纪年法,即一事件发生之年代,悉系于死者当时所有之年龄。故欲精密的与西历推合,仍不可能,因为即使除去年龄中偶有的错误,吾人仍不能断定此种年龄如何推定,——若表示方法稍变,则更甚,吾人将不能确定意外之重要差数。彼为满岁之年龄乎,抑为年龄所达之天文年乎?吾人用中国史源中已知之年代比较后,认为阙特勤生年至早只能由公元685年算起,苾伽可汗由684年算起。所感繁难者,突厥人计年之法似将首年及末年均算入。例如在苾伽可汗碑中南面第九行,苾伽可汗自云:"予为杀凡十九年,为可汗凡十九年。"因为吾人知其死于开元二十二年八月(公元 734 年 9 月),继其叔为可汗,而其叔父则卒于 716 年 6 月 22 日也。然则应谓其在位凡 18 年(716—734),为杀凡 18 年(似为 698—716)。

　　此处所当补述者,则突厥人之重要方向为东方,突厥人永远依东方而定其方向;故东方亦指为前方,西方为后方,南为右,北为左,可汗之牙帐东开,盖视日出也。

　　在蒙古和叶尼塞河上流所发现诸碑铭之普通情形,于此毋庸赘述。关于此种问题,如:碑铭之分布与发现,碑文使用之变体 runen 形字母,其创通及其来源,著者亦于《突厥 runen 字母》(L'alphabet runiforme turc)及《字母的来源》(Remarquessur l'origine de l'alphabet)言之。此种多量碑铭,长短不一,率皆无名氏墓志,尤以在蒙古西北及西伯利亚南部出土者为然。其与历史有关者,唯蒙古东北发见于六大墓碑之碑文而已。此类墓碑无一完好。其中三碑,为风雨所剥蚀,或为人力所破损,已莫能转译成文。三碑之中,两碑为回纥人所建。此处予发表之丹麦译文,乃保存较完好之其他三碑也。由历史眼光视之,此三碑异常重要。一则此三碑尚无丹麦文译本,二则自予将此中二碑译为法文后,有若干点,予相信此时了解较彼时正确。第三碑发现于彼时之后,予之译文,将力求其能达,但同时亦力求保持原文特点,以示两种语言之差异。关于内容,导言中所述之突厥通史及其文化状况,希望对于突厥整个的认识不无小补。关于东方诸字之若干点,人名地名等,予于此文之后附有索引。

附录:喡昆河二碑

　　在喡昆河(Orkhon 旧河道及和硕柴达木湖(Kosho Tsaidam)附近(约在北纬 47 度半东经 102 度半),30 年前发现古碑二。二碑相距约一公里。世人久已忘其所在,欧洲学者且亦未之知也。据一种记述,阙特勤碑最完好,亦倒。此碑为一墓碑,于公元 732 年为纪念突厥勇武亲王阙特勤建立。此碑颇大,镌制甚精,四面,独石,上部略小,高三又三分之一公尺,碑为一种石灰石或不纯净之恶劣大理石。两面下宽 1.32 公尺,上宽 1.22 公尺,建立时一面向东,一面向西。其南北两侧较窄,宽度为 44~46 公分。吾人采用国际通用之四方缩文 S,E,N,W 以表示该碑之各面(儒林案:兹悉易为东,西,南,北)。碑上部两侧面间,有一高穹,此穹似约略地表示两只龙。碑上有碑头,特锐,尖顶五棱,刻有辞,碑之两宽面,皆有龙绕此碑头。碑下部有长榫,碑座作龟形,座上有凿,适与榫合。碑碣全形与当日中国纪念碑形式全同,碑石之制作与碑文之雕刻,亦出自中国工匠之手亦无可疑(参阅下文及阙特勤碑南面第 11 行)。

碑之各面皆为刻辞,高度约二又三分之一公尺。西面为中文,为中国皇帝御制。有详细时日,其时日合公元 732 年 8 月 1 日。上有碑额,额上有中文碑名。其余三面碑文悉为突厥文,所用字则 runen 字母也。东面 40 垂直行,南北两面各 13 行,东北棱角,东南棱角,西南棱角,西面中文碑文之旁,均尚有短文,东面之上部,仅有一符号,乃"可汗徽识"也。南面碑文,显为最先镌制,本身自成一文。该文形式为可汗即位诏谕,劝其臣民对己忠顺,并警告其勿听中国人愚弄也。最先镌制之突厥碑文中所叙述者,无疑的应视为东面长文之导言,北面乃东面碑文之继续也。碑文通体,苾伽可汗用第一人称叙述。于此撮述其自古以来之突厥史,尤详于复兴之后(儒林按:即骨咄禄复兴突厥帝国之后),其次即已故阙特勤所参加之各种事件也。在叙述每次战争时,必提及其在此事变中所乘之马名及其技巧,此乃骑射民族之特色。

该碑被发现时,已倒落,原来之东面,向上,东面下部及原来之北面为风雨所剥蚀竟致碑碣多处悉泐,碑文亦多少被损。今此碑已复原处。但中国人为该碑筑一碑楼,仅中文碑文一面外露,其余诸面,均为碑楼所覆蔽,无法环读。如欲各面均得若干光线,则碑楼展宽,以便环读,所当建议者也。

约距碑碣 40 公尺之处,有一花岗石四角大祭台,在此祭台及墓碑间,有长约 20 公尺之土堆,堆中含有多量中国式瓦片。此土堆者,显为已倾覆之建筑物遗迹,且此建筑物在中国史源中及碑文中均曾言及也。

土堆近旁有大理石像七,均出中国工匠手,但所表示者显为突厥人。其中一像,似为死者。石像头颅均被打落,不见踪迹,此则后来民族宗教迷信之结果,同样情形之地莫不皆然也。

墓碑之他方,立有两石兽,现已极损。兽皆回头相向,初盖为标示墓地之入口也。墓地全部,昔则绕以土墙作垣,遗迹今尚存。此外在入口处,有巨石一长列,已全断,无一完好。此石行长四公里半,在一直线上,每石相距十公尺至十二公尺。此皆粗制石像,其面孔皆东向。此种石像,显系突厥人所称之 balbal。坟墓之迹,已不复见,然可推测阙特勤必在其左近长眠也。关于公元 731 年阙特勤之死及为之建立墓碑事,中国史籍中有下列之记载:"[开元]十九年,阙特勤死,使金吾将军张去逸(即碑文中北面第 12 行之 Chang sän-gün = 张将军),都官郎中吕向(即北面第 13 行之 Likäng),奉玺诏吊祭,帝为刻辞于碑,仍立庙像,四垣图战阵状,诏高手六人往,绘写精肖,其国以为未尝有,默棘连视之,必悲梗。"[1] 凡此均与吾人在碑文中所知者一律相合。

第二喁昆河碑,乃公元 735 年为苾伽可汗建立。苾伽可汗死于公元 734 年。碑之全部设备与建置,与阙特勤全同,惟每面较宽数公分耳,因此东面 41 行,两侧各 15 行。该碑不唯和阙特勤碑同倒,且有多处大块破损;又,全体较阙特勤碑受损尤多,故有大部完全剥蚀与磨灭。碑之附近亦与阙特勤碑同,如建筑物遗迹,424 头石像遗迹,1 行 balbaI 石物,唯 balbal 之数目较阙特勤碑为少。该碑之原始西面,亦有中文碑文,仅有部分尚可读。关于其他四面之突厥文刻辞,在北面者,完全与阙特勤碑之南面相同,唯末尾附加一长段耳。东面之第 2 行至第 24 行除稍为增易数处外,乃阙特勤碑东面第 1 行至第 30 行之重文。其下虽不完全相同,但多少亦与阙特勤碑雷同,其内容或为阙特勤碑所未记载者,或为阙特勤碑建立后所发生者。此碑特点在:叙述已故可汗之事迹,通体用第一人称,唯损毁特甚之东面首 2 行及南面第 10 行至 15 行,忽掺入新可汗口气,中文刻辞上部碑额上之短文,亦新可汗之辞。此碑额之下部已破损,应有若干中国字。

---

[1]《新唐书》,卷 215 下。

·欧·亚·历·史·文·化·文·库·

　　此纪念碑之建立,中国史籍中亦有记载,既述可汗死于公元734年秋,又云;"帝为发哀,诏宗正卿李佺(碑文中之 lisün)吊祭,因立庙,诏史官李融文其碑。"(《新唐书》卷215下)。

　　　　　　　　　　　　　(原载《禹贡》半月刊第7卷第1、2、3合期)
　　(原作 V. Thomsen,此据德人 H. H. Schaeder 之译文重译,外文索引不附。)

20 边陲石刻跋文译丛

光绪十四年（1888 年）七月初五日,奉使游历俄罗斯户部主事缪祐孙参观眼下希特勒方用兵夺取之巴库油田后,开始东归。时西伯利亚铁路尚在测量,旅行者犹只能乘用驿马往来欧亚两洲之间。十月初十日缪氏抵伊尔库茨克（Irkutsk）,十八日会晤曾游中国两次之伊尔库茨克博物院副院长坡塔宁（Potain）,十九日又晤雅得琳侧甫（Yadrint-sev）。《俄游汇编》卷 12（日记）谓"儒士雅得琳侧甫来访,其人颇矜考古,能言元之和林城所在"。缪氏与雅得琳侧甫在伊尔库茨克晤面之次年（1889 年）夏,雅氏率领该城地理学会所组织之考古队,深入外蒙寻觅哈剌和林（Qara-Qorum）故城遗址。雅氏无意中发现震动世界之突厥汉文两体阙特勤、苾伽可汗等碑。我国近代边陲石刻大发现时代,从此开幕矣。

光绪十七年俄国又派拉得洛夫（W. Radlov）入蒙探险,所获更多。十八年拉氏举其所得,影印问世,名曰《蒙古考古图谱》。十九年,俄国驻华使臣喀西尼（Kasini）以一册赠总理各国事务衙门,即清季士大夫间所竞谈乐道之和林碑也。十九年,丹麦陶木生（V. Thomsen）创通突厥文。二十年,陶、拉两家分别译为法德文字,于是世人始得知突厥文部分之内容。数十年来,欧洲东方学家之研究此数碑者,前后不下数十家。日本学者近年亦开始讲读,独吾国学人除当日题诗赞叹跋尾塞责外,对突厥文部分,迄今少有认真诵读研究者,可胜浩叹。今所辑录,仍多国人不甚留意而于边陲民族史有绝大价值者,姑刊其跋文,以待好事者之采访。

·欧·亚·历·史·文·化·文·库·

20.1　沙畹：兰史铁氏（G. J. Ramstedt）刊北蒙古二回纥文墓碑跋

北蒙古碑铭大发现之时代，尚未闭幕；兰史铁近刊富有历史价值之二碑，足以证之。二碑用古突厥字母写成，此种文字即世人所称之"卢尼字"（runique），吾人于嗢昆河诸碑早已识之。但二碑系回纥语作成，非突厥语。

20.1.1　唐药罗葛汗阿答碑

其中第一碑在 Sudzin-dawa 阜南坡发现，该阜在 Araskhatu 山之西南西及 Dolon-khuduu（七井）之东南东。此数地点当在库伦（Ourga）及色楞格河（Selenga）之间，但在予所使用之地图上，未能寻得。Sudzin 之碑，为一墓石；乃为显扬一药罗葛汗阿答（Jaglakar khan Ata）而建立者。此人为一黠戛斯人（Qirqiz）之子，但住居于回纥地域，碑文中死者自诩嫁女时未向其婿索取定亲应纳彩礼，此可证其人甚富。此外，又称其曾给予其师驻地一区及侍从百人。此处用以称"师"之字，乃施用于摩尼教（Manicheens）或景教（Nestorians）教士之"末"字（mar）（此字 Thomsen 早已认出）；则死者应为一摩尼教徒，自不待论。然则摩尼教传布于回纥部中，吾人于此碑上，复得一新证据。由英武药罗葛汗阿答给予其师居地及侍从百人一事观之，可证摩尼教士享受之优遇。

儒林按：所谓嗢昆河（Orkhon）碑铭者，即指突厥文阙特勤碑及苾伽可汗碑。此二碑予已由德文重译为华文。前碑载《北平研究院院务汇报》第 6 卷第 6 期，后碑揭于《禹贡》半月刊第 6 卷第 6 期。

唐代回纥九姓，其一曰药罗葛，药罗葛为（iok-la-kat）即 Yaglakar 之音译也。陈述先生著《曳落河考释》，于此名之嬗变，研究甚详，可参看。元代曰曳剌，用以称"追呼保任逮捕者"。《唐书·回纥传》译 ata 为阿答，华言父也。

Mar 一字，唐译末（muat）。《通典》卷 40 开元二十年七月敕："末摩尼（mar mani）法，本是邪见。"末摩尼，犹言摩尼师也。至于景教师之

mar,元代译为马儿或马,如马儿哈昔(mar-hasia)译言主教。元代景教徒建筑镇江大兴国寺者,名马薛里吉思(Mar Sergis),卜居河南潢川者有马祖常,其所取之马姓,即 Mar 之译音,与回教马姓之截取 Mahmet 之首音者异。

20.1.2 唐回纥登里啰没密施颉翳德密施芯伽可汗碑

　　第二碑树立于登里啰没密施颉翳德密施芯伽可汗(Tangrida bolmis il itmis bilga kaghan)墓上。此回纥可汗在位时间为 747 年至 759 年。743 年击败突厥乌苏米施(Osmiz)可汗,取突厥霸权而代之者,即此可汗。吾人由兰史铁君之记述,可以确切指定此碑之地望。1903 年出版之 stieler 地图东西伯利亚幅(第 58 幅),绘有色楞格河右岸支流 Chanyn 水;此水交切北纬 68 度及稍远之东经 102 度,若检中国地图,则见此水名哈绥,惟似应读为哈馁。因其蒙古名称为 Hanui 池,此水右岸支流 Huni 之名称,中文译写为瑚努伊。由 Hunui 及 Huni 二水合流处起,若向东南溯 Mogoitu 谷而上,则达 Sine-usu 小湖;此湖之北,有一谷,可称之为 Örgötü,因其居额鲁赫特山(Örgötü)下也;此山乃鄂尔浑及色楞格两盆地分水岭之一部。兰史铁君发现之回纥可汗墓碑,即在此额鲁赫特谷 Sine-usu 湖北 1 公里半之地。予以为此地点与《唐书》(卷 43 下,页 14)所记关于回鹘衙帐之地望甚合;"回鹘衙帐西据乌德鞬山(突厥碑之 ütüken);南依嗢昆水(Orkhon),自北六七百里至仙娥河(seleng)"。窃以为此文与哈剌八剌哈孙(kara balghas-soun)似不甚相关,因八剌哈孙义为城,非衙帐,又距山颇远也,谓宜比拟于色楞格及鄂尔浑两河分水岭额鲁赫特山麓之川谷,惟其距后水较远,距前水较近。兰史铁君之发现,予以为可确定一历史地理之方望。

　　此回鹘碑文颇长,掀起不少问题,须当详细研究之。吾人于此,只能指出兰史铁翻译并刊行二碑之重要而已。

　　儒林按:依《唐书》回纥可汗徽号用字,此可汗名号应如上文所译,意为"天所立御国贤圣皇帝",即《唐书》回纥第二代可汗摩延啜(Bayan？cbur)也。该碑王静如先生已重译为中文,刊于 1939 年《辅仁学志》。(沙畹:《通报》1913 年,789－791 页)

·欧·亚·历·史·文·化·文·库·

20.2 边陲蒙文碑刻

最早之蒙文石刻,即世人所称之成吉思汗残碑,书用畏兀儿字。1833 年俄人施密德(I. J. Schmidt)译为德文,名曰蒙古初期铭刻报告(Bericht über eine Inschrift aus der ältesten)刊于《圣彼得堡科学院集刊》第 6 集政治历史语言类第 2 册。1927 年克流金(I. A. Klyukin)君更著《成吉思汗碑之最古蒙文碑刻》,刊于海参崴。惜二文均未得一读。原碑五行,现存列宁格勒苏联科学院东方部之亚洲博物馆,1935 年胡寒江君参观该馆,称之曰"成吉思汗侄儿的蒙文碑文"(《新中华》第 3 卷第 12 期"中国文化在苏俄"页 40),应存所本。伯希和教授谓此石刻于 1220 年至 1225 年间(《蒙古与教廷》单行本页 25),尚待详加考释之。1892 年拉得洛夫刊其《蒙古古物图谱》时,曾利用空白,将此碑影印收入(拉氏书 Tafel, XLIX, 3),惜此书今亦不得一见。元世祖至元六年颁行八思巴(phags-pa)字,依吐蕃字母所制蒙古新字,译写玺书用之。就现存圣旨碑观之,大抵原稿为汉文者,国语但对音书之,原稿为蒙文者,则多用俚语译之。顾当日国书在边陲地方,似不甚通行,如伯希和教授屡屡引用而尚未刊布之甘肃至正二十二年大碑,及最近于某地出土之至元六年令旨碑,皆用畏吾儿字,而不用至元国书。至于内地现存之令旨碑,依予所见,悉用八思巴字。去年成都拆除老南门时所发现之至正圣旨碑(此碑予已译出),亦方体字也。

漠北现存元代蒙文碑刻甚少,和林蒙汉体兴元阁碑(汉文许有壬撰)蒙文部分,虽早经波兰科特维奇(Kotvic)、法国伯希和、俄国鲍贝(Poppe)诸教授研究,顾刻下为环境所限,未能一读,殊为憾事。

1924 年俄人柯孜洛夫(Kozlov)于 Khan-Konsun-Ula(杭爱山之一部)东麓发现一古城废墟,依其地建城石刻考之,为至元十五年元人所建之宣威军。此碑在历史上价值殊不可忽,盖可据以知其地之元代名称也。至元十五年四月刘国杰北征,岂此役所建之城欤?

热河白塔子有蕃蒙两体碑,乃明熹宗天启六年(1626 年)林丹汗(Likdan-khan)及其姊妹纪念其所建两塔而立,今塔已不存,碑亦为土人改为磨石。清季波兹德涅夫游历蒙古时,曾拓此大碑,并通其读,刊入所著《蒙古及蒙古人》第2册,第369-397页。

1922、1926年间,柯孜洛夫(P. K. Kozlov)旅行我国西北部(报告由蒙古唐努都播共和国研究委员会出版,即《蒙古丛书》第3册),于外蒙古发现Chokto-taiji摩崖,并于宁夏红峰摩崖(Bicikte ulan-khada)亦发现铭文。Cokto-taiji摩崖为明熹宗天启七年所刻,俄国蒙古学家鲍贝(N. N. Poppe《1926年夏鄂尔浑河旅行报告》)及符拉基米尔佐夫(Vlad-imircov《外蒙古绰克图台吉摩崖》)均曾研究。

20.3　福克斯:辽宁最早之满文石刻

世人之于石刻,大抵贵古而贱今,而于古代石刻中,又往往以书法优劣为去取标准。边地碑刻除征客戍人拓归之若干纪功碑外,近代石刻少有知者,至于非汉文碑,本非访碑者所措意,更无论其时代远近矣。近代非汉文碑铭,早经欧洲东方学家搜集,而成绩最佳且给予吾人以读碑新方法者,则为德人O.弗兰克及B.劳费尔之中国石刻(Epigra-phische Denkmäler aus China)。其第一集北京、热河、西安喇嘛庙碑刻(Lamaistische Inschriften aus Peking, Jehol und Si-ngan)凡收照片81帧,悉为清代刻石,汉文之旁,兼有满藏突厥托忒字书,历史价值外,语言学上价值,尤不可忽。以下所译者,皆德人W. Fuchs君于辽宁所访之满文碑也(文载The China Journal, 1931年, July, pp7-9)。

20.3.1　大金喇嘛法师宝记

满文名称为Aisin gurun-i uruq(?)darhan nangsu Lama-i……sabur-gan,天聪四年(1630年)孟夏立,在辽阳附近,依吾人所知,此为现存最古之满文石刻。碑为无圈点老满文文字之一种标本,甚为重要。昔以朝鲜之崇德四年(1639年)满文纪绩碑为现存最古碑刻,此碑则尤较早10年也。碑为卒于1622年喇嘛Nangsu之墓石,卒后9年,于辽阳莲花寺建立此墓,以纪念之。1926年日人鸳渊一在《祝贺藤博士六十寿辰中国学论集》中,已将其汉文及满文刊出。满文字母颇难通读,且往往不能辨析,共13小行。大金二字,可证1636年前建州帝国国号,犹非大清也。

20.3.2　莲花净土实胜寺碑记

满文名称 Su ilgai soorin-i yargiyan etehe fujihi soorin de ilibuha we-hei bei de araha bisthei gisun。寺在沈阳,通称喇嘛庙,或黄寺,崇德三年(1638 年)孟秋立。24 行,每行长 2 公尺。碑文用满蒙藏汉四体文字,每碑刊两种文字。满文为国史院大学士刚林撰,汉文为学士罗绣锦译,蒙古文弘文院大学士希福译,藏文为古式(Gu-Sri?)道木藏译。此碑为记载金字蒙文藏经最珍贵之史料,甚为著名。

23.3.3　平定朝鲜碑

崇德四年十二月立,碑在高丽 san-jon-do,为纪念清人征服朝鲜之石刻。碑文用满蒙汉三体文字,汉文部分已由柔克义(Rockhill)翻译,满蒙文部分俄人波兹德涅也夫曾加讨论。参阅劳费尔《蒙文书目》(Skizze der Mongolischen Literatur)页 203,(注文 1 至 3 以此碑立于 1639 年,误。)及豪尔(Hauer)由满文译出之《开国方略》页 496 及 697,予未见此碑。

23.3.4　敕建护国法轮寺碑记

满文名称为 Forgon be ejelehe fuchihi soorini bei,顺治二年(1645 年)中夏立,碑文用四体文字,碑在沈阳城北北塔法轮寺。

23.3.5　敕建护国广慈寺碑记

满文名称为 Amba gosini fucihi soorin-i bei,顺治二年(1645 年)中夏立,碑文用四体文字,在沈阳南塔广慈寺。

23.3.6　敕建护国永光寺碑记

满文名称为 Un enggi eldemebuhe fucihi soorin-i bei,顺治二年(1645 年)中夏立,碑文用四体文字,在沈阳东塔永光寺。

23.3.7　敕建护国延寿寺碑记

满文名称为 Enteheme jalafun fucihi soorin-i bei,顺治二年(1645 年)中夏立,碑文用四体文字,在沈阳西塔延寿寺。以上所举四石刻,皆为纪念 1643 至 1645 年间所建之寺而立。

23.3.8　庄达尔汉把秃鲁亲王碑

满文名称为 Ambalinggo darhan baturu Chin Wangi bei bithe,顺治十一年(1654 年)三月十日立,八行,用满汉二体文字,碑在东京陵舒尔哈齐(Surhaci,1564—1611)墓。舒尔哈齐为清太祖努尔哈赤(Nurhaci)之弟,初葬赫图阿喇(Hotuala)之地,1622 年于距辽阳 12 里处建东京陵,1624 年遂迁葬焉。参阅八木奘三郎《满洲旧迹志》第 1 册页 84 - 86(1924 年)。

20.3.9　兴祖真皇帝碑文

满文名称为 Yendebnhe mafa Tondo howangoli-i bei bithe,顺治十二年(1655 年)六月立。用满蒙汉三体文字,为建州酋福满(Fuman)之墓石。在永陵,陵在辽宁兴京北十里,为努尔哈赤之祖茔。

20.3.10　肇祖原皇帝碑文

满文名称为 Deribuhe mafa Da howangbi-i bei bithe。顺治十二年(1655 年)立,碑在永陵,用满蒙汉三体文字,为建州酋猛可帖木儿(Mangka Temur)之墓石。

20.3.11　大喇嘛坟塔碑文

满文名称为 Amba lama-i-Susburgan-i bithe。顺治十五年(1658 年)七月十七日立,碑在辽阳,用满蒙汉三体字,满文十行,为一大喇嘛之墓石。碑文已由日之鸳渊一译为日文,刊于《祝贺内藤博士六十寿辰中国学论集》。

20.3.12　景祖翼皇帝碑文

满文名称为 Mukdembuhe mafa Hosingga howangdi-i bei bithe,顺治十八年(1661 年)九月八日立,碑在永陵,用满蒙汉三体文字,为建州酋觉昌安(Giyocangga)之墓石。初葬赫图阿喇之地,1624 年迁东京陵,1658 年复移葬永陵。

20.3.13　显祖寅皇帝碑文

满文名称为 Iletuehe-mafa Hafumbuha howangdi-i bei bithe,顺治十八年(1661 年)九月八日立。碑在永陵,用满蒙汉三体文字,为清太祖努尔哈赤父塔克世(Taksi)之墓石。塔克世死于 1583 年,1624 年葬东京陵,1658 年移葬永陵。

20.4 陈垣:元代汪古部二残碑跋

　　1938 年寒假,雷冕(Rahmann)博士示我若干古物照片,嘱加考证,写为短跋。其物乃新近马丁(Martin)君在内蒙古所发现者。照片中识出两残碑,其一发现于老龙苏木(Olon Sume-in tor)其他则发见于王墓。第一碑为纪念王傅而立之德风堂碑,第二碑乃耶律公之神道碑也。

20.4.1 老龙苏木之德风堂碑

　　德风堂碑数年前由吾友黄文弼先生首先发现,并曾向予报告。窃意此碑原由数石并立而成,立于厅堂中央,若中国之屏风然。其图案与中国寺院中室外所立者,大不相同。碑额当然立于中石之上。碑额虽已裂为两片,而篆文大字状甚完好。碑名在第一石,为全碑之东片或左片,且面南,此石上约有六百字尚可读。其阴则刻有帖木儿不花诸人名字。另一片有"风者天使也"之句,此数字显然为堂名德风两字之解释,故该石应为中片。其阴刻有不少官吏之官衔与姓名。予尚未搜得西石正面之照片,但一片有"……王傅……前任……"数字,另一片有"……见任……降虎符"数字,似可视为西石之碑阴。此种结论乃根据下列事实,第一,正面全部叙述德风堂之史事,碑阴则刻建立碑碣人之官职及姓名,第二,中文碑刻永远自读者右首读起,至于德风堂碑碑阴,碑文自然始于西石。第三,王傅在赵王封地中,为最高之官职,在碑阴诸官题名中,应居第一列,故其名当在西石之首行。

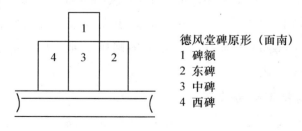

德风堂碑原形 (面南)
1 碑额
2 东碑
3 中碑
4 西碑

此碑乃阔里吉思弟之后人建立。John of Montecorvino 信中称阔里吉思为 Georges 王。其 1305 年 1 月 8 日信称:"此阔里吉思王六年前卒,遗一子,今九岁,……王子取予之名为其名,曰术安(John)。"关于术安之材料,可见《蒙兀儿史记》,卷 118。但《元史》术安事,完全依元代下列两碑写成,第一为阎复撰"高唐忠献王碑",见《元文类》,第二为刘敏中撰"驸马赵王先德碑"。第二碑数年前予于元刻《中庵集》卷 4 发现,此书极罕见,今归国立北平图书馆,《四库全书·中庵集》未收此碑。以上二碑关于术安之记载,仅记其尚公主,袭封赵王,归葬阔里吉思王。Montecorvino 之信及此二碑,均未言及术安之死及其后裔。术安之后,袭封赵王者,《元史·诸王表》仅举阿鲁秃及马札罕二人,惟未指明二人为何人之子。德风堂碑虽为纪念历任王傅所立,而碑文之第一部分,则全述王室之史事,故东石乃最幸运之发现,因其对赵王世系,恰能补《元史》之缺也。据此碑,继术安者,为阿剌忽都。王妃吉剌实思,生二子,长曰马札罕,幼曰怀都。及马札罕卒,其子八都帖木儿幼,弟怀都继立。此碑为"前净州路儒学教授臣三山福建林子良奉王钧旨撰",所谓王者,当即怀都也。

阔里吉思卒于大德二年,时嗣子术安仅 3 岁,遂封其弟术忽难为赵王。《元史·武宗纪》至大二年三月"封公主阿剌的纳八剌为赵国公主,驸马注安为赵王"。此时术安年十四。《仁宗纪》皇庆元年四月"赵王汝安郡告饥,赈粮 800 石"。汪辉祖《元史本证》谓"汝安郡"为"注安郡"之伪,学者皆从其说。此后《元史》本纪中即不再见术安之名,惟《仁宗纪》延祐元年三月封阿鲁秃为赵王。由此可知术安当卒于 1312 年初夏及 1313 年季春之间。换言之,卒时年 17 或 18。阿鲁秃不能为术安之子,其名在德风堂碑作阿剌忽都,在阔里吉思传作阿鲁忽都,实术忽难之子也。此人曾为术安王傅,并虽归葬阔里吉思,《元史·英宗纪》至大二年正月"公主阿剌忒纳八剌下嫁,赐钞 50 万贯",此文非但说明公主于术安死后再嫁,且显示术安早死无后也。

马札罕为阿剌忽都子,尚赵国大长公主速哥八剌。《元史·公主表》谓为囊家台子,误。《元史·诸王表》以马札罕驸马泰定元年封,亦误。《英宗纪》至治元年"赐公主速哥八剌钞 50 万贯",同年十月"置赵王马札罕部钱粮总管府"。此文足证 1321 年马札罕已尚大长公主,并已受封为赵王。史不见怀都之名,据德风堂碑,马札罕鰥,元统间(1333—1335)娶诸王晃帖木儿次女,及卒,子尤未冠。据此可知马札罕卒后,1340 年前后怀都袭位若干年。德风堂亦即立于斯时。唯有一点碑文与《元史》冲突而未能求得解释,《元史·文宗纪》至顺二年三月"赵王不鲁纳食邑沙静宁等处蒙古部民万六千余户饥",据碑,当时赵王则为马札罕,此种差异,尤待将来有新发现,才能解释。由德风堂碑所启示之史事,可得赵王世系如下(与本文无关之名从略)。

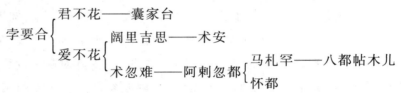

赵王孙祖父子宗教信仰之历史趣味,亦不下于其世系,1305 年 Montecorvino 信云:

> 阔里吉思王诸弟,误信聂思脱里之邪说,复将皈依正宗之人,引入左道。余仅一人在此,未能远离可汗,故未克往视距此二十日程之教堂。……阔里吉思王子之名术安,盖取予名以为名也。望天主能使其步其父之后尘。

术安不幸早卒,在其末年,似与 Montecorvino 或其他天主教传教士接触甚少。其从弟阿剌忽都为术忽难之子,似为一聂思脱里教徒(Nestorian),因术忽难乃阔里吉思之"背信"诸弟之一也。阿剌忽都子马札罕娶晃帖木儿次女,碑谓公主热心三教(即儒道佛),则其时并聂思脱里教似亦脱难,然在东碑碑阴末行,犹可识出"管领也里可温八忽塔不花"诸字,此赵王境内尚有也里可温或基督教徒之证也。缺少 10 字,叙利亚文题语,及他种基督教标识,除此记载外,无可为怀都仍为也里可温之证据。元制诸王皆有王傅,德风堂之名,乃取自《论语》"君子之德风,小人之德草,草上之风必偃"。王傅于其所辅之王道德知识影响极为深重,赵王周围若皆为不热心基督教之徒,自极易丧失其先人信仰。

儒林按老龙苏木(Olan sume yin tor 译言多庙之墟,称九庙之墟 yisun sume yin tor)在达尔罕旗(Darqan)百灵庙(Bato khalagha yin sume 译言守坚庙)东北 30 余公里艾巴哈河(Aibagh-yin ghol 译言惧河)上,距云王(云端旺楚克,藏文 yon-tan dban-pyug 译言功德自在)府甚近。其地石刻初由黄文弼先生发现(1925 年)《北平女师大学术季刊》所载黄氏讲演辞曾约略提及,顾世人少有注意之者。拉铁摩尔(O. Lattimore)先生 1933 年旅行绥北,亦曾见之,并草"内蒙古景教废城"(A Ruined Nestorian City in lnner Mongolia)一文,揭于英国皇家地学会《地学杂志》(The Geographical Journal,1934 年,页 481–497),于是世人遂以此汪古(ongut)故城之发现,归于拉氏。1936 年,Desmond Martin 君复游其地,以所得影片与陈垣先生跋文同刊于 1938 年《华裔学报》(Monumenta senica vol. Ⅲ fasc. 3)陈跋由英千里君译为英文,未附原作,兹姑摘译如上,以念世之关心边陲金石文字者。

钱大昕《潜研堂金石文字跋尾》卷 20"重建李晋王影堂碑"跋云:

> 古代州柏林寺李晋王影堂碑,元至正十五年立。文称王之远孙阿剌忽思剔吉忽里,考阅谱牒,知王为远祖。然则赵国之先,出自沙陀李氏矣。《元史》列传述赵国世系,自术安以来,俱阙如,读之辄生文献无徵之憾。据《诸王表》赵王马札罕以泰定元年封,此碑云至元乙亥赵王马札罕钧旨,则重纪至元之际,马札罕尚无恙。而《文宗纪》又有赵王不鲁纳,意者马札罕与不鲁纳即一人欤?抑或马札罕已废而复立欤?皆无明文以知之也。碑又云今赵王八都帖木儿,则至正中嗣立者,《诸王表》及本纪俱不载。

今德风堂碑出土,于赵国世系,略可减"文献无徵"之憾矣。然于马札罕与不鲁纳问题,仍未能解决。钱陈两跋,并与汪古史事有关,故特录出钱跋,以资比较。又按,《元史·诸公主表》:赵国大长公主亦怜真(吐蕃语 Rin-chen 译音)适囊家台(Nangkiyatai),大长公主桑哥八剌(吐蕃语 Sen-ga ba-la = 梵文 Simha bala 译言狮子护)适马札罕。又术安妻名阿剌的纳八剌(梵文 Ratnabala 译言宝护)。诸公主名皆用梵文或藏文,换言之,即其人皆在喇嘛教环境内长成,基督名王阔里吉思

（Korguz）后裔之逐渐放弃也里可温（元代蒙文碑复数作 Erkagu）或聂思脱里信仰，自为极易解释之事。至于桑哥八剌之名他处皆作速哥八剌，原文当亦为梵语。元代名速哥或名中有速哥一字者颇多。

20.4.2　王墓耶律公神道碑

耶律公墓碑乃 B. Martin 君重要之发现，依予所知，此为现存之唯一也里可温碑。大兴国寺碑早亡。数年前房县发现之十字寺碑，仅刻有十字，碑文与也里可温完全无关。王墓所发现者，碑文明言为管领也里可温者之墓石。此外颇多十字遗物，及叙利亚文铭刻。

碑额十六字，今可推知其十四字，即"管领诸路也烈答耶律公神道之碑"。碑文内"公讳于成"及"管领也里可温"等字，尤清晰可辨。耶律楚材佞佛，耶律铸好道，今此耶律公又信景教，实一重要消息也。

（原载《华裔学志》1938 年第 25 – 26 页）

21 唐努都波

近日开发西北的声浪,日高一日,于是西北角落的唐努乌梁海,也有人提及了。这块地方,中文地图上虽名称依旧,可是自 1924 年以后,外国人出版的地图上早就标成 Tannu-Tuva(或 Tuba)共和国。现在一般学者多把这个名称的第二个字,译为"拓跋",我认为这有正名的必要。因为我们不承认而且暂时也不便提起这个名称,是一回事,我们把中国史上固有的边陲民族名称张冠李戴而不自知,又是另外一回事。

Tuba 绝不是拓跋。第一,就音韵上讲,拓跋二字皆入声,拓字属"药"韵,收声 K,跋字属"曷"韵,收声 T,两字古音的拟测,得为 T'ok-b'wat。我们姑不论拓跋一名首见于何时(以理度之,当在魏晋间,因拓跋力微始徙居归绥,景元二年遣子与魏通),用 T'ok-b'wat 译写 Tuba,在五代以前是不会有的事。

第二就地域上讲,唐努乌梁海虽至少自汉代起,始终是吉儿吉思人宅居之地,而鲜卑索头部的勃兴,则在归绥大同之间。我们在历史上只见元魏以来柔然、突厥、回纥等民族在塞北兴亡相继,什么时候有一批拓跋部人,迁移到西北角落的唐努山,我们都找不到证据。

Tuva 既不是拓跋,那么是我国史籍上所载的哪个民族呢? 我们调查这个地带古来民族的名称,认为它是隋代的都波、唐代的都播,元代的秃巴。《新唐书》卷 217 下《回鹘·黠戛斯》条:

> 黠戛斯,古坚昆国也,……驻牙青山,青山之东有水曰剑河。……东至木马突厥三部落,曰都播,弥列哥,饿支。其酋长皆为颉斤。桦皮覆室,多善马。俗乘木马驰冰上,以板籍足,屈木支腋,蹴辄百步,势迅激。

·欧·亚·历·史·文·化·文·库·

又同卷《都播》条云：

> 都播亦曰都波，其地北濒小海，西坚昆，南回纥，分三部，皆自
> 统制。其俗无岁时，结草为庐，无畜牧，不知稼穑。土多百合草，掇
> 其根以饭，捕鱼鸟兽食之，衣貂鹿皮，贫者缉鸟羽为服。

黠戛斯后世译为吉儿吉思，汉代坚昆的称呼，或者是单数，唐代以后的称呼，为复数，他们所居的剑河，即今乌鲁克木河。回纥的根据地在仙俄河，即今色楞格河。色楞格河北，乌鲁克木河东的小海，只能是唐努乌梁海的库苏古泊了。都播人既北濒库苏古泊，那么以今日的Tuva 为唐代的都播，不惟地理上完全适合，而且在音韵上，都属虞韵，都属歌韵，播属个韵，均非入声，亦毫不困难。至于弥列哥及饿支两部名称，似乎即 Elegesch 铭刻上的 Bälig 及 Atsch 两名（参阅拉特洛夫的《蒙古古突厥文碑铭》第 1 册，第 313 – 314 页）。

Tuba 在元代号秃巴，《元朝秘史》蒙文第 239 节：

> Ta'ula: jil jöci -yi bara'um ghal -ün ceri'ut -yer hoi -yin irgen dür morila'ulba……jöci Oyirat, Buri -yat Barghun, Ursut, Qabqanas, Qangqas, Tubas -i Oro'ulu -'at, Tümen kirgisüt tür kürü'esü, Qirqisut -un noyat Idi, Inal, Aldi'er, Qrebeg tigin Qirqisut -un noyat elsen Oroju:

> 兔儿年（1207 年）令拙赤领右手军，去征林木中百姓……拙赤
> 令入斡亦剌惕，不里牙惕，巴尔浑，兀儿速惕，合卜合纳思，康合思，
> 秃巴思。及达万乞儿吉速惕，乞儿吉速惕官人也迪，亦纳勒，阿勒
> 迪额儿，斡列别克的斤（乞儿吉速惕官人）皆降。

秃巴昔（Tubasi）单用应作秃巴思（Tubas），昔字为蒙文表示宾格（accusative）的 i，与多数 S 之合音。秃巴思，为蒙文秃巴的复数。他们既与吉儿吉思为近邻，所以知道他们就是隋唐时代的都播。

依中文的记载，这个地方的民族，以乌梁海最著名。在元代部族中，有两个兀良哈，一个是蒙古种，著名的速不台、兀良哈台、阿术祖孙父子 3 人，都出自这个部族；另外一个号称林木中兀良哈，是突厥种，居地在今唐努乌梁海，与我们所讨论的都播，是一个宗族。依我们所知，

拓跋氏恐未西迁,而这个与都播同族的兀良哈人,在元代却曾有一部分南移到热河一带,明代朵颜卫中的朵颜,在《登坛必究》的蒙文译音,为五两案,就是这种人。这一点清末以来中外学者早已有人研究过了。

都播人的木马是此地特殊的交通工具,在历史上十分著名,元代的中外史籍中,尤多记载。《元史》卷 63《地理志·西北地附录》吉利吉思撼合纳、思谦州、益兰州等处:

> 吉利吉思……遇雪则跨木马逐猎。土产名马、白黑海东青。……撼合纳(Qabqanas)……贫民无恒产者,皆以桦皮作庐帐,以白鹿负其行装。取鹿乳,采松实及劚山丹芍药等根为食。冬月亦乘木马出猎……

波斯拉施都丁受伊利国合赞汗之命,于元成宗大德十一年著成《史集》,其《部族志·林木中兀良海》条,叙述此部生活,尤为鲜明。1881 年,帝俄考古学会东方部将贝勒津校勘《部族志》波斯原文全部刊出(即 Trudy VOIAO Ⅶ)。1841 年哀德蛮翻译《部族志》时,以木马逐猎,至饶趣味,亦曾将原文录入译本(Vollstaend Ueders,页 126 – 127)今参照此两种波斯原文,译为国语,以见都播人木马之旧制:

> 冬日常在雪上行猎,其法如次:制造木橇,名曰察纳(Cana 蒙文此云雪鞋)而立其上,手执皮�及木杖,雪上以杖撑地,若人水上驶舟然,如是行驶于沙漠与平原低底及高顶,追及而捕杀山牛及他种动物。在本身所坐察纳之旁,系别察纳,装载击毙猎物于其上。虽其上载二三千 man(普通每 man 约合一斤半),用少许力到达。在雪上稍用少力易返回。但对此事不熟练及初学者,当驰行时,则裤子(哀德蛮译为足中,误)相分而破裂,尤其在低底及尖锐处驰驱时,熟习的人行驰甚易。此种实况,非亲见者不信为真也。

《史集》与《元史》的记载,大同小异,与《唐书》互较,也仅有繁简的差别,足见其人为环境所限,生活方式不易变更。此外在普兰迦尔宾(Plano Carpini)的纪行(Risch 德文译本)虽亦著录吉儿吉思之名,但对其生活,未加叙述,厥后鲁布鲁克(Rubruk)纪行云:

更北无城市,但吉儿吉思(Kirkis)之贫苦部族居之,以畜牧为生,更远为兀良海(Orengai),足光滑之骨,奔驰于雪冰上,其速可取鸟及野兽。

与中文、波斯文记载相较,殆无二致。

（原载《中国边疆》1934 年第 3 卷第 4 期）

22　关于"拂菻"

……中古汉籍中的罗马名称"拂菻"一词的勘同问题,东方学家们像猜谜似地研究了近两百年,一直未中鹄的。到 1914 年,伯希和有了新的突破,以后,其说逐渐为学者所接受,这个问题基本上就解决了。新近我国重版的史书仍因袭误说,殊无必要。兹将 Purum 一字的译写过程简略奉陈如下,请指正。

突厥文阙特勤碑东面第 4 行拂菻一词的原文是 mrup,突厥语有 8 个元音只用 4 个符号,o、u 都用 > 表示,所以这个突厥字可译写为 Purm,亦可译写为 Porm。

突厥文拼写的规则元音 a、e 在词首或词的第一音节辅音后通常省略不写出,其他六个元音 ī、i、o、u、ö、ü 在词首或第一音节中一般都写出。

1893 年丹麦 V. Thomsen 创通突厥文字,1895 年 W. Radloff 译突厥语阙特勤碑为俄文,把东面第 4 行第 12 字 Par 和第 13 字 Purm 看成是一个民族,连写为 Par-Purim。(《蒙古古突厥文碑铭》1895,I,P. 5)

1896 年 Thomsen 把阙特勤碑译为法文,认为 Par 与 Pu-rm 是两个民族,依照突厥文拼写的常规把 Purm 读为 Apurim(《鄂尔浑河碑文解读》,P. 98)。1922 年他又用丹麦文重新改译一次,把他的 Apurim 读法改为 Apurum,[1] 但他对这个读法表示怀疑,所以在 Apurum 后边加了个"?"。

Radloff 和 Thomsen 只知道 Purm 是个民族名称,但都不知道是什么民族。

---

〔1〕据 H. H. Schaeder 德文重译本:《蒙古古突厥文碑铭》,ZDMG1924 年,P. 145。

其实 1914 年伯希和已把 Purum（拂菻）这个谜解开了，不过他的"拂菻名称的起源"（Sur I'origine de Fou-lin）在《亚洲学报》（Journal Asiatique 1914，I，P198-500）不是作为一篇论文发表的，没有标题，而是在卷末用报道的形式刊布的。他的审音和勘同工作不是没引起突厥学家的注意，便是专家们不同意他的意见，所以以后许多年，还是一直沿用 Apurum 的错误写法。

伯希和的短文大意说"Rom 在阿美尼亚语为 Hrom 或 Horom，在钵罗婆语为 Hrōm，Hrōm 输入火寻语（Khwarezmien）和粟特语（Sogdien）无疑地变为 *from，但古突厥语没有 f，也没有 ph，*from 的形态，应该正规地用 Pur"m（Por°m）译写。

1935 年 W. Barthold 的《中亚突厥史十二讲》德文版问世，卷末附有 H. H. Schaeder 的校记，在 276 页，他说，1914 年伯希和关于 Purum 的解释"最近从 Iranischen 得到证实（Iranica 27f，36ff）"。1936 年我在《禹贡》半月刊第 6 卷第 7 期第 26 页曾介绍过。Schaeder 的 Iranica 一文，刊于 Abh. d. Gesll. der Wissenschften zu Göttigen，Phil-hist. kl. Ⅲ Folge. Bd10，1934，1-88pp。可惜我至今尚未见过这一世界名著。

1951 年苏联 C. E. Malov 著《古突厥文文献》，他译写 purm 就译作 Purum 了。

（原载《元史及北方民族史研究集刊》第 4 期，1980 年）

23 对匈奴社会发展的
一些看法

狭义的蒙古族出现以前,活动在蒙古高原的民族很多,关于这些民族的种族起源问题,目前还不容易解决。

关于蒙古史的分期,有人以为应以世界史分期为标准,有的以为应以本族内在因素为标准,现在还有不少争论。

蒙古古代各族历史是直线相承呢?还是波浪起伏呢?还是波浪起伏多于一线相承呢?这个问题也与种族起源问题有关,须依据各族的具体历史来决定。

我们认为蒙古草原上古代各族的历史发展,有两个特点:

(1)南邻是个人口众多,封建经济文化发达的汉族,没有一族不受它影响的。

(2)任何一族兴起的历史几乎都是由氏族制度解体绕过奴隶制度向封建制度飞跃发展的过程。

这两个特点是不能分开的,就每族具体史实进行研究,都足以说明这个结论。本文故就匈奴社会发展史加以分析。

匈奴是汉族北方的近邻,它的历史和汉族同样悠久。依晚近中国学者的研究,这一族在商、周之际,称为鬼方;两周之末,称为猃狁,春秋时代号戎、狄;战国以来才有匈奴或胡的称号。

匈奴的历史约可分为四个阶段:(1)冒顿(公元前 209—174)以前;(2)自冒顿到"漠南无王庭"共 90 年(公元前 209—119);(3)承上,至匈奴分为南北,167 年(公元前 119—公元 48);(4)承上,至南匈奴分为五部(公元 48—215),也是 167 年。

商代武丁和鬼方之间的战争 3 年才打胜,周成王曾俘虏他们13081 人,足以证明这一族在史册上出现时,就有过很强大的组织了。

·欧·亚·历·史·文·化·文·库·

西周的都城在今天的西安,它的西、北、东3面几百里内都是这一族活动的地方。他们是分散的、孤立的,往往一个大山谷,就是一个部落。各有各的牧地,各有各的领袖,彼此不相统一。他们随地异名,汉族知道的,据说就有一百多部落。各部落社会的发展,也很不平衡,有的已有很多城市,似乎是半游牧,半定居的部落;有的受汉族文化影响似乎甚深,和汉族统治集团有婚姻关系。大抵近汉地的部落,社会阶级已经出现,原始公社制已开始瓦解。

冒顿(公元前209—174)把北方孤立的、分散的部落统一以后,"以掠夺战争为经常职业"的匈奴社会阶级分化("变俗")更加剧烈起来了。

从这时起,由于汉族统治集团内部的矛盾,大批上层分子如燕王、韩王、代相等,"率其党"降匈奴。他们对匈奴社会的变革——特别是在组织制度上,起了巨大作用。有的劝单于撤到漠北,建立新的工农业经济基地,避免汉朝政府的打击;有的为匈奴统治策划穿井、筑城的工作,作为抵抗汉朝反攻的凭借。

在匈奴撤退到漠北(公元前119年)之前,单于王庭及左右贤王王庭等政治中心,都距汉朝的边塞不远。林木丰美的阴山,就是冒顿的苑囿,显然也就是匈奴手工业的中心。

汉族和匈奴间的商业活动(互市)很活跃,规模也很大,川流不息的匈奴人"往来长城下",进行商品交换,有些塞上国际大商人如著名的王黄、曼丘、聂壹等,竟成了双方政治活动中的有力人物。

匈奴人数相当少,在封建经济文化高度发展的汉朝援助下,就是说在初期是汉屈辱,后来是单于纳子为质,卑辞请求的和亲关系下,受到强烈的影响。匈奴人不仅仿效汉族的物质生活,也接受汉族的意识形态,如人民采用赵姓,政府设置相邦、都尉等官就是好例。当时,"自单于以下皆亲汉"。上层分子不断自动率众降汉,接受汉朝的封爵。仅景帝和武帝两代,就有20位左右匈奴首领,受封为侯爵。匈奴社会变革的方向,显然朝着汉族封建社会迈进了。

就匈奴的内部讲,单于统辖的人民大约可分为3类。首先是匈奴人,其次是邻近的属国,如乌桓、丁零之类,第三是投降的或俘虏的异族人。

"得人以为奴婢",这句话很出名。这种奴婢,似乎是指少量的家内奴隶,至于处理大批投降的及被俘的异族人的办法,可分农牧两类。属于农业民族的降人或俘虏都聚居在一定的地方(如零吾水上田居的汉人),仍然从事农业生产,享有一定的自由,甚至国内亲戚能知道他们的生活情况。属于游牧民族的,也不拆散他们的部落组织,他们有一定的财产和自由,承担一定的义务,甚至匈奴人和降人统治集团上层分子间还可以通婚(如呼韩邪妻父乌禅幕)。这两种人的地位很类似斯巴达的希洛人或蒙古的属部(Ütägü boghul),他们不是一家一人的奴隶,而是为全族所公有的一个集体,这一类人在一定条件下,逐渐成了匈奴的组成部分。契丹时代境内南方"州、县"的农民和北方"部族"的牧民,似乎可以和匈奴的这两类"属部"相比拟。

这种"属部"(有人称之为部落奴隶,有人称之为国家奴隶或种族奴隶)在北方民族社会发展中,起很重要的作用。草原上管理羊群马群的工作,不需要大量的劳动力,若把大批降人或俘虏一律变为奴隶,对草原上的牧主是没有什么好处的,因为原有的畜群既不需要增加大量牧人,畜群的数目也不会迅速地扩大。若把他们集体地吸收到自己的部落中,原来务农的,仍让他们务农,原来游牧的,仍让他们自己游牧;抽调他们的人当兵,征收他们的生产品充税,这对征服者固然有利,对降人或俘虏也比作个人的奴隶好得多。历史上北方各大族如匈奴、突厥、契丹、蒙古等等,居于统治地位的部落人口,原来都不很多,迨强大以后,通过投降、俘虏等方式,"属部"的数量逐渐扩大,往往超出本族人口数目许多倍,不仅构成"多民族国家",而且语言比较接近的部落,竟直接采用居于统治地位的部落名称了。在这样条件下,外来因素就转化为内在因素,社会性质当然就发生急剧的变化了。

公元前119年匈奴撤退到漠北,"漠南无王庭"。在接受汉朝文化影响很深的赵信、卫律等策划下,似乎想在漠北建立自己手工业及农业经济中心。但是漠北的自然条件很差,经济发展受到很大限制,平时虽与康居、乌孙等国交通,落颜乌拉坟墓中也发现斯基泰式遗物,可是西方经济力量对于匈奴的影响显然不大,于是只得好辞甘言请求和亲,向汉朝要求经济的援助了。

依近年调查,蒙古境内有大批匈奴古城,哈内河克鲁伦河流域已发现了五六个,苏联境内也有不少匈奴古城,已发掘的伊沃尔金斯克西南的小城完全是汉人的住所。

叶尼塞河上流的阿巴干城附近的汉城,依后代的情况推测,大概也是一个农业经济基地。

匈奴北迁后,既失去了汉朝的援助,新建的经济中心似乎很不强固,国势就渐渐地衰弱下去了。公元前第一世纪中叶,汉朝夺取车师,设立都护,匈奴长久控制的西域也丧失了,于是邻国乌孙、丁零、乌桓都起来进攻匈奴了,特别是丁零的入侵,对于匈奴新经济的设立是致命的打击。

匈奴经济的削弱,引起了政治的瓦解。五单于争立的局面出现了。于是统治阶级上层分子中,有的降汉,有的要求支援,显然要加速走向封建社会的脚步。

后来受到汉朝支持的呼韩邪取得了统治权。从此双方和亲,双方人民过了 60 年的和平生活,匈奴这时敞开大门吸取汉族文化,单于称号上加"若鞮"(孝)二字,名字采用"一名",都显示出进一步接受汉族封建意识形态的情况。

前汉末年农民起义,匈奴有了南侵的机会。可是北方沿边八郡的农民都内迁了,刘秀统一后,实行经济封锁政策,引起匈奴经济上政治上许多困难,内部战争,公有奴隶起义与逃亡,接连不断地出现了。

就地域讲,当时受封建文化影响最深的,当然是居近汉地的匈奴南方诸部了。公元 48 年匈奴分为南北,便是匈奴南方八部大人另推单于,同受影响较浅的北部同族对立的结果。

南匈奴仍保存着部落组织,分布在中国北部沿边各郡,与汉人杂处,向定居的农业生活过渡,只服兵役,不纳赋税。

同是匈奴人,因居地有南北,生活习惯、文化水平,就有很大的不同,因而当时就有新降匈奴人与旧匈奴的隔阂,这就反映出他们封建化程度的差异。

南匈奴为后汉属国,当然不能再对汉族人民进行掠夺了。贵族的家内奴隶,要靠向邻族(如羌族)购买了。

到了后汉末年,匈奴人"与编户大同",部落组织已不存在。三国初年,有些山西北部的匈奴人,大都变成封建大地主的"田客"了。

(原载《元史及北方民族史研究集刊》第 9 期)

24　关于西辽的几个地名

（1）来信摘要：

近读波义耳《世界征服者传》英译本西辽史一节（页 335－336）：耶律大石在八剌沙衮即位后"他就向从 Qam-Kemchik 到 Barskhan，从 Taraz 到 Yafinch 的各个地方，都派上镇守官（Shahna）"。这四个地名，除怛逻斯外，其余 3 个与多桑、布来特施乃德的旧译相较，写法大不相同，虽说各种译本都译自志费尼书。现列表如下：

波义耳英译《世界征服者传》页 356	布来特施乃德《中世纪研究》上册页 228	多桑《蒙古史》中译横排本上册页 178
Qam-Kemchik	Kum-Kidjik	Coum-Kidjik
Barskhan	Barserdjan	Barserdjan
Yafinch	Tamidj	Tamidj

布来特施乃德说，这 4 个地名中，除怛逻斯以外，其他都不知道（《中世纪研究》上册页 228）。岑仲勉《中外史地考证》下册"读《西辽史》书所见·庚、西辽疆域之四至"谓"未尝无研索余地"，他主张 Kidjik 是海押立，Barserdjan 是八耳真，Tamidj 为忒耳迷，译写与勘同与波义耳之说大异。译写为什么彼此大不相同？岑氏和波义耳两人的勘同究竟谁的可信？……

（2）复信摘要：

回历第四世纪以后，在伊斯兰世界东部地区，波斯文已成为文人著作的通用文字了。波斯文的书籍几乎尽是传抄本，文字的音点最易抄写错误——移位、误置或脱落，如果这种情况发生，人名地名的读音即失掉本来面目，除了著名人物和重要地名还容易校正外，其他就困难得很了。

就元史而论,我国学者用西方史料与中国旧译人、地名的勘同,是有一个过程的。自清季以来,我国学者了解到波斯志费尼的《世界征服者传》及拉施都丁的《史集》等书和我国《元史》具有同等价值。唯当时中国史学家所据者非波斯文原文,而是多桑、哀德蛮、贝勒津等人的法、德、俄等文字的翻译,或布来特施乃德、玉尔等人的考释。多桑等人不懂汉文,不能用元代汉文著作与波斯文史料互相校勘,波斯文写法有误,他们的译写就不能不误。中国译者根据错误的译写转译为汉文,历史学家再用这种误译与元代译音相对照,其结果就可想而知了。洪钧、柯劭忞、屠寄时代的情况就是这样。

洪钧以后,中国学者多学习欧洲文字,能直接阅读欧洲东方学家所译所著的书,但还没有与波斯文原书直接相接触。西人的译写有误,中国学者踵其误而进行考释,依然不免走入歧途,这就是你所读的岑仲勉等人著作中常见的情况。

波义耳读过大量欧洲东方学家关于元史的考证。虽未见他使用汉籍,但他的译文比较百余年前多桑等人的旧译有了很大进步,所以我们今天读他的译文和注释,就耳目一新了。

关于音译的互异,只要认识波斯文字母,一望即知问题所在了。ch、dj、kh3 个波斯文字母的音符相同,但 ch 下有 3 个音点,dj 下一个音点,kh 上有一音点;i 或 y、t、n3 个波斯文字母音符相同,y 下面两个音点,t 上面两个,n 上面一个。f 及 m 音符在字中间相类似,转写一误,读音就变了。

布来特施乃德所引《史集》及《世界征服者传》的文字是把法文多桑书第 1 卷附录 6"哈剌契丹"一节转译成英文的,他仅把 Kum 一词的法文读法(Coum)改成英文读法。波义耳在其译本第 69 页对这个名词已有说明。Qam 的 Q 不符合突厥、蒙古语的元音和谐律,所以他说写为 Kem 才更为确切。

志费尼书说,耶律大石"抵辖戛斯境,袭击其地人民,这些人民轮流骚扰契丹人,契丹人从此西行达叶密立,筑一城于其地,遗址至今尚存"。你认为 Kem-Kemchik 是元代的谦谦州,是完全正确的。辽代称其地为辖戛斯。

关于 Barskhan,沙畹在其《西突厥史料》法文原本的"补正"中(304
－305 页),已据 Khurdādhbih 书指出了其方位。可惜冯承钧译此书时,
略而未译。Barserdjan 原文是 Barsrkhan,多桑译写为 Barserdjan。Bar-
skhan 这个地名,许多大食地理学家都有著录,都无第二个 r,所以波义
耳不采取它。大食最早的地理学家 Khurdādhbih 的《道里与诸国志》说
拔塞干"为中国边界",库达玛书说"该城在中国边境上"。[1]

《普鲁士王国科学院论文集》1915 年语言历史类第 3 期,刊 F. W.
K. Müller《吐鲁番出土的两木杵题词》一文,其中附录一《火州出土的
第三杵题词》云:"火羊年(丁未)年二月新月第三日,当我们的可汗君、
爱、登里啰、汨、没密施、羽禄、汨、Ornanmiš,Atpïn ardämin 颉、咄登密
施、合、阿悉兰、骨咄录、阙、毗迦、登里、可汗……在位时,统治东自沙州
(sačiu)西达焱赤拔塞干(Nu čBarsxan)时,当颉、于迦斯、合、都督、于迦
统辖雄伟高昌(Qočo)国时,……"

这个回鹘西部的边城 Barsxan,Müller 认为即西突厥五弩失毕之一
的拔塞干。据说喀失喀尔字典著者麻诃末的父亲即生于此城。[2] 总
之,它是中国的边城。

关于 Yafinch,波义耳之说较合理,这是耶律大石派驻镇守官之城,
似非边城。

(原载《元史及北方民族史研究集刊》第 4 期)

〔1〕《北京大学学报》1979 年第 5 期张广达先生:《碎叶城今地考》。
〔2〕巴托尔德:《中亚突厥史十二讲》德文本,第 94 页。

25　认真开展中亚史的研究

去年十月,我到天津参加中亚文化研究协会的成立大会。来自全国各地从事中亚历史与文化研究的各族学者,都为协会的成立感到欢欣鼓舞。大家觉得,中亚文化的研究已经引起重视,中亚研究学者有了自己的学术团体,我国未来的中亚研究前途是十分广阔、十分光明的。

中亚是世界三大文明发源地——黄河流域、恒河流域和两河流域所产生的古代文明的交汇点,自古以来是欧亚的交通要冲,中国文化和西方文化对中亚都有很大影响,而中亚地区对世界历史的发展也起过重要的作用。我国的新疆、内蒙古、青藏、甘肃等地区,在地理上属于中亚范围。邻近中国西北的一部分地区,历史上曾长期属于中国。因此,研究中亚史不仅关系到中亚各国的历史和我国边疆地区各少数民族的历史,而且还关系到古代中外关系、中外交通和中外文化交流等问题。正因为中亚史研究关系重大,所以长期以来国际上十分重视它,外国学者曾经花过不少工夫,作过许多研究,尽管他们的目的是各种各样的。

中亚古称西域。我国历史学界对于西域的知识,越往西去越模糊。西方历史著作家特别是 9、10 世纪穆斯林地理学家,对中亚也有丰富的记载,可是他们的知识范围也只是到中国的边界为止。所以中亚处在东西两方的历史知识边缘,中亚历史可以说是一种边缘学科。

要弄清中亚的历史,单靠中国记载或伊斯兰文献是不够的。汉文记载往往有待于伊斯兰文献的说明,伊斯兰文献亦往往须求助于中国记载的补充。例如玄奘的《大唐西域记》、贾耽《皇华四达记》都有自东向西的中亚道路、城镇记载,9 世纪大食人伊本·忽尔达德华的《道里与诸国志》亦有中亚自西向东的道路、城镇记载。单靠一方面记载,有不明白的地方,拿两方记载对比起来,问题往往就迎刃而解了。可是由

·欧·亚·历·史·文·化·文·库·

于语言文字的障碍,兼通中国与伊斯兰文献的学者中外都不多见。中国学者利用外国文献或研究成果对中亚史地进行研究是有一个过程的。

我国历史上的唐代和元代时期,版图辽阔,管辖范围包括今天我国境外的中亚一部分地区。因此,这两个时期我国对西北和中亚地区的记载最多。过去,中国史学家对中亚的了解基本上依靠前代留下的汉文资料。像清代嘉、道年间的徐松,他的历史地理著作——《西域水道记》,对新疆山川作了比较详尽的考证。但是他用的只限于中国资料。稍后,鸦片战争期间,魏源在林则徐的《四洲志》基础上著《海国图志》,开始接触外国资料,以后又进而参考西方著作编著《元史新编》,但他们根据的不过是马礼逊的《外国史略》、玛吉思的《地理备考》之类的通俗著作,根本无史料的价值。到清末洪钧出使俄国时,正值贝勒津将波斯文拉施特《史集》第一集译成俄文,霍渥思的《蒙古史》四卷完全出齐,他请人把拉施特书节译出来,著了《元史译文证补》一书。他由于缺乏蒙古和波斯的语言知识,当时西人译写专名词,既不严格,又不科学,音译不应错误而致误的地方是不少的。我举徐松、魏源、洪钧三个例子,无非是想说明一个问题:中国人对中亚史的知识,鸦片战争以前,主要来自古代的汉文资料,近代虽然通过欧洲的桥梁有所增进,但还是很肤浅的,甚至还会上当的。我国对中亚地区的古代和近代的语言文字和史料缺乏研究,对欧洲研究中亚的成果吸收不多,这是以往中亚史研究的很大缺点。

欧洲人对中亚史的研究则由来已久了。19世纪阿尔明尼亚的学者多桑的中亚史研究,成就是卓著的。他精通波斯文、阿拉伯文和土耳其文。在1824年出版的《蒙古史》中,他利用了拉施特的《史集》、志费尼的《世界征服者传》以及《札兰丁传》等大量波斯文和阿拉伯文史料。他所采用的史料极其丰富,但是,他不懂中文。在他撰写《蒙古史》时,《元朝秘史》这本宝贵的蒙古史料还没有译成任何欧洲文字,因此他就没有可能去参考它。他所引用的汉文资料是根据法国传教士宋君荣、冯秉正的译作。宋君荣据邵远平的《元史类编》前10卷本纪译成《成吉思汗及全部蒙古王朝史》法文本,冯秉正把正续《通鉴纲目》译为法文,编成 13 册著名的《中国通史》。多桑《蒙古史》在运用中文史料方面显然是极其不够的。19 世纪末、20 世纪初的俄国中亚史学者巴托尔德,学术成就也是显赫的,他著有《蒙古侵略时期的突厥斯坦》、《中亚突厥史十二讲》等书。但是,他同样不懂汉文,也只能从俾丘林、卡法洛夫等人的译文中利用汉文资料。俾丘林曾将我国正史中的民族资料译成《古代中亚各族资料汇编》,卡法洛夫则将《元朝秘史》、《长春真人西游记》等译成俄文。我举多桑和巴托尔德这两个例子,目的是为了说明这两位名扬世界的学者,他们能直接运用的史料,只有伊斯兰的文献,不能直接阅读中国史书,研究实力也还只有一半。

目前,世界各国对中亚史和中亚文化的研究正在积极进行。联合国教科文组织已组织各国专家准备编写《中亚文明史》。因此,我们对中亚史的研究也必须认真开展起来。希望有志从事中亚史研究的年轻学者,除学习现代西方语言外,还要学习波斯文、阿拉伯文,一定要增强我们研究的实力,提高我们的水平,就是说,除汉文史料外,不仅能直接使用伊斯兰文献,也能阅读西方学者的研究成果。晚近西方学者能直接用东西方文献研究中亚历史的已不乏人,不吸收他们研究的成果,一切从零开始是愚蠢的,浅陋的。可是若只安于阅读西人翻译的伊斯兰史籍和研究成果,而不提高自己的研究能力,直接阅读伊斯兰文献,那就会永远停留在拾人牙慧的阶段上。

对于我国的中亚史学者来说,要搞好中亚史研究,必须首先具备正确的观点和方法,从三种谬误思想中解放出来。历代封建王朝轻视中亚民族的观点,充斥在过去的旧史料里。他们站在封建地主阶级立场上,不仅对劳动人民十分鄙视,对少数民族也十分歧视,虽然一个个封建王朝被推翻了,但这种思想要从头脑中清除却并不容易。所以我们要特别防止大汉族主义在我们头脑中作祟;国内的地方民族主义也要防止,过去在少数民族自己的文献资料中,也有不符合实际情况的记载,那是不足为据的;国际上出现的那种"中国文化西来"说,有意抹煞中国文明对中亚影响等观点,我们是坚决反对的。我们要立足于事实,不讲空话。要做到这一点,就要有正确的研究方法。解放前那种墨守成规的老方法,或者拾西方人牙慧、单纯从西方人研究成果中了解中亚的做法,今天是不能再继续下去了。我们必须培养自己高水平的中亚史研究人才,建立我国自己的中亚史研究队伍。用四个现代化的标准来要求中国的中亚史学者,那就必须做到:能掌握世界各国中亚史学者的研究成果;能掌握波斯、阿拉伯文,读通波斯、阿拉伯文献;能掌握古代汉文史料。只有使这三者结合起来,融会贯通,才能产生出世界第一流水平的中亚史研究著作。我国汉文和少数民族文字史料中有丰富的中亚材料,西北地区考古发现中有极其珍贵的古代遗物,这些条件对我们开展中亚史研究非常有利。因此我们没有理由在中亚史研究上永远落在人家后面,我们是完全可能达到国际先进水平的。

(原载《群众论丛》1980 年第 1 期)

外文索引

·欧·亚·历·史·文·化·文·库·

中文索引

A

B

·欧·亚·历·史·文·化·文·库·

·欧·亚·历·史·文·化·文·库·

297

·欧·亚·历·史·文·化·文·库·

301

·欧·亚·历·史·文·化·文·库·

·欧·亚·历·史·文·化·文库·

欧亚历史文化文库

已经出版

林悟殊著:《中古夷教华化丛考》　　　　　　定价:66.00 元
赵俪生著:《弇兹集》　　　　　　　　　　　定价:69.00 元
华喆著:《阴山鸣镝——匈奴在北方草原上的兴衰》　定价:48.00 元
杨军编著:《走向陌生的地方——内陆欧亚移民史话》　定价:38.00 元
贺菊莲著:《天山家宴——西域饮食文化纵横谈》　定价:64.00 元
陈鹏著:《路途漫漫丝貂情——明清东北亚丝绸之路研究》
　　　　　　　　　　　　　　　　　　　　定价:62.00 元
王颋著:《内陆亚洲史地求索》　　　　　　　定价:83.00 元
〔日〕堀敏一著,韩昇、刘建英编译:《隋唐帝国与东亚》　定价:38.00 元
〔印度〕艾哈默得·辛哈著,周翔翼译,徐百永校:《入藏四年》
　　　　　　　　　　　　　　　　　　　　定价:35.00 元
〔意〕伯戴克著,张云译:《中部西藏与蒙古人
　　——元代西藏历史》(增订本)　　　　　定价:38.00 元
陈高华著:《元朝史事新证》　　　　　　　　定价:74.00 元
王永兴著:《唐代经营西北研究》　　　　　　定价:94.00 元
王炳华著:《西域考古文存》　　　　　　　　定价:108.00 元
李健才著:《东北亚史地论集》　　　　　　　定价:73.00 元
孟凡人著:《新疆考古论集》　　　　　　　　定价:98.00 元
周伟洲著:《藏史论考》　　　　　　　　　　定价:55.00 元
刘文锁著:《丝绸之路——内陆欧亚考古与历史》　定价:88.00 元
张博泉著:《甫白文存》　　　　　　　　　　定价:62.00 元
孙玉良著:《史林遗痕》　　　　　　　　　　定价:85.00 元
马健著:《匈奴葬仪的考古学探索》　　　　　定价:76.00 元
〔俄〕柯兹洛夫著,王希隆、丁淑琴译:
　《蒙古、安多和死城哈喇浩特》(完整版)　定价:82.00 元
乌云高娃著:《元朝与高丽关系研究》　　　　定价:67.00 元
杨军著:《夫余史研究》　　　　　　　　　　定价:40.00 元

梁俊艳著:《英国与中国西藏(1774—1904)》　　　定价:88.00 元

〔乌兹别克斯坦〕艾哈迈多夫著,陈远光译:

  《16—18 世纪中亚历史地理文献》(修订版)　　定价:85.00 元

成一农著:《空间与形态——三至七世纪中国历史城市地理研究》

                                定价:76.00 元

杨铭著:《唐代吐蕃与西北民族关系史研究》　　定价:86.00 元

殷小平著:《元代也里可温考述》　　　　　　　定价:50.00 元

耿世民著:《西域文史论稿》　　　　　　　　　定价:100.00 元

殷晴著:《丝绸之路经济史研究》　　定价:135.00 元(上、下册)

余大钧译:《北方民族史与蒙古史译文集》　定价:160.00 元(上、下册)

韩儒林著:《蒙元史与内陆亚洲史研究》　　　定价:58.00 元

〔美〕查尔斯·林霍尔姆著,张士东、杨军译:

  《伊斯兰中东——传统与变迁》　　　　　　定价:88.00 元

〔美〕J.G.马勒著,王欣译:《唐代塑像中的西域人》　定价:58.00 元

顾世宝著:《蒙元时代的蒙古族文学家》　　　定价:42.00 元

杨铭编:《国外敦煌学、藏学研究——翻译与评述》　定价:78.00 元

敬请期待

周伟洲著:《西域史地论集》

〔俄〕Т.Б.巴尔采娃著,张良仁、李明华译:

  《斯基泰时期的有色金属加工业——第聂伯河左岸森林草原带》

李鸣飞著:《玄风庆会——蒙古国早期的宗教变迁》

马小鹤著:《光明的史者》

许全胜著:《黑鞑事略汇校集注》

张文德著:《朝贡与入附——明代西域人来华研究》

尚永琪著:《胡僧东来——汉唐时期的佛经翻译家和传播人》

筱原典生著:《西天伽蓝记》

桂宝丽著:《可萨突厥》

张小贵著:《祆教史考论与述评》

贾丛江著:《汉代西域汉人和汉文化》

王冀青:《斯坦因的中亚考察》

·欧·亚·历·史·文·化·文·库·

王冀青著:《斯坦因研究论集》

王永兴著:《敦煌吐鲁番出土唐代军事文书考释》

薛宗正著:《汉唐西域史汇考》

李映洲著:《敦煌艺术论》

牛汝极著:《新疆文化的现代化转向》

蓝琪著:《16—19世纪中亚各国与俄国关系论述》

许序雅著:《唐朝与中亚九姓胡关系史研究》

叶德荣著:《汉晋胡汉佛教论集》

〔俄〕波塔宁著,〔俄〕奥布鲁切夫编,吴吉康译:《蒙古纪行》

王颋著:《内陆亚洲史地求索》(续)

〔德〕施林洛甫著,刘震译校:《叙事和图画
    ——欧洲和印度艺术中的情节展现》

王冀青著:《斯坦因档案研究指南》

刘雪飞著:《上古欧洲斯基泰文化巡礼》

汪受宽著:《骊轩梦断——古罗马军团东归伪史辨识》

〔前苏联〕巴托尔德著,张丽译:《中亚历史》

徐文堪编:《梅维恒内陆欧亚研究文选》

〔前苏联〕K.A.阿奇舍夫、Г.A.库沙耶夫著,孙危译:
    《伊犁河流域塞人和乌孙的古代文明》

徐文堪著:《古代内陆欧亚的语言和有关研究》

刘迎胜著:《小儿锦文字释读与研究》

李锦绣编:《20世纪内陆欧亚历史文化研究论文选粹》

周晶著:《纷扰的雪山》

李锦绣、余太山编:《古代内陆欧亚史纲》

郑炳林著:《敦煌占卜文献叙录》

陈明著:《出土文献与早期佛经词汇研究》

李锦绣著:《裴矩〈西域图记〉辑考》

王冀青著:《犍陀罗佛教艺术》

王冀青著:《敦煌西域研究论集》

李艳玲著:《公元前2世纪至公元7世纪前期西域绿洲农业研究》

许全胜、刘震编:《内陆欧亚历史语言论集——徐文堪先生古稀纪念》

张小贵编:《三夷教论集——林悟殊先生古稀纪念》

李鸣飞著:《横跨欧亚——马可波罗的足迹》

杨林坤著:《西风万里交河道——明代西域丝路上的使者与商旅》

杜斗诚著:《杜撰集》

林悟殊著:《华化摩尼教补说》

王媛媛著:《摩尼教艺术及其华化考述》

〔日〕渡边哲信著,尹红丹、王冀青译:《西域旅行日记》

李花子著:《长白山踏查记》

王冀青著:《佛光西照——欧美佛教研究史》

王冀青著:《霍恩勒与鲍威尔写本》

王冀青著:《清朝政府与斯坦因第二次中国考古》

芮传明著:《摩尼教东方文书校注与译释》

马小鹤著:《摩尼教东方文书研究》

段海蓉著:《萨都剌传》

〔德〕梅塔著,刘震译:《从弃绝到解脱》

郭物著:《欧亚游牧社会的重器——鍑》

王邦维著:《玄奘》

冯天亮著:《词从外来——唐代外来语研究》

芮传明著:《内陆欧亚中古风云录》

王冀青著:《伯希和敦煌考古档案研究》

王冀青著:《伯希和中亚考察研究》

李锦绣著:《北阿富汗的巴克特里亚文献》

〔日〕荒川正晴著,冯培红译:《欧亚的交通贸易与唐帝国》

孙昊著:《辽代女真社会研究》

赵现海著:《明长城的兴起
　　——“长城社会史”视野下明中期榆林长城修筑研究》

华喆著:《帝国的背影——公元 14 世纪以后的蒙古》

〔前苏联〕伊·亚·兹拉特金著,马曼丽译:《准葛尔汗国史》(修订版)

杨建新著:《民族边疆论集》

〔美〕白奎克著,马娟译:《大蒙古国的畏吾儿人》

余太山著:《内陆欧亚史研究自选论集》